- 当代财经管理名著译库
- DSGE经典译丛

徐占东 译

[美] 爱德华·P. 赫布斯特（*Edward P. Herbst*）著
弗兰克·绍尔夫海德（*Frank Schorfheide*）

DSGE模型的贝叶斯估计

Bayesian Estimation of DSGE Models

东北财经大学出版社
Dongbei University of Finance & Economics Press
大连

辽宁省版权局著作权合同登记号：图字06-2016-137

图书在版编目（CIP）数据

DSGE模型的贝叶斯估计 / （美）爱德华·P.赫布斯特（Edward P.Herbst），（美）弗兰克·绍尔夫海德（Frank Schorfheide）著；徐占东译．—大连：东北财经大学出版社，2017.6（2022.4重印）
（DSGE经典译丛）
ISBN 978-7-5654-2742-8

Ⅰ．D… Ⅱ．①爱… ②弗… ③徐… Ⅲ．经济模型-贝叶斯估计 Ⅳ．①F224.0 ②O211.67

中国版本图书馆CIP数据核字（2017）第075698号

东北财经大学出版社出版发行
大连市黑石礁尖山街217号 邮政编码 116025
网 址：http：//www．dufep．cn
读者信箱：dufep @ dufe．edu．cn
大连图腾彩色印刷有限公司印刷

幅面尺寸：185mm×260mm 字数：227千字 印张：11.25
2017年6月第1版 2022年4月第2次印刷
责任编辑：李 季 吉 扬 责任校对：吉 扬
封面设计：张智波 版式设计：钟福建
定价：49.00元

教学支持 售后服务 联系电话：（0411）84710309
版权所有 侵权必究 举报电话：（0411）84710523
如有印装质量问题，请联系营销部：（0411）84710711

译者序

幸不辱命，《DSGE模型的贝叶斯估计》一书的中文译本最终面世了。作为译者，是在忐忑中完成爱德华·P.赫布斯特和弗兰克·绍尔夫海德两位世界顶级计量经济学家所著著作的翻译工作。生怕因自己的疏忽和懈怠，给著作的传播带来大的伤害。

接手本书的翻译工作是比较幸运的。毋庸置疑，DSGE模型已经成为宏观经济学研究中重要的经济分析工具。DSGE模型估计方法的不断改进，尤其是贝叶斯统计推断方法的应用，大大促进了DSGE模型的发展：从最初的小型模型，到中型模型（本书的SM模型和LPT模型），最后到各国央行广泛使用的大型模型。值东北财经大学出版社李季女士组织翻译DSGE模型系列著作之际，东北财经大学经济学院冯文成博士和上海对外经贸大学段鹏飞博士大力推荐我来承担本书的翻译工作。

敢于不自量力，承担如此优秀且受国内学者关注的著作，主要原因有二。一是最近几年，使用内生增长模型、DGE模型和DSGE模型作经济增长和政府债务的相关研究，阅读了大量DSGE模型的相关文献，积累了DSGE模型的基础知识。自信基于对DSGE模型的粗浅了解，能应对翻译过程中可能面对的困难。二是近几年对贝叶斯方法的应用——贝叶斯统计推断方法和贝叶斯网络方法——产生了浓厚兴趣。承担本书的翻译工作，能达到一石二鸟的作用：完成著作翻译工作的同时，能深入学习贝叶斯统计推断方法。

为了做好翻译工作，给自己定下两条原则。第一条原则是尽可能减少翻译错误。采纳杨绛女士提倡的翻译三部曲进行翻译。第一阶段为初译阶段。先通读，做到理解本书内容之后再进行翻译。第二阶段是一校、二校。对照原著，逐句进行校对，确保忠实于作者原意。第三阶段是三校、四校。脱离原著，采用符合中文习惯的表述方法，尽可能让读者的阅读更顺畅。通过初译和四次校对，尽可能避免在翻译过程中再次出现错误。

第二条原则是尽可能修正原著中可能出现的笔误或排版错误。在初译阶段，对于原著中逻辑不通顺或意思不明确的内容，首先通过查阅原著引用的文献进行确认和校对；对于公式中出现的疑问，通过复制推导过程进行确定和校对。之后通过邮件，对余下的15处疑问与弗兰克·绍尔夫海德教授进行了沟通。对于弗兰克·绍尔夫海德教授确认的14处排版错误，在中文版本中进行了修正。

在翻译过程中，查阅了爱德华·P.赫布斯特教授和弗兰克·绍尔夫海德教授大量文章。通过阅读两位大师的文章，对贝叶斯统计推断技术的最新进展有了足够的认识。但对于学习DSGE模型的学生来说，阅读本书无疑才是学习DSGE模型以及相应贝叶斯估计方法的快捷途径。对于利用DSGE模型从事经济学研究的专家和学者，本书也是重要的参考资料。

尽管作了最大努力，毕竟学识有限，翻译过程中难免会误解爱德华·P.赫布斯特教授和弗兰克·绍尔夫海德教授的原意，责任自然由译者承担。恳请专家和读者批评指正，读者有任何意见和建议，都可以发送至邮箱xuzhandong@163.com，以便本人学习和改正。

最后，感谢东北财经大学经济学院冯文成博士和上海对外经贸大学段鹏飞博士的推荐以及提供的无私帮助，感谢东北财经大学出版社李季女士给予的信任和支持。

译稿付梓之际，谈一些翻译过程中的体会和感想，是以为序。

徐占东

2017年3月

经济计量学和丁伯根经济研究所讲座系列丛书

丛书主编

Herman K. van Dijk 和 Philip Hans Franses
伊拉斯姆斯大学经济计量学和丁伯根经济研究所　鹿特丹

经济计量学和丁伯根经济研究所讲座系列丛书，是普林斯顿大学出版社和鹿特丹伊拉斯姆斯大学经济计量学和丁伯根经济研究所合作的一个项目。

本丛书收集了一些国际知名学者为经济计量学研究所的学者和学生所作的讲座。讲座具有较高的学术水平，讲座题目都具有重要的政策价值。丛书覆盖了经济计量学大部分主题，而不仅限于某个领域和子学科。

经济计量学研究所是荷兰经济计量学和管理科学领域的研究中心，研究水平处于领先地位。经济计量学研究所成立于1956年，由简·丁伯根和亨利·泰尔（Henri (hans) Theil）共同创立，泰尔任第一任主任。经济计量学研究所在世界范围内获得广泛认可，为经济计量学的不同层次学员提供高质量的培训服务。

本丛书还包括其他著作：

《预见相关性：风险管理的新范式》，Robert Engel 著

《完全和不完全经济计量模型》，John Geweke 著

《部分治疗反应知识条件下的社会选择》，Charles F. Manski 著

《收益率曲线的建模和预测：基于DNS方法》， Francis X. Diebold 和 Glenn D. Rudebusch 著

《贝叶斯非参数和半参数方法及其应用》，Peter E. Rossi 著

丛书介绍

经济计量学和丁伯根经济研究讲座主要选取有重要政策意义的经济计量学专题。讲座内容包含了大部分的经济计量学方向的研究，并不局限于某一领域或某一子学科。本讲座邀请处于国际领先地位的科学家，针对本领域有重大应用价值的经济计量学问题，开展为期3天的讲座，介绍他们在本领域的主要贡献。

过去20多年，动态随机一般均衡（DSGE）模型在宏观经济预测和政策分析上的使用和发展，在学术界和从业机构掀起了巨大波澜。作为在本研究领域处于领先水平的学者，赫布斯特和绍尔夫海德写作本书适逢其时。本书不仅清晰地介绍了基础新凯恩斯菲利普斯曲线的使用问题，还进一步探索了DSGE的内在非线性结构。针对上述模型，本书介绍了基于贝叶斯算法的最新模拟方法。本书将读者直接带到了DSGE建模领域的现代科学前沿。

毫无疑问，本书将进一步激发DSGE系列模型的研究，用以分析一些现代经济问题。例如缓慢且不平衡的国际经济增长，通货紧缩的风险，以及实体行业和金融部门的关系等问题。通过对DSGE模型的进一步研究，建立更为合适和有效的财政政策和货币政策组合，解决上述经济问题。

作为丛书主编，我们向经济计量学和丁伯根经济研究所的长期不懈的支持表示诚挚感谢。

Herman K. van Dijk 和 Philip Hans Franses
经济计量学和丁伯根经济研究所
伊拉斯姆斯大学经济学院

前　言

首批利用贝叶斯方法估计动态随机一般均衡（DSGE）模型的文献，发表于大约15年前。主要有DeJong、Ingram和Whiteman（2000），Schorfheide（2000）以及Otrok（2001）。无论是模型的参数个数还是隐含状态数量，当时的DSGE模型规模都相对较小。按照现在的标准，模型估计使用都是极为简单的Metropolis-Hasting（MH）算法或重要抽样法。自此以后，DSGE模型的规模不断扩大，尤其是央行用于预测和政策分析的DSGE模型。在大家广为熟知的文献Smets and Wouters（2003，2007）中，模型包含的隐含状态超过12个，待估计参数超过36个。Smets-Wouters模型成为近年来最有特色的DSGE模型的内核，在其基础方程中加入房地产部门、劳动力市场的搜寻摩擦，或者银行部门和金融摩擦。这些机制增加了DSGE模型的状态空间和参数空间。

本书写作的目的：一是评价过去15年间，DSGE模型文献中使用的“标准”贝叶斯计算方法的精确度；二是介绍和研究“新的”计算方法，提高DSGE模型后验分布的蒙特卡罗近似的精确度。读者很快就会发现这些方法实际并不新（这就是用引号的原因），但这些方法的某些应用却是新的。这些方法都来自于工程和统计文献，经过适当剪裁后用于DSGE模型的贝叶斯估计。本书以2012年6月在鹿特丹伊拉斯姆斯大学经济计量学和丁伯根经济研究所（Tinbergen Institute）作的“DSGE模型的最新理论和应用”的系列讲座为基础，加入部分内容的最新进展写作而成。

适合阅读本书的读者包括：对应用前沿方法估计DSGE模型感兴趣的学术界和央行的宏观经济学家；对状态空间模型的贝叶斯估计和非线性蒙特卡罗滤波方法感兴趣的计量经济学家；想了解实证宏观经济学中DSGE模型应用的计量经济学家；有志于结合计量经济学和宏观经济学进行研究的博士研究生。

本书共分三部分。第一部分包含DSGE建模和贝叶斯推断引论两个内容。首先我们提出一个小型新凯恩斯模型，说明如何求解模型，如何将其转换成适合贝叶斯估计的状态空间模型。不熟悉DSGE模型的读者必须查阅相关宏观经济学教科书或者综述文章，才能详细了解DSGE模型的设定、求解和应用的背景知识。对于不熟悉贝叶斯经济计量学的读者，本书提供了贝叶斯推断的入门知识。这些入门知识并不能替代相关教科书。这部分入门知识以线性高斯回归模型为例，说明如何将先验分布和似然函数结合起来得到后验分布。根据这个后验分布，可以得到点估计量、区间估计量，或者求解更复杂的决策问题。此外，我们介绍一些重要的计算方法，包括直接抽样、重要抽样和MH算法。

本书第二部分主要讨论存在高斯冲击时，线性DSGE模型的贝叶斯计算问题。因此，我们重点讨论似然函数能用卡尔曼滤波计算的模型。首先介绍的是随机游走的MH

算法，这是DSGE模型贝叶斯估计文献中使用最广泛的方法。之后我们讨论该算法的一些改进。最后讨论序贯蒙特卡罗（SMC）方法。尽管SMC算法在统计文献中非常流行，但却几乎没有发现它在DSGE模型估计中得到任何应用。我们将详细讨论如何对SMC算法进行调整，使其可用于DSGE模型估计，并考察精确度。在三个实证应用中，对MH算法和SMC算法的效果进行了比较。

本书最后一部分重点讨论使用非线性方法求解模型时，DSGE模型的计算问题。主要差别在于，此时已经不能再用卡尔曼滤波方法计算似然函数。取而代之，必须使用非线性滤波方法计算似然函数。这里重点讨论序贯蒙特卡罗滤波（也叫粒子滤波）方法。为了不让大家失望，这里我们必须首先指出，在本书中，我们并没有估计任何非线性DSGE模型。实际上，我们对线性高斯DSGE模型应用粒子滤波方法，尽管利用卡尔曼滤波就能得到模型的确切似然函数。我们这样做的目的是评价粒子滤波近似的精确度。为此，我们首先根据固定的参数向量计算似然函数，之后将似然函数的粒子滤波近似嵌入到MH算法和SMC算法中，进而对DSGE模型参数进行后验推断。

在本书的写作过程中，与同事和研究生的交流使我们获益匪浅（直接的和间接的），在此向他们表示感谢。需要特别致谢的有：丛书主编Herman van Dijk和两个匿名评论人；我们的同事Frank Diebold、Jesus Fernandez-Villaverde和Elmar Mertens；现在的宾夕法尼亚大学学生Ross Askanazi、Jacob Warren以及2015年春季入学的经济学722班的学生们，感谢他们对本书早期书稿所作的细致检查；以前宾夕法尼亚大学学生Luigi Bocola、Mark Bognanni、Minchul Shin和Dongho Song；其他有关DSGE模型项目的合作者Boragan Aruoba和Marco Del Negro。Schorfheide特别感谢美国国家科学基金的资助。最后，特别感谢我们的妻子Sarah和Perlita，她们牺牲了无数个夜晚和周末，为本项目给予了源源不断的支持和帮助。

Edward P. Herbst，华盛顿特区，2015
E-mail：ed.herbst@gmail.com
Web：edherbst.net

Frank Schorfheide，费城，2015
E-mail：schorf@ssc.upenn.edu
Web：sites.sas.upenn.edu/schorf

Hat der alte Hexenmeister
Sich doch einmal wegbegeben!
Und nun sollen seine Geister
Auch nach meinem Willen leben.
Seine Wort' und Werke
Merkt' ich und den Brauch,
Und mit Geistesstärke
Tu' ich Wunder auch.

(... bad things happen in between,
but eventually the master returns ...)

"In die Ecke,
Besen! Besen!
Seid's gewesen!
Denn als Geister
Ruft euch nur zu seinem Zwecke
Erst hervor der alte Meister."

JW von Goethe, Der Zauberlehrling

图目录

表目录

目录

第Ⅰ部分　DSGE建模与贝叶斯推断引论

第Ⅱ部分　线性DSGE模型的估计

第Ⅰ部分

DSGE建模与贝叶斯推断引论

第1章

DSGE建模

估计出参数后的动态随机一般均衡（DSGE）模型，在学术界和央行得到广泛使用。学术界用它开展宏观经济学的实证研究。央行用它解释当前的经济状态，分析货币政策或财政政策变化的影响，预测关键的宏观经济总量。DSGE模型是一类范围宽泛的宏观经济模型。不仅包括kydland和Prescott（1982）和King，Plosser和Rebelo（1988）的真实经济周期模型，还包括后来的Rotemberg和Woodford（1997）或Christiano，Eichenbaum和Evans（2005）的新凯恩斯模型。这些模型都能反映名义价格和工资的刚性特征，都能刻画央行调整利率应对通货膨胀和产出波动的功能。这些模型的共同特征是在一定的偏好和技术假设下，通过求解跨期优化问题，确定经济主体的决策规则。此外，经济主体面对经济总量的潜在不确定性，例如全要素增长率（TFP）或者央行设定的名义利率。这种不确定性由外生随机过程生成，可能会造成技术变迁，或者引起与央行利率反馈规则不可预期的偏离。

本书重点研究DSGE模型的贝叶斯估计。给定外生冲击的分布假设，DSGE模型生成似然函数，即模型内生变量的联合概率分布函数。这些内生变量包括产出、消费、投资和通货膨胀，它们都依赖于模型的结构参数。这些结构参数刻画了经济主体的偏好，生产技术以及外部冲击运动规则。在贝叶斯框架下，利用似然函数，可以将DSGE模型结构参数的先验分布转化为后验分布。实质上，后验分布是推断和决策制定的基础。不幸的是，我们无法利用解析方法刻画后验分布的矩和分位数的特征。反倒是，我们不得不利用计算方法生成后验分布抽样，之后利用蒙特卡罗平均逼近后验分布期望。

在第1.1节，我们给出一个小型新凯恩斯DSGE模型，用它描述企业、家庭的决策问题，以及货币和财政当局的行为。之后我们介绍推导出的均衡条件。后续的很多数值例子都要使用这个模型。第1.2节简要介绍另外两个DSGE模型，后面的章节中要对这两个模型进行估计。

1.1 一个小型新凯恩斯DSGE模型

我们首先介绍一个小型新凯恩斯DSGE模型。这个模型在文献中研究非常广泛（参见Woodford（2003）和Gari（2008）等教科书）。下面根据An和Schorfheide（2007）对此模型作特定说明。模型经济包括最终商品生产企业、中间商品生产企业、家庭、央行和财政当局。我们首先描述这些经济主体的决策问题，之后介绍外生过程的行动规则，最后总结均衡条件。对于这个模型的线性版本，由于能快速计算似然函数，因此成为展示本书所研究计算方法的最佳例子。

1.1.1 企业

商品生产经过两个阶段。包括垄断竞争的中间商品生产企业和完全竞争的最终商品生产企业两个生产部门。最终商品生产企业将中间商品整合成单一的商品，用于家庭和政府消费。将生产过程划分为两个阶段，这样设定比较容易引入价格黏性，进而产生真实的货币政策效果。

利用技术

$$Y_t=\left(\int_0^1 Y_t(j)^{1-v}dj\right)^{\frac{1}{1-v}} \tag{1.1}$$

最终商品生产企业是完全竞争的，它们将中间商品j组合成一个连续体，$j\in[0,1]$。最终商品生产企业面对既定的要素价格$P_t(j)$和产出价格P_t。最终商品的销售收益为P_tY_t，生产Y_t所需要素成本为$\int_0^1 P_t(j)Y_t(j)dj$。利润函数

$$\prod_t=P_t\left(\int_0^1 Y_t(j)^{1-v}dj\right)^{\frac{1}{1-v}}-\int_0^1 P_t(j)Y_t(j)dj \tag{1.2}$$

求解关于投入$Y_t(j)$的利润最大化问题，得到中间商品j的需求函数

$$Y_t(j)=\left(\frac{P_t(j)}{P_t}\right)^{-1/v}Y_t \tag{1.3}$$

因此，参数$1/v$表示每种中间商品的需求弹性。假设没有进入成本，最终商品生产企业不断进入市场，直到利润为0为止。根据零利润条件，可以推导出中间商品价格与最终商品价格之间的关系为

$$P_t=\left(\int_0^1 P_t(j)^{\frac{v-1}{v}}dj\right)^{\frac{v}{v-1}} \tag{1.4}$$

中间商品j由垄断厂商生产。生产企业采用线性生产技术

$$Y_t(j)=A_tN_t(j) \tag{1.5}$$

其中A_t表示外生生产率过程，所有企业都相同；$N_t(j)$表示企业j的劳动力投入。为了简化模型，我们现在把资本看作生产要素或者产出，进而从模型中剔除。假设劳动力市场为完全竞争的要素市场，实际工资为W_t。

为了引入名义价格黏性，我们假设企业面对二次函数的价格调整成本

$$AC_t(j)=\frac{\phi}{2}\left(\frac{P_t(j)}{P_{t-1}(j)}-\pi\right)^2Y_t(j) \tag{1.6}$$

其中利用ϕ反映经济中的价格刚性。π为最终商品的稳态通货膨胀率。根据调整成本公式，价格变化为比率π时，调整成本为零。如果价格变化偏离π时，企业成本为产出损失，是价格变化与π之差的二次函数。调整成本参数ϕ越大，中间商品生产企业越不愿意改变价格，总价格水平的刚性越强。企业j选择劳动力投入$N_t(j)$和价格$P_t(j)$，

使得未来利润的现值最大

$$\mathrm{E}_t\left[\sum_{s=0}^{\infty}\beta^s Q_{t+s|t}\left(\frac{P_{t+s}(j)}{P_{t+s}}Y_{t+s}(j)-W_{t+s}N_{t+s}(j)-AC_{t+s}(j)\right)\right] \tag{1.7}$$

其中 $Q_{t+s|t}$表示家庭 $t+s$时期消费一单位商品在时期 t的价值。企业将其看作外生的。

1.1.2 家庭

代表性家庭效用取决于消费 C_t与习惯存量（用技术水平 A_t近似表示）[①]的比率和实际现金余额 M_t/P_t。工作小时数 H_t给家庭带来负效用。家庭决策目标是使

$$\mathrm{E}_t\left[\sum_{s=0}^{\infty}\beta^s\left(\frac{\left(C_{t+s}/A_{t+s}\right)^{1-\tau}-1}{1-\tau}+\chi_M\ln\left(\frac{M_{t+s}}{P_{t+s}}\right)-\chi_H H_{t+s}\right)\right] \tag{1.8}$$

最大。其中 β为贴现因子，$1/\tau$为跨期替代弹性，χ_M和 χ_H分别为稳态现金余额和工作小时数的比例因子。我们将设 $\chi_H=1$。给定实际工资 W_t，家庭向企业提供劳动服务是完全富有弹性的。家庭允许在国内债券市场买卖名义政府债券 B_t，其（总）收益为 R_t。此外，家庭从企业获得总剩余实际利润 D_t，支付定额税 T_t。因此，家庭预算约束为

$$P_tC_t+B_t+M_t+T_t=P_tW_tH_t+R_{t-1}B_{t-1}+M_{t-1}+P_tD_t+P_tSC_t \tag{1.9}$$

其中 SC_t为交易完整一套状态或有证券的净现金流。

1.1.3 货币政策和财政政策

货币政策由利率反馈规则：

$$R_t=R_t^{*1-\rho_R}R_{t-1}^{\rho_R}e^{\varepsilon_{R,t}} \tag{1.10}$$

来刻画。其中 $\varepsilon_{R,t}$为货币政策冲击，R_t^*为（名义）目标利率：

$$R_t^*=r\pi^*\left(\frac{\pi_t}{\pi^*}\right)^{\psi_1}\left(\frac{Y_t}{Y_t^*}\right)^{\psi_2} \tag{1.11}$$

其中 r为稳态的实际利率（下文给出定义）；π_t为总的通货膨胀率，定义为 $\pi_t=P_t/P_{t-1}$；π^*为目标通货膨胀率。式（1.11）中的 Y_t^*为不存在名义价格刚性时的产出水平。

我们假设财政当局的消费支出占总产出 Y_t的比例为 ζ_t，即 $G_t=\zeta_tY_t$。其中 $\zeta_t\in[0,1]$，并服从下文设定的外生过程。当政府收益不够时，政府利用定额税 T_t融资。当政府财政盈余时，利用政府补贴减少盈余。因此，政府的预算约束为

$$P_tG_t+R_{t-1}B_{t-1}+M_{t-1}=T_t+B_t+M_t \tag{1.12}$$

1.1.4 外生过程

模型经济扰动受三个外生过程影响。总生产率的演化过程为

$$\ln A_t=\ln\gamma+\ln A_{t-1}+\ln z_t,\quad \ln z_t=\rho_z\ln z_{t-1}+\varepsilon_{z,t} \tag{1.13}$$

γ为技术的平均增长率，利用 z_t捕获技术增长率的外生波动。定义 $g_t=1/(1-\zeta_t)$，其中 ζ_t为政府购买占总产出的比例。假设

$$\ln g_t=(1-\rho_g)\ln g+\rho_g\ln g_{t-1}+\varepsilon_{g,t} \tag{1.14}$$

最后，假设货币政策冲击 $\varepsilon_{R,t}$序列不相关。假设三个扰动项，对于任何的领先和滞后都相互独立，并且服从均值为0，标准误差分别为 σ_z、σ_g和 σ_R的正态分布。

---

① 即使效用函数是消费、现金余额和闲暇等变量的加法可分函数，这个假设也能确保经济沿着平衡增长路径演化。

1.1.5 均衡关系

我们考虑对称均衡，即所有中间商品生产企业的选择都一样。此时可以去掉下标j。市场出清条件为

$$Y_t = C_t + G_t + AC_t \text{且} H_t = N_t \tag{1.15}$$

由于家庭可以交易整套的状态或有证券，因此式（1.7）中的$Q_{t+s|t}$可以写作

$$Q_{t+s|t} = (C_{t+s}/C_t)^{-\tau}(A_t/A_{t+s})^{1-\tau} \tag{1.16}$$

均衡时，家庭和企业使用相同的随机贴现因子。此外可以证明，产出、消费、利率和通货膨胀满足最优条件

$$1 = \beta E_t\left[\left(\frac{C_{t+1}/A_{t+1}}{C_t/A_t}\right)^{-\tau}\frac{A_t}{A_{t+1}}\frac{R_t}{\pi_{t+1}}\right] \tag{1.17}$$

$$1 = \phi(\pi_t - \pi)\left[\left(1 - \frac{1}{2v}\right)\pi_t + \frac{\pi}{2v}\right] \tag{1.18}$$

$$-\phi\beta E_t\left[\left(\frac{C_{t+1}/A_{t+1}}{C_t/A_t}\right)^{-\tau}\frac{Y_{t+1}/A_{t+1}}{Y_t/A_t}(\pi_{t+1} - \pi)\pi_{t+1}\right]$$

$$+\frac{1}{v}\left[1 - \left(\frac{C_t}{A_t}\right)^{\tau}\right]$$

式（1.17）为消费欧拉方程，反映了对政府债券B_t的一阶条件。均衡时，居民现在消费1元钱的边际效用，等于现在投资1元，下一时期消费收益R_t的边际效用的贴现值。式（1.18）刻画了中间商品生产企业的利润最大化选择。企业问题的一阶条件与工资W_t有关。根据消费的边际效用函数，我们用家庭的劳动力供给条件代替W_t。如果不存在名义价格刚性，即$\phi=0$时，总产出为

$$Y_t^* = (1 - v)^{1/\tau}A_t g_t \tag{1.19}$$

这就是式（1.11）货币政策规则中出现的目标产出水平。

在第2章的第2.1节，我们将利用均衡条件的泰勒级数近似方法，求解DSGE模型。很自然，泰勒级数近似选择在DSGE模型的稳态处进行展开。通过设定所有时刻的扰动项$\varepsilon_{R,t}$、$\varepsilon_{g,t}$和$\varepsilon_{z,t}$等于零，就可以得到稳态值。因为技术lnA_t按照带漂移$ln\gamma$的随机游走过程进行演化，因此为了得到稳态解，需要去掉消费和产出的趋势。令$c_t=C_t/A_t$，$y_t=Y_t/A_t$以及$y_t^*=Y_t^*/A_t$，则稳态解为

$$\pi = \pi^*,\quad r = \frac{\gamma}{\beta},\quad R = r\pi^*, \tag{1.20}$$

$$c = (1 - v)^{1/\tau},\quad y = gc = y^*$$

稳态通货膨胀率等于目标通货膨胀率π^*。实际利率取决于经济增长率γ和家庭贴现因子β的倒数。最后，利用总的资源约束确定稳态产出。名义利率由费雪方程确定。稳态消费与v有关，反映了中间商品生产企业之间垄断竞争导致的扭曲。现在，我们改写均衡条件，将每个变量表示成与稳态值离差的百分比形式。令$\hat{x}_t = \ln(x_t/x)$，因此有

$$1 = E_t\left[e^{-\tau\hat{c}_{t+1} + \tau\hat{c}_t + \hat{R}_t - \hat{z}_{t+1} - \hat{\pi}_{t+1}}\right] \tag{1.21}$$

$$0 = \left(e^{\hat{\pi}_t} - 1\right)\left[\left(1 - \frac{1}{2v}\right)e^{\hat{\pi}_t} + \frac{1}{2v}\right] - \beta E_t\left[\left(e^{\hat{\pi}_{t+1}} - 1\right)e^{-\tau\hat{c}_{t+1} + \tau\hat{c}_t + \hat{y}_{t+1} - \hat{y}_t + \hat{\pi}_{t+1}}\right] + \frac{1 - v}{v\phi\pi^2}\left(1 - e^{\tau\hat{c}_t}\right) \tag{1.22}$$

$$e^{\hat{c}_t-\hat{y}_t}=e^{-\hat{g}_t}-\frac{\phi\pi^2 g}{2}\left(e^{\hat{\pi}_t}-1\right)^2 \tag{1.23}$$

$$\hat{R}_t=\rho_R\hat{R}_{t-1}+(1-\rho_R)\psi_1\hat{\pi}_t+(1-\rho_R)\psi_2(\hat{y}_t-\hat{g}_t)+\varepsilon_{R,t} \tag{1.24}$$

$$\hat{g}_t=\rho_g\hat{g}_{t-1}+\varepsilon_{g,t} \tag{1.25}$$

$$\hat{z}_t=\rho_z\hat{z}_{t-1}+\varepsilon_{z,t} \tag{1.26}$$

消费、产出、利率和通货膨胀率在均衡时的运动规则，必定满足式（1.21）至式（1.26）的预期差分方程。

1.2 本书考虑的其他DSGE模型

除了小型新凯恩斯DSGE模型，我们还考虑两个模型。一个模型是使用比较广泛的Smets-Wouters（SW）模型，它比小型DSGE模型更精致，不仅包含资本积累，还包含工资刚性。另一个模型是真实经济周期模型，它详细刻画了财政政策特征。下面我们简单介绍这两个模型。在第6章，我们将根据需要详细介绍这两个模型。

1.2.1 Smets-Wouters模型

Smets-Wouters（2007）模型要比前一节提出的小型DSGE模型更为精致。在SW模型中，资本是中间商品的生产要素。SW模型中不仅考虑价格黏性，还考虑名义工资黏性。为了生成更丰富的自相关结构，模型还纳入了投资调整成本、消费的习惯信息、价格和工资关于滞后值的部分动态指数等信息。SW模型是以Christiano，Eichenbaum and Evans（2005）为基础，在基本的新凯恩斯DSGE模型中加入各种摩擦因素，以使得模型能够捕捉到货币政策冲击的动态响应，这些响应可以利用结构向量自回归（VAR）模型来测度。之后（出版时间造成误导），Smets-Wouters（2003）对Christiano-Eichenbaum-Evans模型进行拓展，加入了外生结构性冲击（如价格加成冲击、工资加成冲击、偏好冲击以及其他冲击），用以捕捉欧元区产出、消费、投资、工作小时数、通货膨胀和利率的联合动态。

Smets-Wouters（2003）一文在学术界和央行引起巨大反响。该文证明现代DSGE模型不仅可以用于货币政策分析，还可以拟合时间序列。DSGE模型拟合时间序列的能力完全可以与约束较少的向量自回归（VAR）模型相媲美。为了更好拟合美国数据，2007版的SW模型对2003模型进行了大量的细微调整。我们这里完全使用Smets-Wouters（2007）提出的2007模型，想详细了解该模型的读者可以阅读该文献。附录A.1给出了该模型的对数线性均衡条件。到目前为止，SW模型仍然是DSGE模型文献和各国央行使用的主力模型。SW模型是绝大多数大型DSGE模型的核心，通过加入多部门生产结构或金融摩擦等其他特征进行拓展。正因为该模型的应用如此广泛，我们将考虑该模型的估计问题。

1.2.2 用于财政政策分析的DSGE模型

在小型新凯恩斯DSGE模型和SW模型中，财政政策是被动的，非扭曲的。假设政府支出占GDP的比例的演化是外生的，利用隐含的货币需求方程，计算利率反馈规则生成的铸币税数量。政府通过提高定额税或分配转移支付，确保每一时期都能满足预算约束。从这层意义上说，财政政策是被动的。由于定额税并不会影响家庭和企业的决策，因此财政政策是非扭曲的。定额税的确切数量和政府债务水平并不唯一，同时也不会对宏观经济结果造成任何影响。显然，设计小型DSGE模型和SW模型的目的是分析货币政策效果，模型中去掉了更为符合现实的财政政策表达式。

对于政府支出和税率的外生变化效果，要想进行细致和符合现实的评价，我们需要引入更详尽的财政部门表达式。其中一个例子就是Leeper，Plante and Traum（2010）的研究。虽然作者去掉了货币政策，但允许资本、劳动力和消费税率受经济状态影响，尤其是产出和债务水平。此外，作者引入外部冲击，刻画财政政策未预期变化。模型估计过程中，除了要利用消费、投资和工作小时数等数据外，还需要利用税收收入、政府支出以及政府债务等数据，识别财政政策规则参数。对模型进行估计之后，可以用来评价反事实财政政策的政策效果。

我们之所以选择财政政策模型，源于2007—2009年经济衰退发生之后，学术界开始广泛利用DSGE模型分析政府支出和税收变化。由于该DSGE模型出现了更复杂的，多峰的后验分布，实施贝叶斯估计就需要使用复杂的后验取样器。本书就将讨论这类后验取样器。对于想要详细了解此模型的读者，可以参阅Leeper，Plante and Traum（2010）。附录A.2给出了该模型的对数线性均衡条件。

第2章

将DSGE模型转化为贝叶斯模型

从形式上看，贝叶斯模型由数据 Y 和参数 θ 的联合分布组成。在DSGE模型应用背景下，Y 可能包括GDP增长率、通货膨胀和利率的时间序列，θ 包含大量结构参数，例如第1章第1.1节描述小型DSGE模型所用的那些参数。纵贯本书始终，我们都用密度函数表示分布，用 $p(Y, \theta)$ 表示联合分布。联合分布可以因式分解为给定参数的数据分布 $p(Y|\theta)$ 和先验分布 $p(\theta)$。密度函数 $p(Y|\theta)$ 是参数 θ 的函数，称之为似然函数。在贝叶斯框架中，根据样本信息 Y，利用似然函数对参数向量 θ 的先验信念 $p(\theta)$ 进行更新。更新后，后验分布 $p(\theta|Y)$ 概括了参数向量 θ 的知识状态。形式上，贝叶斯定理将先验分布、似然函数和后验分布联系起来。

为了将第1章的DSGE模型转化为贝叶斯模型，我们需要设定外生冲击过程扰动的概率分布；在给定DSGE模型参数向量 θ 的条件下，求解内生变量的均衡运动规则；在给定一组数据 Y 和参数向量 θ 的条件下，开发出计算似然函数 $p(Y|\theta)$ 的算法；设定DSGE模型参数的先验分布。下面我们以第1.1节介绍的小型新凯恩斯DSGE模型为例，详细说明上述步骤。

（近似）求解DSGE模型的数值的方法非常多。贯穿本书始终，我们主要讨论包含对数线性均衡条件和解为理性预期差分方程形式的求解方法。第2.1节将介绍这些方法。近似解表现为模型变量的向量自回归过程形式，并受外生冲击过程扰动驱动。这些解可以作为DSGE模型状态空间表示的一组状态转移方程。状态转移方程还需要增加一组测量方程。利用测量方程，将用于DSGE模型估计的可观测宏观经济和金融时间序列表示成（潜在不可观测）状态变量的函数。为了完成实证模型设定，我们需要对外生冲击扰动的分布做出假设。假设这些扰动服从正态分布，对数线性DSGE模型表现为线性高斯状态空间模型形式，系统矩阵是结构参数向量 θ 的高度非线性函数。

在第2.2节，我们将介绍DSGE模型的状态空间表示和似然函数计算方法。对于DSGE模型的状态空间表示，计算似然函数需要使用滤波方法，利用积分消掉DSGE模型的隐含状态变量。我们首先介绍滤波算法的一般特征。如果利用线性近似方法求解DSGE模型，并假设外生冲击过程扰动服从高斯分布，滤波问题就会大幅度简化，利用卡尔曼滤波就可以计算似然函数。本书考虑的DSGE模型正是这种情况。因此，我们将对卡尔曼滤波迭代方法进行概括总结。最后，在第2.3节，我们讨论先验分布$p(\theta)$的设定问题。

2.1 求解（线性）DSGE模型

对式（1.21）至式（1.23）进行对数线性化，经过简单的代数运算，就可以得到消费欧拉方程，新凯恩斯菲利普斯曲线和货币政策规则表达式：

$$\hat{y}_t = \mathrm{E}_t[\hat{y}_{t+1}] - \frac{1}{\tau}\left(\hat{R}_t - \mathrm{E}_t[\hat{\pi}_{t+1}] - \mathrm{E}_t[\hat{z}_{t+1}]\right) + \hat{g}_t - \mathrm{E}_t[\hat{g}_{t+1}] \tag{2.1}$$

$$\hat{\pi}_t = \beta \mathrm{E}_t[\hat{\pi}_{t+1}] + k(\hat{y}_t - \hat{g}_t)$$

$$\hat{R}_t = \rho_R \hat{R}_{t-1} + (1-\rho_R)\psi_1 \hat{\pi}_t + (1-\rho_R)\psi_2(\hat{y}_t - \hat{g}_t) + \varepsilon_{R,t}$$

其中

$$k = \tau \frac{1-v}{v\pi^2\phi} \tag{2.2}$$

对消费欧拉方程向前迭代，结果表明产出是债券预期未来实际收益率之和的函数。只要价格具有黏性，央行就能够通过调整名义利率，间接控制实际利率，进而影响总产出。新凯恩斯菲利普斯曲线将通货膨胀与实体经济行为联系起来。对新凯恩斯菲利普斯曲线向前迭代，结果表明通货膨胀是未来产出缺口$\hat{y}_t - \hat{g}_t$预期贴现和的函数。根据前面的定义，如果名义价格没有刚性，（去势）产出为$y_t^* = (1-v)^{1/\tau} A_t g_t$，写成对数线性形式为$\hat{y}_t^* = \hat{g}_t$。如果我们称$\hat{y}_t^*$为潜在产出，则可以将$\hat{y}_t - \hat{g}_t = \hat{y}_t - \hat{y}_t^*$解释为产出缺口。

方程（2.1）与外生冲击的运动规则式（1.25）和式（1.26）结合在一起，构成线性理性预期系统，确定

$$x_t = \left[\hat{y}_t, \hat{\pi}_t, \hat{R}_t, \varepsilon_{R,t}, \hat{g}_t, \hat{z}_t\right]'$$

的演化过程。为了便于求解x_t的运动规则，在x_t中增加预期$\mathrm{E}_t[\hat{y}_{t+1}]$和$\mathrm{E}_t[\hat{\pi}_{t+1}]$。定义$n\times 1$向量

$$s_t = \left[x'_t, \mathrm{E}_t[\hat{y}_{t+1}], \mathrm{E}_t[\hat{\pi}_{t+1}]\right]' \tag{2.3}$$

现在，我们可以将对数线性DSGE模型转化成典型线性理性预期形式

$$\Gamma_0 s_t = \Gamma_1 s_{t-1} + \Psi \varepsilon_t + \prod \eta_t \tag{2.4}$$

其中$\varepsilon_t = [\varepsilon_{z,t}, \varepsilon_{g,t}, \varepsilon_{R,t}]'$。式（2.4）是sims（2002）①求解方法的基础。向量η_t捕获了一步向前理性预期预测误差。为了将小型新凯恩斯模型的均衡条件表示成式（2.4）的形式，首先用$\rho_g \hat{g}_t$和$\rho_z \hat{z}_t$分别替换式（2.1）第一个方程中的$\mathrm{E}_t[\hat{g}_{t+1}]$和$\mathrm{E}_t[\hat{z}_{t+1}]$。之后引入通货膨胀和产出的预期误差。令

$$\eta_{y,t} = y_t - \mathrm{E}_{t-1}[\hat{y}_t], \quad \eta_{\pi,t} = \pi_t - \mathrm{E}_{t-1}[\hat{\pi}_t] \tag{2.5}$$

① 线性理性预期方程组还有许多其他求解方法。例如Blanchard和Kahn（1980），Binder和Pesaran（1997），Anderson（2000），Klein（2000），Christiano（2002）以及King和Watson（1998）。每种求解方法都有自己的理性预期系统典型形式。

定义 $\eta_t=[\eta_{y,t}, \eta_{\pi,t}]$。利用这些定义，式（2.1）、式（1.25）、式（1.26）和式（2.5）组成的方程组可以写成式（2.4）的形式。系统矩阵 Γ_0、Γ_1、Ψ和Π为DSGE模型参数 θ的函数。

对于DSGE模型，线性均衡条件式（2.1）刻画了家庭和企业基础动态规划问题的解。因此它需要满足一组截面条件。如果运动规则为非爆炸性的，结果表明截面条件能够满足。这个稳定性条件构成了式（2.4）解集的约束条件。根据系统矩阵的Γ_0、Γ_1、Ψ和$\prod$，方程组的解有以下三种情况：没有非爆炸性解（解不存在），恰好一个稳定解（唯一解）或者许多稳定解（不确定解）。对于典型系统式（2.4），Sims（2002）提供了构建稳定解的一般方法。利用Γ_0、Γ_1的广义复矩阵Schur分解（QZ）方法，对系统进行变换。存在$n\times n$矩阵Q、Z、Λ和Ω，满足$Q'\Lambda Z'=\Gamma_0$，$Q'\Omega Z'=\Gamma_1$，$Q'\Omega=Z'Z=I$，且Λ和Ω为上三角矩阵。令 $w_t=Z's_t$，式（2.4）左乘矩阵Q，得到

$$\begin{bmatrix}\Lambda_{11} & \Lambda_{12}\\ 0 & \Lambda_{22}\end{bmatrix}\begin{bmatrix}w_{1,t}\\ w_{2,t}\end{bmatrix}=\begin{bmatrix}\Omega_{11} & \Omega_{12}\\ 0 & \Omega_{22}\end{bmatrix}\begin{bmatrix}w_{1,t-1}\\ w_{2,t-1}\end{bmatrix}+\begin{bmatrix}Q_1\\ Q_2\end{bmatrix}\left(\Psi\varepsilon_t+\prod\eta_t\right) \tag{2.6}$$

第二个方程可以写为

$$w_{2,t}=\Lambda_{22}^{-1}\Omega_{22}w_{2,t-1}+\Lambda_{22}^{-1}Q_2\left(\Psi\varepsilon_t+\prod\eta_t\right) \tag{2.7}$$

不失一般性，我们假设系统是有序的，且可分割的，这样就使得$m\times1$向量 $w_{2,t}$是纯爆炸性的，其中$0\leqslant m\leqslant n$。

如果 $w_{2,0}=0$，线性理性预期（LRE）模型式（2.4）的 s_t存在非爆炸性解。对于每个$l\times1$阶结构性冲击扰动向量ε_t，可以找到$k\times1$阶理性预期误差向量η_t，使得ε_t对 $w_{2,t}$的影响为零，即

$$\underset{m\times l}{\underline{Q_2\Psi}}\ \underset{l\times1}{\underline{\varepsilon_t}}+\underset{m\times k}{\underline{Q_2\prod}}\ \underset{k\times1}{\underline{\eta_t}}=\underset{m\times1}{\underline{0}} \tag{2.8}$$

如果$m=k$且矩阵$Q_2\prod$可逆，则使得系统稳定的唯一预期误差集合为

$$\eta_t=-(Q_2\prod)^{-1}Q_2\Psi\varepsilon_t$$

一般来说，我们无法确保根据ε_t能唯一确定所需向量η_t。当预期误差数量k超过爆炸性成分的数量m时，式（2.8）无法提供足够约束，致使不能保证唯一确定η_t的元素。这就是解不唯一（或不确定）情况的一个例子。此时，在不破坏系统稳定性的前提下，可以引入与基础不确定成分ε_t不相关的预期误差（鞅差序列）ζ_t。利用奇异值分解方法，将$Q_2\prod$分解为

$$Q_2\prod=\underset{m\times r}{\underline{U_1}}\ \underset{r\times r}{\underline{D_{11}}}\ \underset{r\times k}{\underline{V_1'}}$$

我们可以写为

$$\eta_t=\left(-V_1D_{11}^{-1}U_1'Q_2\Psi+V_2M_1\right)\varepsilon_t+V_2M_2\zeta_t \tag{2.9}$$

其中V_2是列正交的矩阵，并且与矩阵V_1（是$Q_2\Pi$奇异值分解的副产品）正交。M_1为任意$(k-r)\times l$阶矩阵，M_2为任意$(k-r)\times p$阶矩阵。矩阵M_1和M_2，以及太阳黑子冲击向量ζ_t，捕捉式（2.8）非爆炸解的潜在多样性（不确定性）。Lubik和Schorfheide（2003）给出了式（2.9）的推导过程。

根据$s_t=Zw_t$，式（2.6）和式（2.9），能够计算得到线性理性预期系统（2.4）的所有

非爆炸性解（如果解非空）。如果系统存在唯一稳定解，则 s_t 可以写成VAR形式：

$$s_t=\Phi_1(\theta)s_{t-1}+\Phi_\varepsilon(\theta)\varepsilon_t \tag{2.10}$$

其中系数矩阵 $\Phi_1(\theta)$ 和 $\Phi_\varepsilon(\theta)$ 是DSGE模型结构参数的函数。式（2.10）形式的向量自回归表示是我们实证模型的基础。

2.2 似然函数

为了构建似然函数，我们必须将式（2.3）的模型变量 s_t 与一组可观测变量 y_t 联系起来。因此，必须建立一组测量方程，这样实证模型的描述才完整。对于小型新凯恩斯DSGE模型，我们假设模型的时期 t 对应为一个季度。可以获得如下用于估计的可观测变量：单位资本GDP的季度增长率（YGR）、年化季度通货膨胀率（INFL）、年化名义利率（INT）。这三个序列都采用百分比形式。下列方程组刻画了它们与模型变量的关系

$$\begin{aligned} YGR_t &= \gamma^{(Q)}+100(\hat{y}_t-\hat{y}_{t-1}+\hat{z}_t) \\ INFL_t &= \pi^{(A)}+400\hat{\pi}_t \\ INT_t &= \pi^{(A)}+r^{(A)}+4\gamma^{(Q)}+400\hat{R}_t \end{aligned} \tag{2.11}$$

其中参数 $\gamma^{(Q)}$、$\pi^{(A)}$ 和 $r^{(A)}$ 与模型经济稳态的关系为

$$\gamma=1+\frac{\gamma^{(Q)}}{100},\quad \beta=\frac{1}{1+r^{(A)}/400},\quad \pi=1+\frac{\pi^{(A)}}{400}$$

向量 θ 包含所有的结构参数。由于在一阶近似中，参数 v 和 ϕ 不能单独识别，模型只能用式（2.2）定义的 k 来表示。令

$$\theta=\left[\tau,k,\psi_1,\psi_2,\rho_R,\rho_g,\rho_z,r^{(A)},\pi^{(A)},\gamma^{(Q)},\sigma_R,\sigma_g,\sigma_z\right]' \tag{2.12}$$

更一般的，测量方程（2.11）可以表示为

$$y_t=\Psi_0(\theta)+\Psi_1(\theta)t+\Psi_2(\theta)s_t+u_t \tag{2.13}$$

这里我们允许存在测量误差向量 u_t①。

方程（2.10）和方程（2.13）给出了线性DSGE模型的状态空间表示。计算似然函数的困难是状态 s_t（至少部分）不可观测。令 $X_{t_1:t_2}=\left\{x_{t_1},x_{t_1+1},\ldots,x_{t_2}\right\}$。给定参数，状态空间表示给出了观测值和潜状态之间的联合密度函数

$$\begin{aligned} p(Y_{1:T},S_{1:T}|\theta) &= \prod_{t=1}^{T}p(y_t,s_t|Y_{1:t-1},S_{1:t-1},\theta) \\ &= \prod_{t=1}^{T}p(y_t|s_t,\theta)p(s_t|s_{t-1},\theta) \end{aligned} \tag{2.14}$$

其中 $p(y_t|s_t,\theta)$ 和 $p(s_t|s_{t-1},\theta)$ 分别表示测量方程和状态转移方程。不过，贝叶斯推断必须以似然函数 $p(Y_{1:T}|\theta)$ 为基础，而似然函数只能根据可观测变量构建。这意味着必须利用积分消掉隐含状态 $S_{1:T}$。利用滤波生成条件分布 $s_t|Y_{1:t}$ 序列和密度函数

---

① DSGE模型求解方法表明，模型变量的一定线性组合，即式（2.6）中的 $w_{2,t}$，等于零。如果 $w_{2,t}$ 中的某些元素仅依赖于能用数据测量的变量，则这个结果可能被破坏。要解决这个问题，可以采用新凯恩斯模型的做法，限制 y_t 中可观测变量的个数。也可以采用Sargent（1989），Altug（1989）和Ireland（2004）的做法，允许存在测量误差。

$p(y_t|Y_{1:t-1},\theta)$ 序列。接下来，可以得到所需的似然函数：

$$p\left(Y_{1:T}|\theta\right)=\prod_{t=1}^{T}p\left(y_t|Y_{1:t-1},\theta\right) \tag{2.15}$$

算法1：（通用滤波）

令 $p(s_0|Y_{1:0},\theta)=p(s_0|\theta)$ 。对于 $t=1$ 至 T：

1.迭代 $t-1$ 次，我们有 $p(s_{t-1}|Y_{1:t-1},\theta)$。

2.给定 $t-1$，预测 t：

（a）转移方程：

$$p(s_t|Y_{1:t-1},\theta)=\int p\left(s_t|s_{t-1},Y_{1:t-1},\theta\right)p\left(s_{t-1}|Y_{1:t-1},\theta\right)\mathrm{d}s_{t-1}$$

（b）测量方程：

$$p(y_t|Y_{1:t-1},\theta)=\int p\left(y_t|s_t,Y_{1:t-1},\theta\right)p\left(s_t|Y_{1:t-1},\theta\right)\mathrm{d}s_t$$

3.利用贝叶斯定理进行更新。一旦 y_t 可获得，则

$$p(s_t|Y_{1:t},\theta)=p(s_t|y_t,Y_{1:t-1},\theta)=\frac{p\left(y_t|s_t,Y_{1:t-1},\theta\right)p\left(s_t|Y_{1:t-1},\theta\right)}{p\left(y_t|Y_{1:t-1},\theta\right)}$$

如果DSGE模型是对数线性的，且误差服从高斯分布，则算法1中出现的分布也是高斯分布。此时可以利用卡尔曼滤波，递归计算这些分布的均值和协方差矩阵，进而计算出似然函数。为了使得模型设定完整，我们假设结构扰动 ε_t，测量误差 u_t 和初始状态 s_0 的分布。

$$\varepsilon_t\sim iidN\left(0,\ \Sigma_\varepsilon\right),\quad u_t\sim iidN\left(0,\ \Sigma_u\right) \tag{2.16}$$

$$s_0\sim N\left(\bar{s}_{0|0},P_{0|0}\right)$$

在稳定模型中，通常假设 $\bar{s}_{0|0}$ 和 $P_{0|0}$ 对应为式（2.10）中 s_t 运动规则的不变分布的均值和方差。对于线性高斯状态空间模型，表2-1概括了算法1描述的四个条件分布。关于卡尔曼滤波的详细推导，参见 Hamilton（1994）或 Durbin 和 Koopman（2001）等教材。

表2-1 卡尔曼滤波的条件分布

	分布	均值和方差
$s_{t-1}\|(Y_{1:t-1},\theta)$	$N\left(\bar{s}_{t-1\|t-1},P_{t-1\|t-1}\right)$	由 $t-1$ 次迭代给出
$s_t\|(Y_{1:t-1},\theta)$	$N\left(\bar{s}_{t\|t-1},P_{t\|t-1}\right)$	$\bar{s}_{t\|t-1}=\Phi_1\bar{s}_{t-1\|t-1}$ $P_{t\|t-1}=\Phi_1P_{t-1\|t-1}\Phi'_1+\Phi_\varepsilon\Sigma_\varepsilon\Phi'_\varepsilon$
$y_t\|(Y_{1:t-1},\theta)$	$N\left(\bar{y}_{t\|t-1},F_{t\|t-1}\right)$	$\bar{y}_{t\|t-1}=\Psi_0+\Psi_1t+\Psi_2\bar{s}_{t\|t-1}$ $F_{t\|t-1}=\Psi_2P_{t\|t-1}\Psi'_2+\Sigma_u$
$s_t\|(Y_{1:t},\theta)$	$N\left(\bar{s}_{t\|t},P_{t\|t}\right)$	$\bar{s}_{t\|t}=\bar{s}_{t\|t-1}+P_{t\|t-1}\Psi'_2F_{t\|t-1}^{-1}\left(y_t-\bar{y}_{t\|t-1}\right)$ $P_{t\|t}=P_{t\|t-1}-P_{t\|t-1}\Psi'_2F_{t\|t-1}^{-1}\Psi_2P_{t\|t-1}$

2.3 先验分布

贝叶斯推断将似然函数和先验分布结合起来，构成后验分布。当尚未观测到样本 Y 时，可以用先验分布描述参数向量 θ 的知识状态。先验分布在DSGE模型估计中起着重要作用。有了先验分布，在实证分析过程中，研究者就可以利用估计样本中没有包含的信息。具体来说，考虑小型新凯恩斯DSGE模型，参数向量 θ 由式（2.12）定义。对于这个13维的参数向量，描述联合概率分布明显是一个令人生畏的任务。

作为诱导出先验分布的第一步，有必要将 θ 的元素分成三个分属不同范畴的组（见Del Negro和Schorfheide（2008））。第一组表示为 $\theta_{(ss)}$，包含影响DSGE模型稳态的参数。对于小型新凯恩斯模型，$\theta_{(ss)}=[r^{(A)}, \pi^{(A)}, \gamma^{(Q)}]'$。这三个参数确定了稳态实际利率、通货膨胀率和经济的总增长率。第二组参数刻画了外生冲击过程的运动规则，表示为 $\theta_{(exo)}=[\rho_g, \rho_z, \sigma_g, \sigma_z, \sigma_R]'$。最后一组参数控制了不影响模型稳态的内生传导机制，表示为 $\theta_{(endo)}=[\tau, k, \psi_1, \psi_2, \rho_R]'$。

将参数分成这样三组之后，下面可以仔细考虑这些参数的先验合理区间。虽然原则上构建这些先验分布应该利用纯粹的内省法。但在实践中，大多数的先验分布（与大多数模型设定一样）都是根据某些实证观测值来构建。为了表明先验分布取决于非样本（就是 Y 之外）信息，我们应该将先验分布写作 $p(\theta|\chi^0)$ 而不是 $p(\theta)$。但为了表示方便，我们去掉了条件 χ^0。利用（至少部分）非样本信息构建先验分布，并利用先验分布进行后验推断，其隐含的基础假设是 $p(Y|\chi^0, \theta) \approx p(Y|\theta)$。也就是说，给定 θ，这两个信息来源近似相互独立。当 χ^0 观测值在Y观测值之前，或者Y包含宏观经济时间序列，χ^0 包含时期重叠的微观层次数据时，这个假设就是一个合理的近似。

通常，我们利用样本期之前的平均来得到 $\theta_{(ss)}$ 的先验分布。例如，如果估计样本起点为1983：I，则可以利用20世纪70年代的数据计算得到 $r^{(A)}$、$\pi^{(A)}$ 和 $\gamma^{(Q)}$ 的先验分布。$\theta_{(endo)}$ 的先验分布则要部分使用微观计量经济学的研究结果。例如在一个新凯恩斯模型中，利用Calvo机制（作为模型外生因素，中间商品生产企业有 $1-\zeta_p$ 的可能性对价格进行二次优化；有 ζ_p 的可能性不改变价格）代替二次价格调整成本。这个模型的菲利普斯曲线斜率 k 与价格变化频率有关，这可以利用微观层次数据来测算。在Ríos-Rull，Schorfheide，Fuentes-Albero，Kryshko和Santaeulalia-Llopis（2012）一文中，极为详尽地讨论了诱导弗里希（Frisch）劳动供给弹性先验分布的方法（在小型新凯恩斯DSGE模型中，隐含假设该参数值无穷大）。

因为外生过程常常不可观测，$\theta_{(exo)}$ 的先验分布最难设定。Del Negro和Schorfheide（2008）建议采用间接方式，诱导出 $\theta_{(exo)}$ 的先验分布。给定 $\theta_{(ss)}$ 和 $\theta_{(endo)}$，外生冲击参数确定了 y_t 的波动性和持续性。因此，产出增长率、通货膨胀率和利率的波动率，自相关系数和交叉相关系数的信念——可以根据样本期之前的观测值计算——能够映射成外生冲击持续性和波动性的信念。这可以通过迭代程序获得。（1）设定 $\theta_{(exo)}$ 的先验分布。（2）从该先验分布中提取抽样。（3）根据DSGE模型模拟生成 y_t 的数据，利用模拟轨迹计算样本矩。（4）评价样本矩的先验预测分布的合理性。调整 θ 的先验分布，直到样本矩的先验预测分布与先验信念一致。

在确定了DSGE模型每个参数的合理区间之后，我们必须利用概率分布表示先验信念。对于DSGE模型文献的应用，大多数研究者开始都为θ的每个元素选择一个概率分布族。通常根据参数定义域选择分布。例如，如果参数定义域为实数轴，先验分布可以是正态分布；如果参数定义域非负，先验分布可以是对数正态分布、伽马分布或逆伽马分布。如果参数定义域为有界区间，先验分布可以是截断正态分布或贝塔分布。分布通常要参数化，这样每个参数的合理区间写为对应的90%或者95%置信区间。之后，利用边缘分布乘积计算θ的联合先验分布。可能需要对联合先验分布进行截断，以确保在先验分布的定义域内，DSGE模型存在唯一的稳定解。

对于高维参数向量，利用边缘分布乘积生成先验分布，可能会得到不想要的结果。根据非样本信息χ^0，虽然每个边缘分布看起来都是合理的，但联合先验分布包含大量的参数组合，这可能会得到明显不合理的DSGE模型动态。例如，在SW模型中，资本产出比率和消费产出比率是家庭贴现因子、Cobb-Douglas生产函数的资本份额参数以及资本折旧率的复杂函数。对于隐含的稳态比率，这三个参数的边缘分布看起来都是合理的，但却生成一个不合理的先验分布（即与样本期之前的证据不一致）。利用稳态代替$\theta_{(ss)}$对DSGE模型再次参数化，可以部分克服这个问题。

总的来看，实践中比较好的做法是根据θ的先验分布生成抽样；计算θ的重要变换，例如稳态比率和可能的脉冲响应函数或方差分解；对于具有重大经济学意义的θ非线性变换，考察其隐含先验分布。此外，如上文提到的，给定根据先验分布的θ抽样，我们可以利用DSGE模型模拟y_t的轨迹，计算感兴趣的样本矩，进而理解θ先验分布的意义。在非正式的迭代程序中，θ的先验分布可以重新设定，直到重要参数变换的隐含先验分布和模拟数据的样本矩特征满足我们要求。在某种程度上，可以用Del Negro和Schorfheide（2008）提议的方法代替这样的迭代程序。根据Del Negro和Schorfheide（2008）的迭代方法，可以人为地定义虚拟观测变量表示稳态和内生变量动态的信念。

表2-2概括了小型新凯恩斯DSGE模型估计将要使用的先验分布。在DSGE模型实证文献中，到处都能见到类似的先验分布。根据产出增长率、通货膨胀率和利率在1983：I之前的样本平均，确定稳态参数的先验分布。虽然利用样本期之前的平均可以确定先验分布位置，例如均值，但需要借助某些主观判断才能设定先验分布的标准误差。先验分布的标准误差部分反映了估计结果的不确定性，部分反映了数据的不确定性。例如，平均通货膨胀和实际利率的估计就对利率和通货膨胀率序列的选择特别敏感。

风险厌恶参数τ的先验置信区间涵盖了一直到$\tau=3$的偏好和风险厌恶的对数。这里不包括资产定价文献中经常使用的较大值，因为我们并不想用本模型研究权益溢价。我们假设菲利普斯曲线的斜率系数k服从均匀分布，置信区间既涵盖了极为陡峭的菲利普斯曲线部分，亦涵盖了极为平坦的菲利普斯曲线部分。货币政策规则参数的先验分布中心大致为泰勒规则所使用的典型值。对于外生冲击的自相关系数，虽然许多研究使用中心为0.8或0.9的贝塔分布作为先验分布。但对于小型新凯恩斯模型，我们使用均匀分布

表2-2　先验分布

参数	定义域	先验分布		
		密度函数	参数(1)	参数(2)
稳态参数 $\theta_{(ss)}$				
$r^{(A)}$	R^+	伽马分布	0.50	0.50
$\pi^{(A)}$	R^+	伽马分布	7.00	2.00
$\gamma^{(Q)}$	R	正态分布	0.40	0.20
内生传导机制参数 $\theta_{(endo)}$				
τ	R^+	伽马分布	2.00	0.50
k	[0,1]	均匀分布	0.00	1.00
ψ_1	R^+	伽马分布	1.50	0.25
ψ_2	R^+	伽马分布	0.50	0.25
ρ_R	[0,1)	均匀分布	0.00	1.00
外生冲击参数 $\theta_{(exo)}$				
ρ_g	[0,1)	均匀分布	0.00	1.00
ρ_z	[0,1)	均匀分布	0.00	1.00
$100\sigma_R$	R^+	逆伽马分布	0.40	4.00
$100\sigma_g$	R^+	逆伽马分布	1.00	4.00
$100\sigma_z$	R^+	逆伽马分布	0.50	4.00

注：每个DSGE模型参数的边缘先验分布。对于贝塔分布、伽马分布和正态分布，参数（1）和参数（2）为均值和标准误差；对于均匀分布，参数（1）和参数（2）为支撑区间的上界和下界；对于逆伽马分布 $p_{ig}(\sigma|v,s)\propto\sigma^{-v-1}e^{-vs^2/2\sigma^2}$，参数（1）和参数（2）为 s 和 v。θ 的联合先验分布在确定性区域的边界处截断。

作为先验分布。最后，对于外生冲击过程扰动的标准误差，我们选择与现实产出增长率、通货膨胀率以及利率波动率大小量级一致的先验分布。对于 σ 参数，采用自由度较低的逆伽马分布作为先验分布，分布值比较分散。联合先验分布是边缘密度函数的乘积。先验分布的定义域需要进行截断，以确保线性理性预期模型有唯一的稳定解。

第3章

贝叶斯推断快速教程

在贝叶斯方法的设定中，计算概率的目的是刻画和更新个体的知识状态或与模型参数或未来观测值等数量有关的信念程度。对于诸如产出增长率、通货膨胀率以及名义利率等变量 Y，在没有观测到样本数据时，利用前一节讨论的先验分布 $p(\theta)$ 可以刻画模型参数向量 θ 的初始知识状态。贝叶斯方法假定个人持有的信念以及它们与任何类型客观数据的合理关系具有一致性。根据 Y 的数据更新先验分布，进而展开对 θ 的学习。似然函数 $p(Y|\theta)$ 概括总结了样本 Y 所包含的参数信息。根据贝叶斯定理，给定 Y，θ 的条件分布为

$$p(\theta|Y)=\frac{p(Y|\theta)p(\theta)}{p(Y)} \tag{3.1}$$

这个分布称为后验分布。分母称为边缘似然函数，定义为

$$p(Y)=\int p(Y|\theta)p(\theta)d\theta \tag{3.2}$$

标准化后验概率密度函数，使积分等于1。

简言之，贝叶斯推断目的是刻画后验分布 $p(\theta|Y)$ 的特征。不巧的是，对于许多我们感兴趣的模型，包括本书研究的DSGE模型，根本不能利用分析方法计算后验分布 $p(\theta|Y)$ 的矩和分位数。通常我们只能利用数值方法计算先验密度函数 $p(\theta)$ 和似然函数 $p(Y|\theta)$。如果要计算函数 $h(\theta)$ 的后验分位数和矩，只能采用数值方法。纵贯本书始终，我们都利用后验取样器生成 $p(\theta|Y)$ 的抽样序列 θ^i，$i=1$，…，N。我们需要设计算法，它仅需要计算式（3.1）分子的先验密度函数和似然函数，而不需要计算分母的边缘似然函数。我们将证明这些抽样的（蒙特卡罗）平均通常满足强大数定律（SLLN），通常也满足中心极限定理（CLT）。SLLN是利用后验抽样平均逼近后验均值的理论基础，CLT用来刻画近似的精确程度。

写作本章的目的不是想替代贝叶斯经济计量学教科书（参见Koop（2003），Lancaster（2004）或者Geweke（2005））。回顾的目的是试图让读者不借助其他教科书，就能掌握本书所需要的贝叶斯推断和决策理论内容。首先在第3.1节，对于简单的自回归（AR）模型，我们讨论其贝叶斯推断问题。由于该模型为高斯线性回归，其后验分布可以利用分析方法来刻画，其矩的封闭表达式也容易获得。利用直接抽样算法，可以

很容易生成后验分布抽样。在第3.2节，我们讨论如何将后验分布——或后验分布抽样——转换成点估计、区间估计和预测，以及如何求解一般决策问题。在第3.3节，我们调整AR（1）模型的参数，引入某些识别问题。对于DSGE模型来说，其关键结构参数通常无法识别或者弱识别。在我们的AR（1）模型例子中，如果我们感兴趣参数的后验分布是非高斯的，从后验分布中取样就变得不那么容易了。接下来我们介绍两个重要的后验取样器。在第4章和第5章，我们将分别利用这两个后验取样器，完成DSGE模型的贝叶斯分析。第3.4节重点讨论重要抽样（importance sampling）方法。第3.5节介绍Metropolis-Hastings算法。

3.1 线性高斯模型的后验分布

我们以AR（p）模型

$$y_t=\theta_1 y_{t-1}+\cdots+\theta_p y_{t-p}+u_t,\quad u_t|Y_{1:t-1}\sim iidN(0,1) \tag{3.3}$$

为例，说明贝叶斯推断的一些机制。其中$t=1$，…，T。令$\theta=[\theta_1,\cdots,\theta_p]'$。已知初始观测值$y_{1-p:0}$，似然函数

$$\begin{aligned}p(Y_{1:T}|Y_{1-p:0},\theta)&=\prod_{t=1}^{T}p\left(y_t|Y_{1:t-1},Y_{1-p:0},\theta\right)\\&=(2\pi)^{-T/2}\exp\left\{-\frac{1}{2}(Y-X\theta)'(Y-X\theta)\right\}\end{aligned} \tag{3.4}$$

其中$Y_{1:t}=\{y_1,\cdots,y_t\}$，$T\times1$阶矩阵Y和X的元素分别为$y_t$和$x_t'=[y_{t-1},\cdots,y_{t-p}]$。令$I$表示单位矩阵。假设先验分布

$$\theta\sim N(0,\tau^2 I) \tag{3.5}$$

密度函数为

$$p(\theta)=(2\pi\tau^2)^{-p/2}\exp\{-\frac{1}{2\tau^2}\theta'\theta\} \tag{3.6}$$

超参数τ控制了先验分布方差，可以用来说明先验方差对后验分布的影响。

根据贝叶斯定理，θ的后验分布与先验密度函数和似然函数的乘积成比例（$\propto$），即

$$p(\theta|Y)\propto p(\theta)\,p(Y|\theta) \tag{3.7}$$

为了进一步简化表示，从条件集合中去掉$Y_{1-p:0}$。并利用矩阵Y代替$y_{1:t}$。将与θ无关的项并入比例常数，进而将式（3.7）右侧改写为

$$p(\theta)\,p(Y|\theta)\propto\exp\{-1/2\,[Y'Y-\theta'X'Y-Y'X\theta-\theta'X'X\theta-\tau^{-2}\theta'\theta]\} \tag{3.8}$$

直接进行代数运算，指数项可以表示为

$$\begin{aligned}&Y'Y-\theta'X'Y-Y'X\theta-\theta'X'X\theta-\tau^{-2}\theta'\theta\\&=(\theta-(X'X+\tau^{-2}I)^{-1}X'Y)'(X'X+\tau^{-2}I)(\theta-(X'X+\tau^{-2}I)^{-1}X'Y)+Y'Y-Y'X(X'X+\tau^{-2}I)^{-1}X'Y\end{aligned} \tag{3.9}$$

注意到式（3.9）的最后一行与θ无关。对其进行指数变换后，可以并入到式（3.8）的比例常数。式（3.9）的第二行是θ的二次函数，经过推导，后验分布为正态分布，表示为

$$\theta|Y\sim N(\bar{\theta},\bar{V}_\theta) \tag{3.10}$$

后验均值和方差分别为

$$\bar{\theta}=\left(X'X+\tau^{-2}I\right)^{-1}X'Y,\quad \bar{V}_\theta=\left(X'X+\tau^{-2}I\right)^{-1}$$

θ的后验均值可以表示成极大似然估计量（MLE）$\hat{\theta}_{mle}=\left(X'X\right)^{-1}X'Y$ 和先验均值（等于0）的加权平均

$$\bar{\theta}=\left(X'X+\tau^{-2}I\right)^{-1}\left(X'X\hat{\theta}_{mle}+\tau^{-2}-0\right) \tag{3.11}$$

权重取决于似然函数 $X'X$ 的信息含量以及先验精确程度 τ^{-2}。为了更好地理解后验分布特征，我们进行两个思想实验。第一个思想实验，我们让数据保持不变，改变先验分布。当先验方差 τ 下降时，后验均值向先验均值方向移动，进而导致后验方差下降。反之，当 τ 上升时，先验分布变得更为发散，后验均值向似然函数最大值方向移动。当 $\tau\to\infty$ 时，后验方差趋近于MLE点处的对数似然函数海塞矩阵逆（$X'X$）$^{-1}$的负值。第二个思想实验，我们让先验分布保持不变，增加样本数量。如果$|\theta|<1$，当样本容量 $T\to\infty$ 时，$X'X/T$ 依概率收敛。如果将式（3.11）右侧括号中的表达式除以 T，就可以推导出后验均值和MLE的差依概率收敛到0的结论。因此，随着样本数量的增加，先验分布对后验均值的影响逐渐消失。

在推导后验分布的过程中，我们故意忽略所有标准化常数，重点考察与 θ 相关的各项。这种做法的效果相当好。根据后验分布的一般形状，我们能确定它属于高斯密度函数族，而这类分布的标准化参数是已知的。利用这个信息，我们很容易推导出边缘数据密度函数 p（Y），即贝叶斯定理式（3.1）的分母。写成

$$p(Y)=\frac{p\left(Y|\theta\right)p(\theta)}{p\left(\theta|Y\right)} \tag{3.12}$$

$$=(2\pi)^{-T/2}\exp\left\{-\frac{1}{2}[Y'Y-Y'X\left(X'X+\tau^{-2}I\right)^{-1}X'Y]\right\}\left|1+\tau^{2}X'X\right|^{-1/2}$$

利用式（3.4）、式（3.6）以及式（3.10）高斯后验分布的概率密度函数（pdf），分别替换右侧第一行的 p（$Y|\theta$）、p（θ）和 p（$\theta|Y$），得到右侧第二行的表达式。

式（3.12）的指数项度量了拟合优度，$|1+\tau^2X'X|$为模型复杂性的惩罚因子。一方面，当 τ 接近0时，紧密的先验分布迫使后验参数趋近于0，模型基本没有自由参数。在这种情况下，拟合优度项常常较小，但模型复杂性的惩罚因子也较小。另一方面，当 τ 较大时，拟合优度项也较大，近似等于OLS回归的残差平方和的负数。惩罚因子也通常较大。因此，无论采用较为聚集的先验分布还是较为发散的先验分布，都常常得到较高的边缘数据密度函数。

假设 τ 不变，样本数量 T 趋于无穷。此时，$1/\tau^2$ 可以忽略不计，拟合优度项相当于MLE估计量的残差平方和。如果假设自回归过程平稳，且满足 $X'X/T \xrightarrow{a.s} E[x_t x_t']$，此时惩罚项的对数近似为$-(1/2)\ln|1+\tau^2X'X|\approx-(p/2)\ln T-(1/2)\ln|1/T+\tau^2E[x_t x_t']|$。拟合优度项的对数与惩罚因子的控制项$-(p/2)\ln T$组合起来，得到Schwarz（1978）的模型选择标准，利用估计的参数数量对模型进行惩罚。因此，边缘数据密度包含着对待估计模型参数的惩罚。在后验模型的概率的计算过程中，边缘数据密度起到重要作用。下一节将详细讨论这个问题。

为了简化表示，我们通常将后验分布 p（$\theta|Y$）缩写成 π（θ），函数 h（θ）的后验期望缩写成

$$\mathrm{E}_\pi[h]=\mathrm{E}_\pi[h(\theta)]=\int h(\theta)\pi(\theta)d\theta=\int h(\theta)p(\theta|Y)d\theta \tag{3.13}$$

针对DSGE模型参数后验分布，本书余下部分重点比较生成抽样 $\{\theta^i\}_{i=1}^N$ 的不同算法。这些抽样能够转换成我们感兴趣的对象 $h(\theta^i)$，利用蒙特卡罗平均

$$\bar{h}_N=\frac{1}{N}\sum_{i=1}^N h(\theta^i) \tag{3.14}$$

可以逼近后验期望 $\mathrm{E}_\pi[h]$。如果满足SLLN和CLT，这种近似方法就非常有用。对于简单线性回归模型，其后验分布服从式（3.10）的高斯分布，此时可以直接对后验分布进行抽样，抽取 $\pi(\cdot)$ 的独立同分布（*iid*）抽样。

算法2（直接抽样） 对于 i=1到 N，从 $N(\bar{\theta},\bar{V}_\theta)$ 抽取 θ^i。

只要 $\mathrm{V}_\pi(h(\theta))<\infty$，根据柯尔莫果洛夫大数定律和林德贝格中心极限定理，推导出

$$\bar{h}_N\xrightarrow{a.s}\mathbf{E}_\pi[h]$$
$$\sqrt{N}\left(\bar{h}_N-\mathbf{E}_\pi[h]\right)\Rightarrow N\left(0,\mathbf{V}_\pi[h(\theta)]\right) \tag{3.15}$$

因此，$h(\theta)$ 的后验方差乘以1/N，确定了蒙特卡罗近似的精确度。对于DSGE模型，通常无法直接提取后验分布的独立同分布（*iid*）抽样，蒙特卡罗近似的方差就远远大于 $\mathbf{V}_\pi(h(\theta))/N$。下面，我们将利用实际方差对不可行方差 $\mathbf{V}_\pi(h(\theta))/N$ 的比值，度量算法的有效性。

3.2 贝叶斯推断和决策制定

后验分布 $p(\theta|Y)$ 概括总结了观测到数据 Y 后 θ 的信息，可以用于推断和决策制定。根据贝叶斯学派的观点，最优决策目标是使决策制定者的后验期望损失最小。结果表明，诸如点估计或区间估计等统计推断问题，都可以重新阐述成决策问题。令 $L(h(\theta),\delta)$ 表示采取决策 δ 时的损失函数①。我们感兴趣的是使后验预期损失最小的决策规则 $\delta^*(Y)$。本节余下部分，我们简要回顾贝叶斯推断的决策理论方法。相关教科书参见Robert（1994）。

给定决策规则 $\delta(Y)$，后验预期损失为

$$\rho(\delta(Y)|Y)=\int_\Theta L(h(\theta),\delta(Y))p(\theta|Y)d\theta \tag{3.16}$$

注意到在这个公式中，观测值 Y 保持不变，我们求后验分布关于未知参数 θ 的积分。贝叶斯决策就是最小化后验预期损失：

$$\delta^*(Y)=\mathrm{argmin}_{\delta\in D}\,\rho(\delta|Y) \tag{3.17}$$

这里所有的计算都是以 Y 保持不变为前提，因此从现在开始，我们将 $\delta(Y)$ 简写为 δ。对于某些决策问题，例如二次损失函数的点估计（见下文），可以通过分析方法求出 δ^*，最优决策表示成 θ 后验分布的矩或分位数的函数形式。也可以利用蒙特卡罗近似方法计算 δ。对于其他决策问题，可能无法使用分析方法求出 δ^*。此时，可以利用蒙特卡罗近似

① 换句话说，损失函数取决于 y_t 的未来值或者反事实的值，即 $L(y_\cdot,\delta)$。

$$\bar{\rho}_N(\delta|Y)=\frac{1}{N}\sum_{i=1}^{N}L\left(h(\theta^i),\delta\right) \tag{3.18}$$

代替选择每个 δ 的后验风险。其中 θ^i 为后验分布 p（$\theta|Y$）的抽样。如果利用重要抽样法生成抽样，则必须使用下文中式（3.49）的重要权重对损失进行重新赋权。贝叶斯决策 δ^*（·）的数值近似为

$$\delta_N^*(Y)=\arg\min_{\delta\in D}\bar{\rho}_N\left(\delta(\cdot)|Y\right) \tag{3.19}$$

根据频率学派的大样本理论（参见教科书 van der Vaart（1998）），当 $N\to\infty$时，只要 $\bar{\rho}_N(\delta|Y)$ 在 δ 上一致收敛于 ρ（$\delta|Y$），则极值估计量为 $\delta_N^*(Y)\overset{a.s}{\to}\delta^*(Y)$。

3.2.1 点估计

假设 h（θ）是标量。此时最广泛使用的损失函数是二次损失函数 L_2（h（θ），δ）=（h（θ）$-\delta$）^{2}和绝对误差损失函数 L_1（h（θ），δ）=$|h$（θ）$-\delta|$。二次损失函数的贝叶斯估计量为后验均值 E_π［θ］，可以用蒙特卡罗平均

$$\bar{h}_N=\frac{1}{N}\sum_{i=1}^{N}h(\theta^i) \tag{3.20}$$

作为其近似。绝对误差损失函数的贝叶斯估计量为后验中位数，可以利用后验分布抽样 h［θ^i］的样本中位数来近似。

3.2.2 区间估计

将区间估计问题纳入到决策理论框架，由于贝叶斯区间估计必须满足后验覆盖概率约束，因此就需要做一些工作。假设 h（θ）是标量。此时，区间估计对应于单一连通区间或不连通区间的集合。对于前一种情况，存在下界 δ_l和上界 δ_u。令 δ=［δ_l，δ_u］′，考虑下面经济计量学家和对手的二人博弈问题。经济计量学家选择 δ，对手选择标量参数 $\lambda\in R^-$。经济计量学家的损失函数为

$$L_E(\theta,\delta,\lambda)=\max_{\lambda\in R^-}(\delta_u-\delta_l)+\lambda\left(I\{\delta_l\le h(\theta)\le\delta_u\}-(1-\alpha)\right) \tag{3.21}$$

对手的损失函数为

$$L_A(\theta,\delta,\lambda)=-\lambda\left(I\{\delta_l\le h(\theta)\le\delta_u\}-(1-\alpha)\right) \tag{3.22}$$

其中 $I\{x\le a\}$为示性函数，当 $x\ge\alpha$时取1，当 $x<\alpha$时取0。当 $\delta_l\le h$（θ）$\le\delta_u$时[①]，由于 $\alpha>0$，因此乘以 λ 后的值仍然为正，此时对手设定 $\lambda=0$ 时损失最小。当 h（θ）不属于区间［δ_l，δ_u］时，对手的最优选择是设定 $\lambda=-\infty$。经济计量学家会选择覆盖 h（θ）的一个小区间。

现在假设参与者都不知道 h（θ）的信息，两个参与者在相同的分布 p（h（θ）$|Y$）条件下，最小化他们后验预期损失。给定对手做出最优选择，经济计量学家的后验风险为

$$\rho(\delta_l(Y),\delta_u(Y)|Y)=(\delta_u-\delta_l)+\max_{\lambda\in R^-}\lambda\left(P\left(\delta_l\le h(\theta)\le\delta_u|Y\right)-(1-\alpha)\right) \tag{3.23}$$

使得式（3.23）后验风险最小的区间［δ_l（Y），δ_u（Y）］是最短连通区间，覆盖概

① 译者注：原文为当 $\delta_l\le\theta\le\delta_u$时，有误。

率为1−α。利用等加权抽样可以计算出最短连通区间：首先把抽样 $h(\theta^i)$ 按升序排列，获取序列 $h^{(i)}$；之后对于 $i=1$ 到 $[N\alpha]$，选择使得 $h^{(\lfloor N(1-\alpha)\rfloor+i)}-h^{(i)}$ 最小的 i。

如果区间估计对应于不连通置信区间，上述损失函数中的差 $\delta_u-\delta_l$ 必须替换为不连通区间长度的和。给定已经对不连通划分的总长度进行惩罚的损失函数，后验风险最小的置信区间具有 $p(\delta_l(Y))=p(\delta_u(Y))=k$ 的性质。对于包含在这个集合中的所有 θ 值，其概率密度都大于门限水平 k，因此这个集合称为最高后验概率密度（HPD）集合。HPD集合的正规定义为 $CS_{HPD}=\{h|p(h|Y\geq k)\}$。选择门限水平 k，确保该集合的覆盖概率为1−α。如果后验概率密度多峰，则HPD区间可能包含几个不连通划分。如果是这种情况，不连通区间的组合长度小于最短连通区间的长度。

实践中，研究者通常利用等尾部概率集合代替最短连通区间或HPD区间。等尾部概率集合满足

$$\int_{-\infty}^{\delta_l}p(h|Y)\mathrm{d}\theta=\int_{\delta_u}^{\infty}p(h|Y)\mathrm{d}\theta=\alpha/2$$

虽然等尾部概率集合的区间长度通常大于最短连通区间和HPD区间的长度，但它更容易计算。简单来说，δ_l 和 δ_u 分别是 $\alpha/2$ 和 $1-\alpha/2$ 分位数。令 $\tau=\alpha/2$ 和 $\tau=1-\alpha/2$，求解简化的分位数回归问题

$$\hat{\theta}_\tau=\arg\min_q\left[(1-\tau)\frac{1}{N}\sum_{h(\theta^i)<q}\left(q-h(\theta^i)\right)+\tau\frac{1}{N}\sum_{h(\theta^i)\geq q}\left(h(\theta^i)-q\right)\right] \tag{3.24}$$

就可以得到这两个分位数。当然也可以对后验抽样 θ^i 排序，直接计算分位数。

3.2.3 预测

在预测应用中，利用 y_{T+h}：$L(y_{T+h},\delta)$ 的未来观测值替代损失函数中的变量 $h(\theta)$。此外，根据后验预测分布 $p(y_{T+h}|Y_{1:T})$ 计算预期损失。设式（3.3）中的 $p=1$，得到AR（1）模型，写作

$$y_{T+h}=\theta^h y_T+\sum_{s=0}^{h-1}\theta^s u_{T+h-s} \tag{3.25}$$

这意味着 y_{T+h} 向前 h 步的条件分布为

$$y_{T+h}|(Y_{1:T},\theta)\sim N\left(\theta^h y_T,\frac{1-\theta^h}{1-\theta}\right) \tag{3.26}$$

为了简化下文的表示，我们从条件集合中剔除初始观测值 y_0。求后验分布 $p(\theta|Y)$ 对 θ 的积分，可以得到 y_{T+h} 的后验预测概率密度函数

$$p(y_{T+h}|Y_{1:T})=\int p(y_{T+h}|y_T,\theta)\,p(\theta|Y_{1:T})\,d\theta \tag{3.27}$$

利用下面的算法可以容易生成预测分布抽样。

算法3（预测分布抽样） 对于后验分布 $p(\theta|Y_{1:T})$ 的每次抽样 θ^i，随机生成扰动序列 $u_{T+1}^i,\ldots,u_{T+h}^i$，依据式（3.25），利用 $\theta^i,u_{T+1}^i,\ldots,u_{T+h}^i$ 和 $Y_{1:T}$ 计算 y_{T+h}^i。

根据抽样 y_{T+h}^i，近似计算预测分布的矩和分位数。后验预期损失为

$$\rho(\delta|Y_{1:T})=\int_{y_{T+h}}L(y_{T+h},\delta)p(y_{T+h}|Y_{1:T})\mathrm{d}y_{T+h} \tag{3.28}$$

在适当的正则条件下，可以用蒙特卡罗平均

$$\bar{\rho}(\delta|Y_{1:T})=\frac{1}{N}\sum_{i=1}^{N}L(y_{T+h}^i,\delta) \tag{3.29}$$

作为其近似。利用分解

$$\bar{\rho}\left(\delta|Y_{1:T}\right)-\rho\left(\delta|Y_{1:T}\right)=\frac{1}{N}\sum_{i=1}^{N}L\left(y_{T+h}^{i},\delta\right)-\mathbf{E}\left[L\left(y_{T+h}^{i},\delta\right)|\theta^{i},Y_{1:T}\right]+\frac{1}{N}\sum_{i=1}^{N}\mathbf{E}\left[L\left(y_{T+h}^{i},\delta\right)|\theta^{i},Y_{1:T}\right]-\rho\left(\delta|Y_{1:T}\right) \tag{3.30}$$

可以研究这个蒙特卡罗平均的收敛问题。给定算法3生成的抽样 $\left\{\theta^{i}\right\}_{i=1}^{N}$，式（3.30）左侧第一项是抽样 y_{T+h}^{i} 函数的蒙特卡罗平均，第二项是 θ^{i} 函数的蒙特卡罗平均。根据前一节的步骤，很容易得到点预测和区间预测。

3.2.4 模型选择和平均化

贝叶斯分析非常适合于解释模型的不确定性。以第3.1节引入的AR（p）模型为例，滞后阶数 p 就存在不确定性。对于DSGE模型，价格黏性、工资黏性、信息摩擦、货币摩擦是否对经济周期波动和政策干预起到重要的定量作用，研究者也是不确定的。为了捕捉模型的不确定性，研究者可以赋予模型 M_j 某个先验概率 $\gamma_{j,0}$，$j=1$，…，J，之后根据 Y 的数据对概率进行更新。后验模型的概率为

$$\gamma_{j,T}=\frac{\gamma_{j,0}\,p\left(Y|M_{j}\right)}{\sum_{j=1}^{J}\gamma_{j,0}\,p\left(Y|M_{j}\right)} \tag{3.31}$$

其中

$$p\left(Y|M_{j}\right)=\int p\left(Y|\theta_{(j)},M_{j}\right)p\left(\theta_{(j)}|M_{j}\right)\mathrm{d}\theta_{(j)}$$

为模型 M_j 的边缘数据密度函数。对于AR（p）模型，其边缘数据密度函数如式（3.12）所示。对于那些不具有线性高斯回归模型形式的模型，通常难以找到计算边缘数据密度函数的方法。在下面几章，我们将更为详细地讨论 p（$Y|M_j$）的数值近似方法。

对数边缘数据密度函数可以解释为一步向前预测得分的和。加上时间下标，写作

$$\ln p\left(Y|M_{j}\right)=\sum_{t=1}^{T}\ln\int p\left(y_{t}|\theta_{(j)},Y_{1:t-1},M_{j}\right)p\left(\theta_{(j)}|Y_{1:t-1},M_{j}\right)\mathrm{d}\theta_{(j)} \tag{3.32}$$

右侧的和项为一步向前预测密度函数的分解。这种分解强调了在预测 y_t 时，要利用 $t-1$ 时刻的信息来推断 $\theta_{(j)}$。预测得分较小时，无论何时，预测密度函数都会赋予观测值 y_t 一个较小值。如果预测分布是高斯分布，则对数得分是均方预测误差的函数。

对于利用后验模型概率进行模型比较的讨论，已经超出了本书范围。Kass和Raftery（1995）对此内容作了极好的评论。我们简单强调DSGE模型应用中的几个重要问题。一旦获得后验模型概率，就可以用于模型选择或平均化。贝叶斯模型选择通常是一个决策问题的解，其中选择正确模型的损失为0，选择错误模型的损失为1。可以证明，使得后验预期损失最小的解就是选择后验概率最大的模型。贝叶斯模型选择假设模型空间是完备的，这意味着我们必须确信正确的模型一定是所计算的后验概率模型中的一个。如果从 J 个模型中随机选择一个模型，并用来生成观测值序列 $Y_{1:T}$，则在极为一般的条件下，当 $T\to\infty$ 时，该模型的后验概率将收敛到1。最初这个结论主要针对一般线性回归模型，Halpern（1974）给出了证明。之后这个结论被扩展到其他模型族，用来解释所有模型 M_1，…，M_J 的错误设定问题。例如Fernandez-Villaverde和Rubio-

Ramirez（2004）的研究表明，对于DSGE模型，如果所有的模型都是错误设定的，那么KL（Kullback-Leibler）距离最接近“真实”数据生成过程的模型，其后验概率渐进趋于1。

贝叶斯模型平均化（BMA）程序包含两个步骤。第一步是以后验模型概率作为权重，对所有可获得的模型进行平均化，得到一个分布的混合物。第二步是利用得到的分布混合物代替单一模型的后验分布。Leamer（1978）首先提出利用BMA程序来解释模型的不确定性。Hoeting，Madigan，Raftery和Volinsky（1999）对BMA技术进行了评论。假设利用h_j（$\theta_{(j)}$），将模型设定参数转换成共同的目标，例如货币政策冲击的脉冲响应，则我们可以构建

$$p(h|Y)=\sum_{j=1}^{J}\gamma_{j,T}\,p\left(h_j\left(\theta_{(j)}\right)|Y,M_j\right) \tag{3.33}$$

同理，未来观测值y_{T+h}的预测分布为

$$p\left(y_{T+h}|Y_{1:T}\right)=\sum_{j=1}^{J}\gamma_{j,T}\,p\left(y_{T+h}|Y_{1:T},M_j\right) \tag{3.34}$$

对于贝叶斯模型平均化在预测中的应用，相关经济计量文献包括Min和Zellner（1993）和Wright（2008）。Del Negro，Hasegawa和Schorfheide（2014）首先对包含和不包含金融摩擦的DSGE模型进行了贝叶斯模型平均化，之后将预测的密度函数与使用其他组合预测密度函数方法的预测结果进行了比较。

3.3 集识别模型的非高斯后验分布

不幸的是，在大多数应用中，后验分布是非高斯的，往往不可能采用直接抽样。鉴于DSGE模型中出现的后验分布较为复杂，因此我们过渡一下，先研究一下稍微简单一点的典型集识别模型，其参数θ的后验分布亦是非高斯的。对于许多DSGE模型，模型的某些结构参数很难识别或者根本无法识别，因此这里我们考察一个参数θ无法进行点识别的例子。DSGE模型的识别问题通常分为两类：第一类是局部识别问题。此类问题中，似然函数在其参数空间既定方向上极为扁平。第二类是全局识别问题。此类问题中，似然函数多峰。在本节，我们设计一个例子，展现利用似然函数最多能确定参数θ的下界和上界的问题。此时得到的参数θ的后验分布是非高斯的，即使当样本数量增加时，其分布仍然为非高斯的。在第3.4节，我们将以集识别模型的后验分布为例，说明重要抽样算法。

假设y_t服从AR（1）过程，用ϕ表示自回归系数。不过和第3.1节不同，我们现在假设感兴趣的目标不是自回归参数，而是参数θ。参数θ的上下界由自回归系数ϕ确定

$$\phi\leq\theta \text{ 且 } \theta\leq\phi+1 \tag{3.35}$$

严格来说，此时参数θ是集识别的。区间Θ（ϕ）=［ϕ，$\phi+1$］称为识别集。在这个简单例子中，识别集长度为1。为了完整的设定模型，我们假设给定ϕ时，θ的先验分布为

$$\theta|\phi\sim U[\phi,\ \phi+1] \tag{3.36}$$

θ和ϕ的联合后验分布具有如下性质

$$p(\theta, \phi|Y) = p(\phi|Y)\, p(\theta|\phi, Y) \propto p(Y|\phi)\, p(\theta|\phi)\, p(\phi) \tag{3.37}$$

由于似然函数中不包含 θ，因此

$$p(\phi|Y) = \int p(\theta, \phi|Y)\, d\theta \propto \int p(Y|\phi)\, p(\theta|\phi)\, p(\phi)\, d\theta$$

$$\propto p(Y|\phi)\, p(\phi)$$

由于对于所有的 ϕ，$\int p(\theta|\phi)\, d\theta = 1$，因此得到第二行。进而

$$p(\phi|Y) = \frac{p(Y|\phi)p(\phi)}{\int p(Y|\phi)p(\phi)d\phi} \tag{3.38}$$

即 $\theta|\phi$ 的条件分布对 ϕ 的后验分布无影响。此外

$$p(\theta|\phi, Y) \propto p(\theta, \phi|Y) \propto p(Y|\phi)\, p(\theta|\phi)\, p(\phi)$$

$$\propto p(\theta|\phi)$$

因为 $p(\theta|\phi)$ 是合适的标准化条件密度函数，因此有

$$p(\theta|\phi, Y) = p(\theta|\phi) \tag{3.39}$$

即，由于似然函数不包含参数 θ，因此利用 Y 的样本信息，不能更新给定 ϕ 的 θ 条件分布。

记得参数 ϕ 是 AR（1）模型 $y_t = \phi y_{t-1} + u_t$ 的参数，因此根据式（3.10），AR（1）模型参数 ϕ 的后验分布 $\phi|Y \sim N(\bar{\phi}, \bar{V}_\phi)$。式（3.39）表明，给定 ϕ 的 θ 后验分布恰好等于 θ 的先验分布，即集合 $\Theta(\phi)$ 上的均匀分布（见式（3.36））。此时，θ 的边缘后验分布为

$$\begin{aligned}\pi(\theta) &= \int p(\phi|Y)\, \mathrm{I}\{\phi \leqslant \theta \leqslant \phi+1\} d\phi \\ &= \int_{\theta-1}^{\theta} p(\phi|Y) d\phi \\ &= \Phi_N\left(\frac{\theta-\bar{\phi}}{\sqrt{\bar{V}_\phi}}\right) - \Phi_N\left(\frac{\theta-1-\bar{\phi}}{\sqrt{\bar{V}_\phi}}\right)\end{aligned} \tag{3.40}$$

其中 $\Phi_N(x)$ 为 $N(0, 1)$ 的累积概率密度函数，$\mathrm{I}\{x \leqslant a\}$ 为示性函数，当 $x \leqslant a$ 时，取值为1。

图3-1给出了 $\bar{V}_\phi$ 取三个不同值时，θ 后验分布的图形。如果简约型参数 ϕ 的后验方差较大，后验分布看起来几乎就是高斯分布。不过，随着 $\bar{V}_\phi$ 下降，后验分布图形逐渐接近于阶跃函数形状，在 $\theta=-0.5$ 处，取值从0上升到1；在 $\theta=0.5$ 处附近，取值从1下降到0。随着样本数量的增大，后验密度函数在区间 $[\bar{\phi}, \bar{\phi}+1]$ 上变得越来越平整，关于参数 ϕ 的不确定性也逐渐消失。在这个典型例子中，可以直接提取 θ 后验分布的抽样：首先生成样本 $\phi^i \sim N(\bar{\phi}, \bar{V}_\phi)$，之后提取样本 $\theta^i|\phi^i \sim U[\phi^i, \phi^i+1]$。利用这个方案从联合后验分布 $(\phi, \theta)|Y$ 中生成独立同分布（iid）抽样。可以利用提取的抽样 θ^i，计算边缘后验分布 $\theta|Y$ 各阶矩的蒙特卡罗近似。在下一节，我们仍然以式（3.40）的后验分布为例，说明重要抽样法。作为直接抽样法的替代品，重要抽样法是第5章介绍的序贯蒙特卡罗算法的重要基础。

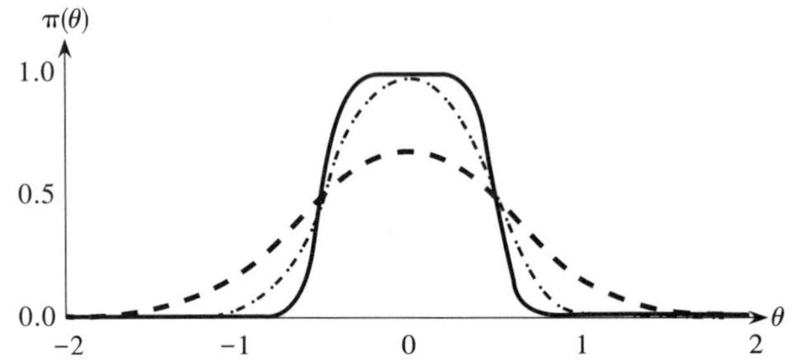

图3-1 集识别模型的后验分布

注：图3-1为式（3.40）的后验分布 π（θ）的图形。参数 $\bar{\phi}$ =−0.5，$\bar{V}_{\phi}$ 分别等于1/4（点虚线），1/20（划线）和1/100（实线）。

3.4 重要抽样法

不从式（3.40）的后验分布 π（θ）中直接抽取样本，我们可以从一个与 π（θ）相近且容易处理的密度函数 g（θ）中抽取样本，之后对抽样重新赋权。作为最早提出这种取样方法的文献之一，Hammersley和Handscomb（1964）将这种方法命名为重要抽样法。Kloek 和 van Dijk（1978）将重要抽样法引入到计量经济学文献。Geweke（1989）研究了重要抽样近似的渐进特征。由于在许多应用中，后验密度函数仅利用一个比例常数就可以计算出来，我们将其写作

$$\pi(\theta) = \frac{f(\theta)}{Z} \tag{3.41}$$

通常，f（θ）对应于贝叶斯定理（3.1）的分子，即似然函数和先验密度函数的乘积 p（$Y|\theta$）p（θ）。Z 对应于式（3.1）的分母的边缘似然函数 p（θ）。接下来，我们介绍重要抽样算法，讨论当抽样数量趋于无穷时，这种算法的后验均值近似的收敛特征。最后以第3.3节介绍的集识别模型为例进行数值说明。当然，重要抽样的基础思想与前一节讨论的识别问题完全无关。在第5章，我们将重要抽样器嵌入到更为一般的序贯蒙特卡罗算法中，这样我们可以从极为复杂的DSGE模型的后验分布中提取抽样。

3.4.1 重要抽样算法

等式

$$\mathbb{E}_{\pi}[h(\theta)] = \int h(\theta)\pi(\theta)d\theta = \frac{1}{Z}\int_{\Theta} h(\theta)\frac{f(\theta)}{g(\theta)}g(\theta)d\theta \tag{3.42}$$

是重要抽样（IS）的算法基础。由于 $\mathbb{E}_{\pi}$［1］=1，因此可以推导出标准化常数Z为

$$Z = \int_{\Theta}\frac{f(\theta)}{g(\theta)}g(\theta)d\theta \tag{3.43}$$

比率

$$w(\theta) = \frac{f(\theta)}{g(\theta)} \tag{3.44}$$

称作（非标准化）重要权重（importance wight）。我们也可以定义标准化重要权重为

$$v(\theta) = \frac{w(\theta)}{\int w(\theta)g(\theta)d\theta} = \frac{w(\theta)}{\int Z\pi(\theta)d\theta} = \frac{w(\theta)}{Z} \tag{3.45}$$

根据式（3.42）和定义式（3.44），可以直接证明得到

$$\mathbf{E}_{\pi}[h(\theta)]=\int v(\theta)h(\theta)g(\theta)d\theta \tag{3.46}$$

根据建议密度函数 $g(\theta)$，重要抽样算法生成独立同分布（iid）抽样。利用 $w(\theta)$ 对抽样重新赋权。重要权重的平均可以作为标准化常数Z的近似。

算法4（重要抽样）

1.对于 i=1到 N，提取样本 $\theta^{i}\overset{iid}{\sim} g(\theta)$，计算非标准化重要权重

$$w^{i}=w(\theta^{i})=\frac{f(\theta^{i})}{g(\theta^{i})} \tag{3.47}$$

2.计算标准化重要权重

$$W^{i}=\frac{w^{i}}{\frac{1}{N}\sum_{i=1}^{N}w^{i}} \tag{3.48}$$

$\mathbf{E}_{\pi}[h(\theta)]$ 的近似为

$$\bar{h}_{N}=\frac{1}{N}\sum_{i=1}^{N}W^{i}h(\theta^{i}) \tag{3.49}$$

根据定义，W^{i} 与 $v(\theta)$ ①是有区别的。W^{i} 是利用非标准化权重 w^{i} 的样本平均进行标准化，而 $v(\theta)$ 是利用总体标准化常数 Z 进行标准化。根据构建，样本均值 $\frac{1}{N}\sum_{i=1}^{N}W^{i}=1$。

3.4.2 收敛性和精确度

贯穿本书始终，我们都会讨论后验矩的蒙特卡罗近似精确度问题。实践中，我们可以通过计算蒙特卡罗近似 $\bar{h}_{N}$ 乘以时间的值来评价精确度，通过后验取样器重复运行来考察变异性。如果 $\bar{h}_{N}$ 满足中心极限定理（CLT），且抽样数量 N 足够大，则算法反复运行的方差（只要给定 N 时，方差有限就行）与中心极限定理所表明的渐近方差一致。此外，方差以 $1/N$ 的速度衰减。将其与后验取样器运行时间等信息综合起来考虑，研究者必须在计算精确度和所用时间之间做出取舍。我们讨论各种后验取样器的中心极限定理，并重复独立运行这些取样器，说明实践应用中的精确度。一开始，我们对重要取样器的中心极限定理稍作详细推导。在后面的章节中，我们将非正式地讨论其他更为精巧的后验取样器的中心极限定理。

如Geweke（1989）所述，如果 $\mathbf{E}_{g}[|hf/g|]<\infty$ 且 $\mathbf{E}_{g}[|f/g|]<\infty$，则当 $N\to\infty$ 时，式（3.49）定义的蒙特卡罗估计量 $\bar{h}_{N}$ 几乎确定（渐进）收敛于 $\mathbf{E}_{\pi}[h(\theta)]$。在第5章，我们称集对 $\{(\theta^{i},W^{i})\}_{i=1}^{N}$ 为 $\pi(\theta)$ 的粒子近似。这种近似的精确度取决于 $g(\cdot)$ 与 $f(\cdot)$ 的“亲密程度”，并通过权重分布来反映。如果权重分布极不均匀，蒙特卡罗近似 $\bar{h}_{N}$ 就不精确。如果 $g(\cdot)\propto f(\cdot)$，权重分布就会比较均匀，这意味着我们可以直接提取 $\pi(\theta)$ 抽样。

蒙特卡罗近似极限分布的推导过程如下。定义 $v(\theta)=w(\theta)/Z$ 为标准化重要权重的总体模拟，则有

$$\bar{h}_{N}=\frac{\frac{1}{N}\sum_{i=1}^{N}(w^{i}/Z)h(\theta^{i})}{\frac{1}{N}\sum_{i=1}^{N}(w^{i}/Z)}=\frac{\frac{1}{N}\sum_{i=1}^{N}v(\theta^{i})h(\theta^{i})}{\frac{1}{N}\sum_{i=1}^{N}v(\theta^{i})} \tag{3.50}$$

---

① 译者注：原文此处为 $v(\theta)$，有误。

现在使用一阶泰勒级数展开，表示成分子与 $\mathbf{E}_{\pi}[h]$ 离差，分母与1的离差的表达式，记为

$$\sqrt{N}\left(\bar{h}_N - \mathbf{E}_{\pi}[h]\right) = \sqrt{N}\left(\frac{1}{N}\sum_{i=1}^{N} v(\theta^i)h(\theta^i) - \mathbf{E}_{\pi}[h]\right) - \mathbf{E}_{\pi}[h]\sqrt{N}\left(\frac{1}{N}\sum_{i=1}^{N} v(\theta^i) - 1\right) + o_p(1)$$

$$= (\text{I}) - \mathbf{E}_{\pi}[h](\text{II}) + o_p(1) \tag{3.51}$$

只要 $\sup_{\theta} \pi(\theta)/g(\theta) < \infty$ 且 $\mathbf{E}_{\pi}[h^2] < \infty$[①]，则我们对（$I$）和（$II$）项应用多变量的林德贝格-列维中心极限定理。经过直接但冗长的代数运算，可以得到（I）和（II）项的方差和协方差，记为

$$\mathbb{V}_g[hv] = \mathbb{E}_{\pi}[(\pi/g)h^2] - (\mathbb{E}_{\pi}[h])^2$$

$$\mathbb{V}_g[v] = \mathbb{E}_{\pi}[(\pi/g)] - 1$$

$$\text{COV}_g[hv, v] = (\mathbb{E}_{\pi}[(\pi/g)h] - \mathbb{E}_{\pi}[h])$$

由此可以得到

$$\sqrt{N}\left(\bar{h}_N - \mathbf{E}_{\pi}[h]\right) \Rightarrow N\left(0, \Omega(h)\right) \tag{3.52}$$

其中

$$\Omega(h) = \mathbb{V}_g[(\pi/g)(h - \mathbf{E}_{\pi}[h])]$$

现在我们可以定义（相对于独立同分布（iid）抽样）无效因子[②]

$$InEff_{\infty} = \frac{\Omega(h)}{\mathbf{V}_{\pi}[h]} \tag{3.53}$$

其中下标∞表示根据渐进方差比率计算无效因子。

虽然原则上无效因子的值应小于1，但其值往往大于1。利用粗近似方法（见 Liu（2001）），对 $\Omega(h)$ 进行因子分解，得到

$$\Omega(h) \approx \mathbf{V}_{\pi}[h](\mathbf{V}_g[\pi/g] + 1) \tag{3.54}$$

这意味着

$$InEff_{\infty} \approx \mathbf{V}_g[\pi/g] + 1 \tag{3.55}$$

渐进无效因子的近似与函数 $h(\cdot)$ 无关。更为重要的是，与独立同分布（iid）后验分布抽样相比，重要权重方差越大，蒙特卡罗近似的精确度越差。

3.4.3 一个数值例子

以第3.3节集识别模型的后验密度函数式（3.40）为例，图3-2给出了重要抽样算法的数值说明。（ⅰ）图为 $\bar{\phi}=-0.5$ 且 $\bar{V}=1/100$ 的后验密度函数图形。我们考虑了两个重要抽样密度函数。这两个密度函数都以 $\theta=0.5$ 为中心。第一个密度函数为“集聚型”，方差为0.125。第二个密度函数为“发散型”，方差相对较大，为0.5。对于集聚型重要抽样密度函数，取值落在区间［-0.5，-0.25］内的概率较小，但后验分布在区间［-0.5，-0.25］内的概率则较大。

（ⅱ）图和（ⅲ）图说明，重要抽样近似的精确度取决于样本数量 N。图中既给出了模拟基础上的无效因子 $InEff_N$，也给出了式（3.53）定义的渐进无效因子 $InEff_{\infty}$。利用算法多次

---

① 译者注：原文此处为 $E_g[h^2] < \infty$，有误。

② 对于特定应用，需要利用 $\Omega(h)$ 和 V_{π} 的估计值来计算渐进无效因子。我们这里在符号上区分“真实”的渐进无效因子和它的估计值。

运行的有限样本估计，代替重要取样器的渐进方差，得到无效因子 $InEff_N$。进一步设定，重要抽样算法重复运行 N_{run}=1 000次，计算重复运行条件下的 $\mathbf{E}_\pi$［θ］和 $\mathbf{E}_\pi$［θ^2］蒙特卡罗近似的方差，表示为 $\mathbf{V}\left[\bar{h}_N\right]$。为了使其与渐进无效因子的度量相同，将此方差除以 $\mathbf{V}_\pi$［h］/N

$$InEff_N = \frac{\mathbf{V}\left[\bar{h}_N\right]}{\mathbf{V}_\pi[h]/N} \tag{3.56}$$

通常，渐进近似是非常精确的。对比图（ⅱ）和图（ⅲ）发现，与发散型重要抽样的密度函数相比，集聚型重要抽样密度函数的近似精确度要差了很多。这是因为发散型重要抽样的密度函数更好地覆盖了后验分布尾部。最后，我们图中还给出了式（3.55）定义的渐进无效因子近似的图形，它可以大致度量重要抽样近似的精确度。

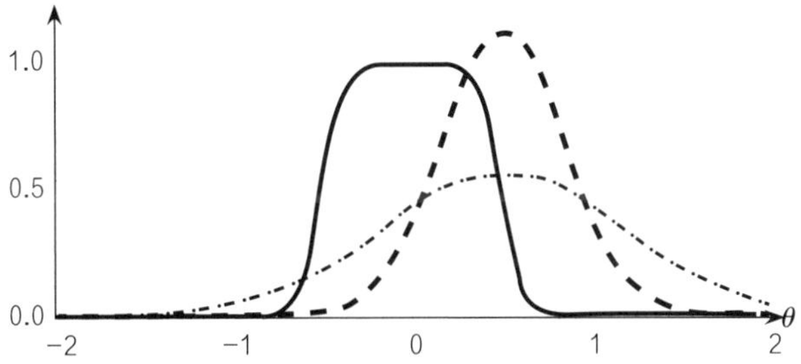

（ⅰ）重要抽样密度函数

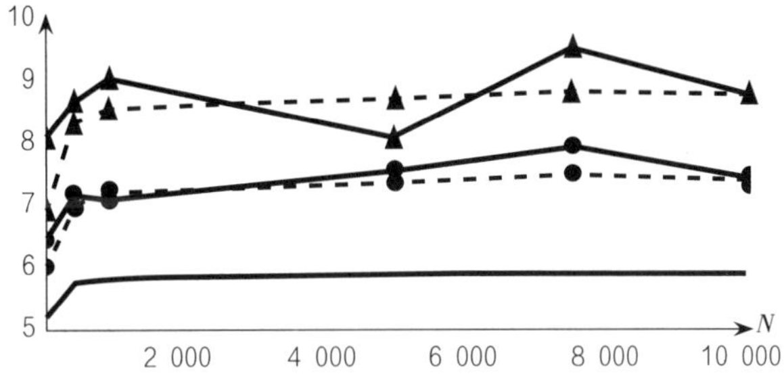

（ⅱ）聚集型重要抽样密度函数的无效因子

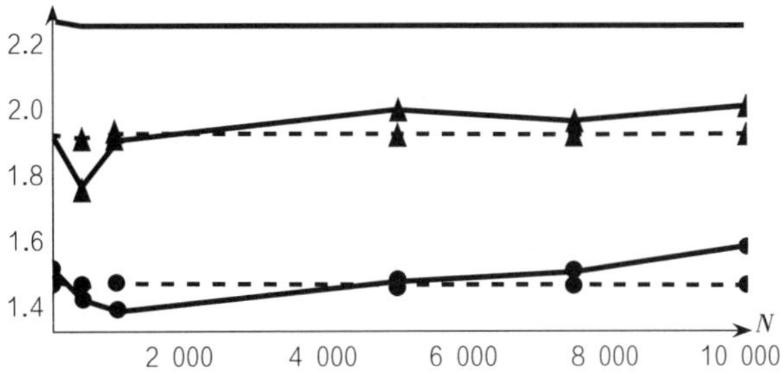

（ⅲ）发散型重要抽样密度函数的无效因子

图3-2　E_π［θ］和 E_π［θ^2］的重要抽样近似

注：（ⅰ）图中，实线为后验密度函数 π（θ）的图形；短划线为集聚型重要抽样密度函数 g（θ）的图形；点线为发散型重要抽样密度函数 g（θ）的图形。（ⅱ）图和（ⅲ）图为无效因子的图形。其中短划线为大样本的无效因子 $InEff_\infty$=Ω（h）/N_π（h）的图形；实线为运行 N_{run}=1 000 次的无效因子小样本近似的图形。三角形表示 h（θ）=θ，圆形表示 h（θ）=θ^2。没有任何标志的实线表示渐进无效因子 V_g［π/g］+1。

利用重要抽样算法得到精确的后验矩近似，关键是剪裁重要抽样密度函数g，让它较好地接近目标分布π。式（3.55）表明，选择的密度函数g，其重要权重方差必须较小。对于近似于椭球形后验分布的应用，采用以π的众数为中心的厚尾t分布，适当调整$ln\pi$的海塞矩阵的逆的大小，使重要密度函数的轮廓与后验分布π的轮廓一致，就是好的重要密度函数。不过，对于高度不规则和非椭球形的后验分布来说，需要有效生成g的其他方法。第5章讨论的序贯蒙特卡罗算法，就以序贯方式构建重要密度函数。

3.5 Metropolis-Hastings算法

Metropolis-Hastings（MH）算法属于马尔科夫链蒙特卡罗（MCMC）算法族。MH算法构建一个马尔科夫链，如果马尔科夫链的稳定分布唯一，则该分布等于我们感兴趣的后验分布。Metropolis，Rosenbluth，Rosenbluth，Teller和Teller（1953）最早提出这个MH算法，用于求解最小化问题。之后，Hasting（1970）对此作了推广。对于MCMC算法及其输出结果蒙特卡罗平均，Tierney（1994）证明了一些重要收敛结论。Chib和Greenberg（1995）是一篇介绍MH算法的优秀文献。Robert和Casella（2004）或Geweke（2005）等教科书，对MH算法作了详细的论述。

利用重要抽样能够生成独立的后验分布$\pi(\theta)$抽样序列，但利用MH算法可以生成序列相关的抽样序列。只要马尔科夫链的相关性不强，利用这些抽样的蒙特卡罗平均就能够精确地逼近$h(\theta)$的后验均值。接下来，我们介绍一个通用MH算法，证明为什么根据MH算法生成的马尔科夫链，目标后验分布就变成一个不变分布。之后用一个非常简单的例子，说明求解马尔科夫转移核的解析方法。最后给出一个数值例子。

3.5.1 通用MH算法

MH算法关键部分是建议分布$q(v|\theta^{i-1})$，它潜在地依赖于算法第i-1次迭代的抽样θ^{i-1}。如果建议抽样提升了后验密度（相对于θ^{i-1}），建议抽样总是被接受。即使建议抽样降低了后验密度，建议抽样有时也会被接受。如果建议抽样不被接受，则马尔科夫链没有移动，此时$\theta^i=\theta^{i-1}$。选择一个接受概率，确保抽样分布收敛于目标后验分布。MH算法的形式为：

算法5（通用MH算法） 对于i=1到N

1.从密度函数$q(v|\theta^{i-1})$中抽取样本v。

2.设$\theta^i=v$，概率为

$$\alpha\left(v|\theta^{i-1}\right)=\min\left\{1,\frac{p\left(Y|v\right)p\left(v\right)/q\left(v|\theta^{i-1}\right)}{p\left(Y|\theta^{i-1}\right)p\left(\theta^{i-1}\right)/q\left(\theta^{i-1}|v\right)}\right\}$$

且$\theta^i=\theta^{i-1}$，概率为$1-\alpha(v|\theta^{i-1})$。

由于$p(\theta|Y)\propto p(Y|\theta)\ p(\theta)$，因此计算接受概率$\alpha(v|\theta^{i-1})$过程中，可以用似然函数和先验密度函数的乘积来代替后验密度函数，这样就不需要计算边缘数据密度函数$p(Y)$。算法5说明了如何根据参数抽样θ^{i-1}生成参数抽样θ^i。它含蓄地表征了马尔科夫转移核$K\left(\theta|\tilde{\theta}\right)$，其中条件值$\tilde{\theta}$对应于第$i$-1次迭代的参数抽样。

3.5.2 MH算法的重要性质

与重要取样器的概率理论相比，利用MH算法结果构建蒙特卡罗平均，其收敛性的基础概率理论极为复杂。要解决的关键问题有二。第一个问题，假设θ^{i}由某个任意的密度函数g（·）生成的，通过马尔科夫转移核向前迭代N次得到θ^{N}，那么θ^{N}是不是逼近了$p(\theta|Y)$的分布呢？当$N\to\infty$时，近似误差是否消失呢？第二个问题，如果θ^{N}是$p(\theta|Y)$的近似分布，那么θ^{i}（i=1，…，N）的样本平均是否满足强大数定律（SLLN）和中心极限定理（CLT）？

利用算法5生成后验分布$p(\theta|Y)$的抽样，其必要条件是给定转移核，后验分布是一个不变分布，记作

$$p(\theta|Y)=\int K(\theta|\tilde{\theta})p(\tilde{\theta}|Y)\mathrm{d}\tilde{\theta} \tag{3.57}$$

因此，如果θ^{i-1}是后验分布$p(\theta|Y)$的抽样，则θ^{i}也是该分布的抽样。我们这里仅证明通用MH算法的不变方差性质。如果要全面了解马尔科夫链和MCMC算法的收敛理论，感兴趣的读者可以参阅文献Tierney（1994），或者参阅Robert和Casella（2004），Geweke（2005）等教材。

证明不变方差性质相对简单。转移核可以表示为

$$K(\theta|\tilde{\theta})=u(\theta|\tilde{\theta})+r(\tilde{\theta})\delta_{\tilde{\theta}}(\theta) \tag{3.58}$$

其中$u(\theta|\tilde{\theta})$为被接受抽样的密度核（注意$u(\theta|\cdot)$的积分不等于1），即

$$u(\theta|\tilde{\theta})=\alpha(\theta|\tilde{\theta})q(\theta|\tilde{\theta}) \tag{3.59}$$

根据算法5，$q(\cdot|\cdot)$为建议抽样的密度函数，$\alpha(\cdot|\cdot)$为被接受抽样的概率。$r(\tilde{\theta})$为给定$\tilde{\theta}$，建议抽样被拒绝的概率

$$r(\tilde{\theta})=\int\left[1-\alpha(\theta|\tilde{\theta})\right]q(\theta|\tilde{\theta})\mathrm{d}\theta=1-\int u(\theta|\tilde{\theta})\mathrm{d}\theta \tag{3.60}$$

其中$1-\alpha(\theta|\tilde{\theta})$为建议抽样$\theta$被拒绝的概率；$q(\theta|\tilde{\theta})$刻画了给定$\tilde{\theta}$的建议抽样分布。如果建议抽样被拒绝，则算法设定$\theta^{i}=\theta^{i-1}$，这意味着在拒绝条件下，转移密度退化为$\theta^{i}=\tilde{\theta}$上的点式群体，这可以由式（3.58）的Dirac delta函数$\delta_{\tilde{\theta}}(\theta)$来捕获[①]。

从下面的意义上讲，MH算法的构建是可逆的。如果建议抽样没有被取样器拒绝，从$\tilde{\theta}$转移到θ的密度函数与从θ转移到$\tilde{\theta}$的密度函数相同，即

$$\begin{aligned}p(\tilde{\theta}|Y)u(\theta|\tilde{\theta})&=p(\tilde{\theta}|Y)q(\theta|\tilde{\theta})\min\left\{1,\frac{p(\theta|Y)/q(\theta|\tilde{\theta})}{p(\tilde{\theta}|Y)/q(\tilde{\theta}|\theta)}\right\}\\&=\min\left\{p(\tilde{\theta}|Y)q(\theta|\tilde{\theta}),p(\theta|Y)q(\tilde{\theta}|\theta)\right\}\\&=p(\theta|Y)q(\tilde{\theta}|\theta)\min\left\{\frac{p(\tilde{\theta}|Y)/q(\theta|\tilde{\theta})}{p(\theta|Y)/q(\tilde{\theta}|\theta)},1\right\}\\&=p(\theta|Y)u(\tilde{\theta}|\theta)\end{aligned} \tag{3.61}$$

---

① Dirac delta函数具有如下性质：当$\theta\neq\tilde{\theta}$时，$\delta_{\tilde{\theta}}(\theta)=0$且$\int\delta_{\tilde{\theta}}(\theta)\mathrm{d}\theta=1$。

根据这个可逆性结论，可以证明式（3.57）的不变方差性质：

$$\int K(\theta|\tilde{\theta})p(\tilde{\theta}|Y)\mathrm{d}\tilde{\theta}=\int u(\theta|\tilde{\theta})p(\tilde{\theta}|Y)\mathrm{d}\tilde{\theta}+\int r(\tilde{\theta})\delta_{\tilde{\theta}}(\theta)p(\tilde{\theta}|Y)\mathrm{d}\tilde{\theta} \tag{3.62}$$

$$=\int u(\theta|\tilde{\theta})p(\theta|Y)\mathrm{d}\tilde{\theta}+r(\theta)p(\theta|Y)$$

$$=p(\theta|Y)$$

由式（3.61）和Dirac delta函数性质，得到第二个等式。再由式（3.60），得到最后一个等式。

对于算法5的抽样 $h(\theta^i)$，式（3.58）的不变方差性质绝不是确保其蒙特卡罗平均收敛于后验期望 $\mathrm{E}_\pi[h]$ 的充分条件。尤其是，我们需要确信转移核 $K(\cdot|\cdot)$ 具有唯一的不变分布，即无论初始的马尔科夫链如何，重复应用转移核都会收敛到这个唯一的不变分布。并且由马尔科夫链生成的抽样 θ^i，需要确信其自相关系数的衰减速度足够快，这样才能保证样本平均收敛到总体均值。我们这里不给出收敛性的一般理论，而是通过考察一个特殊例子，讨论如何利用解析方法求解转移核。

3.5.3 一个解析例子

假设参数空间是离散的，且仅取 τ_1 和 τ_2 两个值。此时后验分布简化为仅有两个概率，表示为 $\pi_l=p\{\theta=\tau_l|Y\}$，$l=1$，2。算法5的建议分布可以用两状态马尔科夫过程来表示，其转移矩阵为

$$Q=\begin{bmatrix} q_{11} & q_{12} \\ q_{21} & q_{22} \end{bmatrix} \tag{3.63}$$

其中 q_{lk} 表示给定 $\theta^{i-1}=\tau_l$ 时，抽样 $v=\tau_k$ 的概率。为了便于说明，假设

$q_{11}=q_{22}=q$，$q_{12}=q_{21}=1-q$

且后验分布满足条件 $\pi_2>\pi_1$。

我们现在推导算法5生成的马尔科夫链的转移矩阵。假设 $\theta^{i-1}=\tau_1$。则 $v=\tau_1$ 的概率为 q。抽样被接受的概率为

$$\alpha(\tau_1|\tau_1)=\min\left\{1,\frac{\pi_1/q}{\pi_1/q}\right\}=1$$

建议抽样 $v=\tau_2$ 的概率为 $1-q$。根据前面假设，$\pi_2>\pi_1$，这个抽样被拒绝的概率为

$$1-\alpha(\tau_2|\tau_1)=1-\min\left\{1,\frac{\pi_2/(1-q)}{\pi_1/(1-q)}\right\}=0$$

因此，从 $\theta^{i-1}=\tau_1$ 转移到 $\theta^i=\tau_1$ 的概率为

$k_{11}=q\cdot 1+(1-q)\cdot 0=q$

利用相同的方式，可以计算出其他三个可能转移的概率。可以证明，过程 $\left\{\theta^i\right\}_{i=1}^N$ 的马尔科夫转移矩阵为

$$K=\begin{bmatrix} k_{11} & k_{12} \\ k_{21} & k_{22} \end{bmatrix} \tag{3.64}$$

$$=\begin{bmatrix} q & 1-q \\ (1-q)\dfrac{\pi_1}{\pi_2} & q+(1-q)\left(1-\dfrac{\pi_1}{\pi_2}\right) \end{bmatrix}$$

对式（3.64）进行代数运算，结果表明转移矩阵 K 有两个特征根 λ_1 和 λ_2，其值为

$$\lambda_1(K)=1,\ \lambda_2(K)=q-(1-q)\frac{\pi_1}{1-\pi_1} \tag{3.65}$$

特征根 λ_1（K）对应的特征向量确定了马尔科夫链的不变分布。正如第3.5.2节所述，该不变分布恰好等于后验分布。只要第二个特征根与第一个特征根不同，这个后验分布就是马尔科夫链唯一的不变分布。马尔科夫链的持续性由特征根 λ_2（K）来表征。事实上，我们可以用AR（1）过程来表示马尔科夫链（参见Hamilton（1994））。定义转换参数

$$\xi^i=\frac{\theta^i-\tau_1}{\tau_2-\tau_1} \tag{3.66}$$

其取值为0或1。ξ^i服从一阶自回归过程

$$\xi^i=(1-k_{22})+\lambda_2(K)\ \xi^{i-1}+v^i \tag{3.67}$$

如果已知 $\xi^{i-1}=j-1$，$j=1$，2，扰动项 v^i的统计特征由 k_{jj}和（$1-k_{jj}$）决定，其条件均值为0，条件方差为 k_{jj}（$1-k_{jj}$）。

马尔科夫链的持续性取决于建议分布。在本例的离散条件下，由概率q来表征。设$q=\pi_1$，这意味着 λ_2（K）$=0$，此时我们能很容易获得后验分布的独立同分布（iid）样本。通常我们并不能通过剪裁建议分布的密度函数生成序列不相关的抽样。设计MCMC算法的目的就是使马尔科夫链的持续性尽可能低。当q趋近于1时，马尔科夫链的自相关系数不断上升，并且收敛到1。在极限状态下，当$q=1$时，对所有i，都有 $\theta^i=\theta^1$，马尔科夫链的均衡分布不再唯一。

和第3.4节一样，我们现在考察h（θ^i）蒙特卡罗平均的收敛性。基于式（3.66）的自回归表达式，可以直接计算出ξ^i的自协方差函数，之后将其转换成h（θ^i）的自协方差函数：

$$\begin{aligned}\mathrm{COV}(h(\theta^i),h(\theta^{i-l}))&=\left(h(\tau_2)-h(\tau_1)\right)^2\pi_1(1-\pi_1)\left(q-(1-q)\frac{\pi_1}{1-\pi_1}\right)^l \\ &=\mathbf{V}_\pi(h)\left(q-(1-q)\frac{\pi_1}{1-\pi_1}\right)^l\end{aligned} \tag{3.68}$$

定义蒙特卡罗估计量

$$\bar{h}_N=\frac{1}{N}\sum_{i=1}^{N}h(\theta^i) \tag{3.69}$$

根据相关随机变量的中心极限定理，推导得到

$$\sqrt{N}\left(\bar{h}_N-\mathbf{E}_\pi[h]\right)\Rightarrow N\left(0,\Omega(h)\right) \tag{3.70}$$

其中Ω（h）为长期协方差矩阵

$$\Omega(h)=\lim_{L\to\infty}\mathbf{V}_\pi[h]\left(1+2\sum_{l=1}^{L}\frac{L-l}{L}\left(q-(1-q)\frac{\pi_1}{1-\pi_1}\right)^l\right)$$

相应的，渐进无效因子为

$$\begin{aligned}\ln Eff_\infty&=\frac{\Omega(h)}{\mathbf{V}_\pi[h]} \\ &=1+2\lim_{L\to\infty}\sum_{l=1}^{L}\frac{L-l}{L}\left(q-(1-q)\frac{\pi_1}{1-\pi_1}\right)^l\end{aligned} \tag{3.71}$$

当 $q=\pi_1$时，无效因子的值等于1。当 $q>\pi_1$时，由于抽样正相关，无效因子的值大于1。而当 $q<\pi_1$时，算法生成的抽样负相关，无效因子的值小于1。

3.5.4 一个数值说明

我们现在用一个离散例子进行数值说明。假设后验分布为伯努利分布，取值 $\tau_1=0$，

$\tau_2=1$，且 $\tau_1=0$ 的概率为 $\pi_1=0.2$。为了评价不同MH算法设定的有效性，令 $q\in[0,1)$ 取不同值。图3-3的（ⅰ）图为 $q=\{0, 0.2, 0.5, 0.99\}$ 时，9阶滞后的自相关系数变化情况。当 $q=0.99$ 时，MH算法生成的马尔科夫链极度自相关。根据式（3.64），从 $\theta^{i-1}=\tau_1$ 转移到 $\theta^i=\tau_2$ 的概率为 $1-q$，即0.01。同样，从 $\theta^{i-1}=\tau_2$ 转移到 $\theta^i=\tau_1$ 的概率为 $(1-q)\ \pi_1/\pi_2=0.0025$。因此，如果初始抽样为 $\theta^0=\tau_1$，可以预期经过100次抽样，才会遇到 τ_2。然而，记得根据不变分布，80%的实现抽样应该是 τ_2。

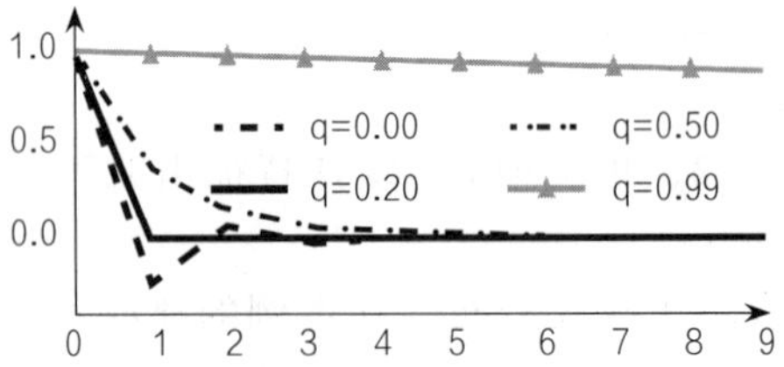

（ⅰ）θ^i 的自相关函数

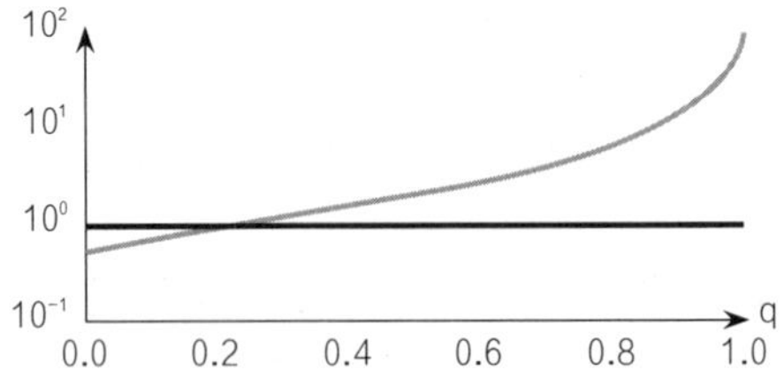

（ⅱ）渐进无效因子 $InEff_\infty$

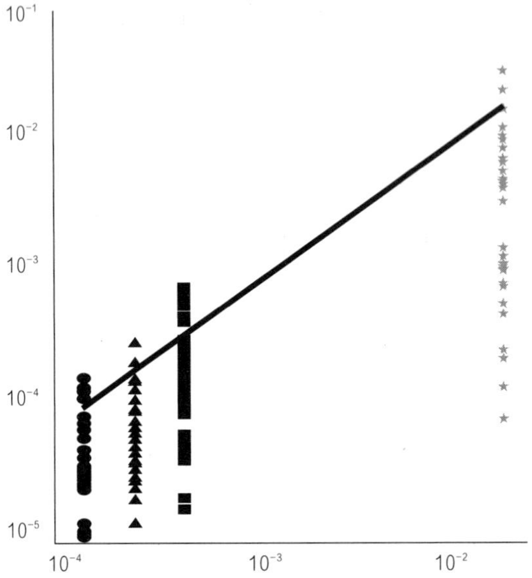

（ⅲ）小样本方差 $\mathbb{V}[\bar{h}_N]$ 对 $\Omega(h)/N$ 的HAC估计值

图3-3　$\pi_1=0.2$ 时离散MH算法的效果

注：（ⅲ）图为小样本方差 $\mathbb{V}[\bar{h}_N]$（x轴）对 $\Omega(h)/N$ 的HAC估计值（y轴）的散点图。其中小样本方差 $\mathbb{V}[\bar{h}_N]$ 是利用运行MCMC算法 $N_{run}=50$ 次的结果计算出来的。$\Omega(h)/N$ 是马尔科夫链式（3.72）$L=400$ 时的结果。圆圈对应 $q=0$ 的结果，三角形对应 $q=0.2$ 的结果，方形对应 $q=0.5$ 的结果，星形对应 $q=0.99$ 的结果。实线为45度线。

直觉上，高度自相关反映了这样两个事实：一是需要大量的抽样才能准确刻画目标分布。二是马尔科夫链在参数空间的移动极其缓慢。下面将看到蒙特卡罗估计量的方差较大，这也证明了这一点。当 q=0.5时，抽样器的自相关系数显著小于 q=0.99时的自相关系数，但取值仍然为正。如果 $\theta^{j-1}=\tau_1$，取样器将以大于 π_1=0.2的概率设定 $\theta^{j}=\tau_1$，导致马尔科夫链出现正的自相关。如果 $q=\pi_1$=0.2，自相关系数恰好为零。最后，当 q=0时，MH算法的马尔科夫链为负的一阶自相关。当 $\theta^{j-1}=\tau_1$时，θ^j取值为 τ_1的概率为零，这远远小于采用独立同分布（*iid*）抽样所预期的概率。出现负的自相关会降低蒙特卡罗方差，使其小于理论方差。（ⅱ）图正说明了这一点。

（ⅱ）图描绘了无效因子 $InEff_\infty$随 q变化的情况。水平直线表示无效因子等于1。y轴为对数刻度。与上面讨论的自相关系数的结论一致，q值越大，MH链的抽样 h的蒙特卡罗估计量的方差就越大于独立同分布（*iid*）抽样估计量的方差。实际上，当 q=0.99时，方差大约增大了100倍。当 q逐渐接近 π_1时，方差的差距逐渐减小。实际上，当 $q=\pi_1$时，MH抽样的蒙特卡罗估计量方差与独立同分布（*iid*）的估计量方差相同。MH取样器生成的马尔科夫链非常酷似于独立同分布（*iid*）取样器。最后，当 $q<\pi_1$时，MH取样器的蒙特卡罗方差小于独立同分布（*iid*）抽样的方差。虽然当 $q<\pi_1$时，MC方差变小是我们所希望的结果，但在实践中却极不现实。好的MH取样器设计——取决于 q的选择——与目标分布 π_1高度相关。不幸的是，人们使用MCMC技术的一个重要原因，恰好是由于他们对目标分布的重要特征缺乏足够的了解，例如 π_1。

由于不知道渐进方差的封闭表达式，因此很难确定MH算法生成的马尔科夫链何时收敛。收敛性的诊断方法较多，某些方法将在下一节详细讨论。不过，大多数测度方法的核心是考察MH取样器反复运行时，估计量的实证方差是否与利用单个马尔科夫链估计的方差一致。为了进一步考察链间（between-chain）和链内（within-chain）度量是否一致，取 q={0，0.2，0.5，0.99}，重复运行MH取样器 N_{run}=50次。每次模拟的样本数量 N=1 000。令 $h(\theta)=\theta$，也就是说我们感兴趣的是分布均值的蒙特卡罗估计的方差。对于每次复制，我们都利用简单Newey-West异方差-自相关一致（HAC）估计量

$$HAC\left[\bar{h}\right]=\frac{1}{N}\left(\hat{\gamma}_0+2\sum_{l=1}^{L}\left(1-\frac{l}{L+1}\right)\hat{\gamma}_l\right) \tag{3.72}$$

计算 $\Omega(h)/N$的估计值。其中 γ_l= COV（$h(\theta^j)$，$h(\theta^{j-l})$），设 L等于400。我们还计算出50次抽样的 $\bar{h}_N$ 的方差估计值，记为 $\mathbb{V}\left[\bar{h}_N\right]$。图3-3中的图（ⅲ）考察了这两个方差估计量的关系。平行于 y轴的点线表示对应每个 q的HAC估计量。x轴表示对应每个 q的小样本方差 $\mathbb{V}\left[\bar{h}_N\right]$估计量。实线为45度线。图（ⅲ）表明，小样本方差的顺序与 q的顺序相同，q=0时的小样本方差最小，q=0.99时最大。更为重要的，实线将对于每个 q的虚线一分为二，表明每次模拟的小样本方差必定包含在HAC方差估计值之内。也就是说，平均来看，尽管HAC估计量低估了蒙特卡罗近似的方差，但链内（within-chain）估计量显然与链间（between-chain）测度一致。

第Ⅱ部分

线性DSGE模型的估计

第4章

DSGE模型的Metropolis-Hastings算法

到目前为止，对于DSGE模型后验分布的抽样方法，最广泛使用的是随机游走MH（RWMH）算法。该算法是第3.5节介绍的通用算法5的特例，其中建议分布 $q(\vartheta|\theta^{i-1})$ 表示成随机游走 $\vartheta=\theta^{i-1}+\eta$，$\eta$ 是中心为0的概率分布抽样。在第4.1节，我们将介绍基准RWMH算法。在第4.2节，将该算法应用于小型新凯恩斯DSGE模型。DSGE模型的似然函数与第2.3节提出的先验分布结合起来，得到极为规则的椭球形后验分布。接下来，利用简单RWMH算法进行抽样，可以得到后验矩的精确数值近似。

不幸的是，在其他的许多应用中，尤其是中型和大型DSGE模型的应用，后验分布可能是极为非椭球形的。后验分布的形状不规则，常常是由于识别问题或者错误设定问题等原因导致的。DSGE模型可能存在局部设定问题，生成的后验分布在参数空间既定方向上极为平坦，类似于第3.3节简单集识别模型所遇到的后验分布。另外，后验分布可能展现出多峰特征。出现多峰的原因可能是，利用数据不能区分DSGE模型外部和内部传导机制的作用。例如，持续通货膨胀的原因可能是高度相关的成本推动冲击，也可能是企业无法根据频繁变动的边际成本调整价格。在第4.3节，我们将以一个极为典型的状态空间模型为例，说明后验分布模拟遇到的这些挑战。

针对后验分布表面形状不规则导致的困难，在第4.4节我们考查其他类型的MH取样器。这些取样器与RWMH算法存在两点不同。第一点不同是这些取样器采取其他建议分布 $q(\vartheta|\theta^{i-1})$。通常，我们考虑的建议分布具有如下形式：

$$q(\cdot|\theta^{i-1})=p_t(\cdot|\mu(\theta^{i-1}),\textstyle\sum(\theta^{i-1}),v) \tag{4.1}$$

其中 $p_t(\cdot)$ 为学生氏 $-t$ 分布的密度函数。因此，我们对建议密度函数的探索，主要集中在采用不同方法构建位置参数 $\mu(\cdot)$ 和规模矩阵 $\sum(\cdot)$。当 $v=\infty$ 时，这个表示包含了高斯建议分布。我们总结的第二点不同是这些算法都是分块的，即我们将参数分成子向量，利用分块MH取样器从条件后验分布中迭代抽取样本。

尽管设计其他MH算法的目的是解决后验分布表面不规则导致简单RWMH算法生成近似不精确的问题，但我们在第4.5节仍然以简单新凯恩斯DSGE模型为例，说明采用这些算法的效果。和第3.5节的做法一样，我们通过计算多链间蒙特卡罗近似的方

差，评价这些算法的精确度。我们的模拟结果表明，对参数进行分块，并仔细剪裁建议密度函数 $q(\vartheta|\theta^{i-1})$，能大幅提高蒙特卡罗近似的精确度。最后，在第4.6节，简要回顾边缘数据密度函数的数值近似问题，它通常用于计算后验模型概率。

在第3.5节，我们直接说明，对于独立同分布随机变量，离散MH算法的蒙特卡罗估计满足强大数定律（SLLN）和中心极限定理（CLT）。对于我们感兴趣的目标分布，所有MH算法都会导致马尔科夫链出现状态重现、不可简化和非周期性等现象。这些特性是强大数定律成立的充分条件。不过要得到CLT成立的有效条件非常困难，这也超出了本书的研究范围。

4.1 基准算法

在DSGE模型应用中，最广泛使用的MH算法为随机游走MH（RWMH）算法。式（4.1）建议分布的均值为链中的当前位置，其方差预先设定为：

$$\mu(\theta^{i-1})=\theta^{i-1} \text{ 且 } \sum(\theta^{i-1})=c^2\hat{\sum} \tag{4.2}$$

该算法的名称源于其建议分布具有随机游走形式，表示为

$$\vartheta=\theta^{i-1}+\eta$$

其中 η 的均值为零，方差为 $c^2\hat{\sum}$。给定建议分布的对称特性，接受概率为

$$\alpha=\min\left\{\frac{p(\vartheta|Y)}{p(\theta^{i-1}|Y)},1\right\}$$

如果抽样 ϑ 的后验概率大于 θ^{i-1} 处的后验概率，抽样 ϑ 以概率1被接受。如果候选抽样的后验概率相对于当前抽样的后验概率总是下降时，接受概率不断下降。

为了实现RWMH，研究者需要设定 v，c 和 $\hat{\sum}$。对于要实施的所有RWMH类型，我们都设式（4.1）中的 $v=\infty$。也就是说，我们和大多数文献保持一致，使用多元正态建议分布。通常，c 的选择取决于 $\hat{\sum}$。所以，我们首先讨论 $\hat{\sum}$ 的选择。建议方差控制了建议分布的相对方差和相关系数。在第3.5节我们讨论过，当 q 与目标分布严重不一致时，取样器的效果极差。这个直觉可以扩展到这里的多元设定。假设 θ 包含两个后验分布参数 β 和 δ，它们之间高度相关。如果建议分布的方差没有捕获这个相关性，例如矩阵 $\hat{\sum}$ 正交，则抽样 ϑ 不太可能反映参数相关这个事实：即当 β 较大时，δ 应该较大，反之亦然。因此 $p(\vartheta|Y)$ 更可能小于 $p(\theta^{i-1}|Y)$，并且建议抽样以较大概率被拒绝。结果是，马尔科夫链具有较高的拒绝率，展现出较高的自相关性，据此得到的蒙特卡罗估计量的方差较大。

好的 $\hat{\sum}$，首先要包含后验的信息，并且能捕获上面讨论的相关性。获得这些信息很困难。Schorfheide（2000）采用了一个比较流行的方法，设 $\hat{\sum}$ 为在对数后验分布众数 $\hat{\theta}$ 处，海塞矩阵逆的负数。运行MCMC程序之前，通过一个数值优化方法可以得到 $\hat{\theta}$。由于它可以看作后验协方差矩阵当样本数量 $T\to\infty$ 时的大样本近似，因此利用它作为后验协方差估计得到大家的一致认可。现有大量文献讨论后验分布的渐进正态性问题。例如，Johnson（1970）给出了渐进性的基本条件。

不幸的是，在很多应用中，后验密度函数的最大化问题令人生厌。海塞矩阵的数值近似也可能不是很精确。如果后验分布是极为非椭球形且多峰时，或者不可微的粒子滤波近似替换似然函数时（见后面第8章），就会出现这个问题。这两种情况下，采用（部分）自适应方法可能会有效：第一步，初始选择一个合情合理的协方差矩阵 $\hat{\Sigma}$，生成一组后验抽样。第二步，利用第一步生成的后验抽样计算样本协方差矩阵，将它作为RWMH算法第二次运行的 $\hat{\Sigma}$。原则上，协方差矩阵 $\hat{\Sigma}$ 可以经过多次调整。不过，最终 $\hat{\Sigma}$ 要固定下来，这样才能确保后验模拟器收敛。$\hat{\Sigma}$ 不断（或自动）调整的取样器称为自适应取样器，利用它需要给出更严谨的理论依据。

我们不打算严格遵循刚才描述调整 $\hat{\Sigma}$ 的两种方法。在下面的数值例子中，我们根据早期估计的结果作为后验协方差估计 $\mathbb{V}_\pi[\theta]$。虽然这个方法在实证工作中不切实际，但如果是为了比较不同后验取样器表现这个目的，这种方法非常有用。这种方法避免了基于海赛矩阵的估计量与后验协方差不匹配造成的扭曲。因此，它是RWMH算法的最优场景。总而言之，我们考察下面这种情况的RWMH算法：

RWMH-V：$\hat{\Sigma} = \mathbb{V}_\pi[\theta]$。

RWMH算法的最后一个参数是比例因子 c。这个参数通常要经过反复调整，以保证得到“合理”的接受率。由于后验概率存在一定的不透明度，理论上很难得到最优接受率。如果取样器接受频率太高，抽样每次移动的幅度可能非常小，导致蒙特卡罗估计高度序列相关，并且方差较大。同样，如果链拒绝频率太高，抽样可能会卡在参数空间的某个区域不动，得到的估计值仍然不精确。不过，对于目标分布为多元正态这一特殊情况，Roberts，Gelman和Gilks（1997）推导出一个极限（根据参数向量规模）的最优接受率，为0.234。大多数研究者把接受率目标设在0.20和0.40之间。比例因子c可以在预热期进行微调，也可以在链估计之前进行微调。我们在4.2.2节详细讨论蒙特卡罗近似精确度与c的选择的关系。

4.2 RWMH-V算法的应用

我们现在应用RWMH-V算法估计第1.1节介绍的小型新凯恩斯模型。利用第2.1节的对数线性近似方法求解模型。在此之前，An和Schorfheide（2007）已经用这个模型说明DSGE模型的贝叶斯分析。由于这个模型比较简单，我们从这个DSGE模型开始讨论。我们有信心：给定合理的时间，所有的取样器都会收敛到后验分布。这样在我们估计过程中，各种后验取样器都可以重复运行多次。我们重点考察后验矩蒙特卡罗近似的方差，这是算法成功与否的标志。在之后几章，我们将考察更为复杂的模型，此时某些模拟器将很难复制后验分布的关键特征。估计新凯恩斯DSGE模型需要使用三个可观测变量：单位资本的季度GDP增长率、季度通货膨胀率和联邦基金利率。这三个变量的测量方程为式（2.13)。估计使用的样本为（详细定义见附录）1983：Ⅰ到2002：Ⅳ季度的数据，共80个观测样本。图4-1为这三个时间序列的趋势图。我们采用表2-2给出的先验分布。

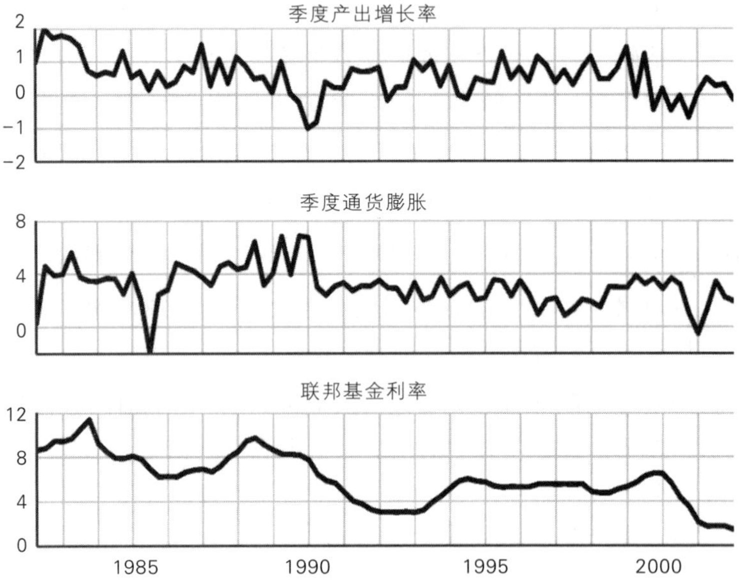

图 4−1　小型模型的可观测变量

注：单位资本的产出增长率单位为季度环比百分比。通货通胀率为 CPI 增长率，单位为年化的季度环比百分比。联邦基金利率为每季度有效基金利率的年度平均。

4.2.1　预热（Burn-in）和后验估计量的计算

一般来说，利用 MH 算法得到的初始抽样并不能反映后验分布。实际上，在取样器收敛前，即马尔科夫链的抽样分布与后验分布直接抽样的分布近似为同一分布之前，已经存在大量的抽样。正是由于这个原因，共同的做法是去掉 MH 链初始模拟的一大部分抽样（称为初始 N_0 抽样），这一过程称为预热（burn-in）。图 4−2 为

$$\bar{\theta}_{N|N_0}=\frac{1}{N-N_0}\sum_{i=N_0+1}^{N}\theta^i$$

随着 N 变化的图形。该图针对特定的参数向量 θ 元素，即风险厌恶参数 [τ]，选择三个不同的 N_0，多次运行 RWMH 算法的结果。初始抽样根据先验分布生成。经过预热后，初始递归均值的离散程度大致与后验方差相对应。从这层意思上说，经过 N_0 次抽样，马尔科夫链收敛到均衡分布。每个递归均值明显趋近于同一极限。本节的余下部分，我们设 N =100 000，且 N_0 =50 000。

虽然利用后验模拟器生成的抽样，代表了参数向量 θ 的联合后验分布。但进行实证分析时，研究者通常首先报告每个参数边缘后验分布的统计汇总。向量 θ 的每个元素的抽样，比如说风险厌恶参数的抽样 τ^i，$i=1$，…，N，近似为这个特定参数的边缘后验分布。表 4−1 给出了后验均值参数估计值及其 90% 置信区间。这里我们没有报告 HPD 区间，而是报告了后验分布 5% 和 95% 分位点。对每个参数的后验抽样进行排序（见第 3 章），就很容易得到这两个分位点。经济的稳态年增长率估计值为 2%，样本期的稳态通货膨胀率估计值为 3.3%，隐含的稳态名义利率估计值为 5.8%，风险厌恶参数 τ 的估计值为 2.83。新凯恩斯菲利普斯曲线的斜率估计值相当大。$\bar{k}$ =0.78 表明价格刚性程度较

低，货币政策冲击对产出的影响较小。央行对通货膨胀变化以及产出与灵活价格的产出之间偏离的反应较为强烈。

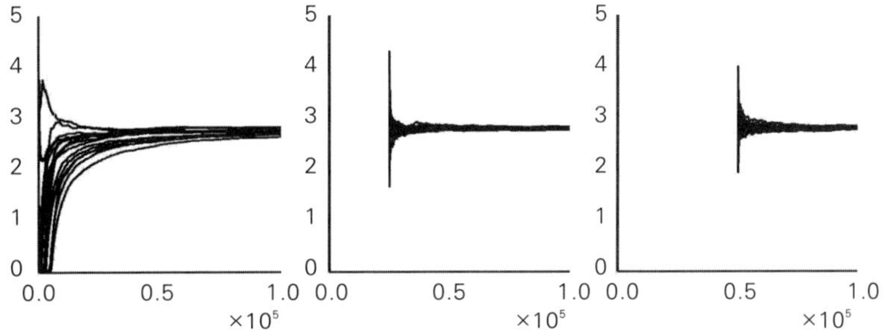

图 4-2　蒙特卡罗平均 $\bar{\tau}_{N|N_0}$ 的收敛性

注：x 轴表示抽样数量。

表 4-1　DSGE 模型参数的后验估计

	均值	[0.05，0.95]		均值	[0.05，0.95]
τ	2.83	[1.95，3.82]	ρ_r	0.77	[0.71，0.82]
κ	0.78	[0.51，0.98]	ρ_g	0.98	[0.96，1.00]
ψ_1	1.80	[1.43，2.20]	ρ_z	0.88	[0.84，0.92]
ψ_2	0.63	[0.23，1.21]	σ_r	0.22	[0.18，0.26]
$r^{(A)}$	0.42	[0.04，0.95]	σ_g	0.71	[0.61，0.84]
$\pi^{(A)}$	3.30	[2.78，3.80]	σ_z	0.31	[0.26，0.36]
$\gamma^{(Q)}$	0.52	[0.28，0.74]			

注：我们生成 N =100 000 个后验分布抽样，忽略最前面的 50 000 个抽样。根据剩余抽样，近似计算后验均值，以及 5%分位点和 95%分位点。

4.2.2　建议协方差矩阵标度变换的影响

由于 RWMH-V 算法使用广泛，考察比例常数 c 的影响具有指导意义。为此，我们选择不同的 c，分别运行基准 RWMH-V 算法。对每个 c 值，我们运行 $N_{run}=50$ 次蒙特卡罗链。和以前不同，这里采用后验分布抽样（通过预估计 DSGE 模型获得）作为链的初始值。尽管如此，我们仍然采用预热期，其长度等于链长度的一半。这里我们引以为豪的是，除非 c 取到极特殊值，否则所有运行都收敛到后验分布；详细考察每个链生成的抽样，就会证实这一点。

图 4-3 为风险厌恶参数 τ 的结果。RWMH-V 取样器的接受率随着 c 的提高而下降。如果 c 较小，取样器的建议随机游走步幅极小，建议抽样被接受的概率极高。随着 c 的增大，平均建议步幅逐渐变大，建议参数值位于较低后验密度的可能性增加，接受概率下降。我们估计 $InEff_\infty$（$HAC[\bar{\tau}]/\left(\mathbb{V}_\pi(\tau)/N\right)$）和小样本无效因子 $InEff_N = \mathbb{V}[\bar{\tau}]/\left(\mathbb{V}_\pi(\tau)/N\right)$，测度蒙特卡罗近似的方差，其中 $\mathbb{V}[\bar{\tau}]$ 为 $\bar{\tau}$ 的链间小样本方差。

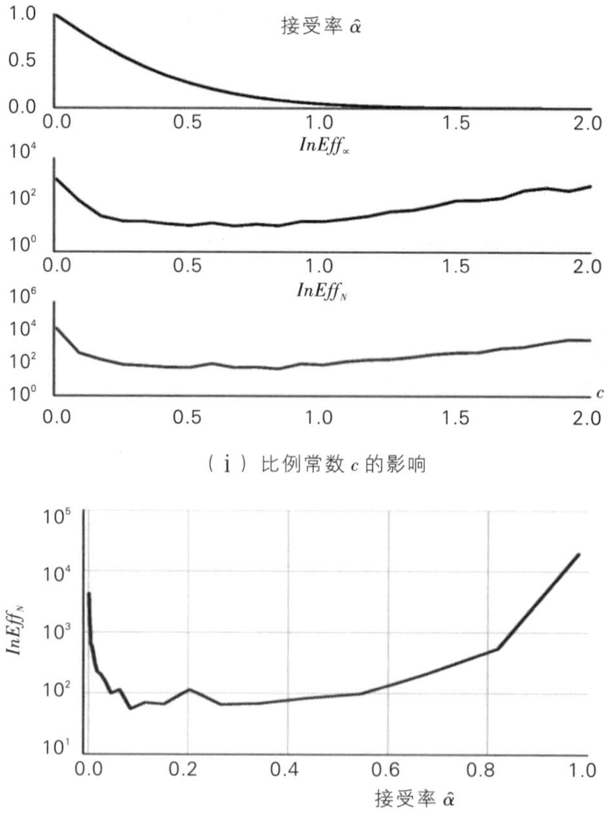

（i）比例常数 c 的影响

（ii）接受率 $\hat{\alpha}$ 与不精确度量 $InEff_N$

图4-3 标度对精确度的影响

注：图形为马尔科夫链独立运行 N_{run} =50次时，τ 的后验均值结果。图（i）表明，接受率（链间平均），基于HAC的 $InEff_\infty[\bar{\tau}]$ 估计值（链间平均）和 $InEff_N[\bar{\tau}]$ 是比例常数 c 的函数。图（ii）：$InEff_N[\bar{\tau}]$ 对接受率 $\hat{\alpha}$。

这两个无效测度非常相似，并且都表明后验均值近似的精确度是 c 的U型函数。当 $c=0.5$ 时，无效因子最小，精确度最高。直观上，c 值较小时，步幅极小，序列相关程度较大，无效因子值也较大。c 值较大时，建议参数抽样被拒绝的概率非常高，即 $\theta^i=\theta^{i-1}$ 的概率非常高，序列相关程度也较高。图4-3最下面的图形刻画了接受率与蒙特卡罗近似精确度之间的关系。对于 τ 的后验均值，当接受率在20%和40%之间时，其蒙特卡罗近似误差最小。虽然图4-3仅仅给出了参数 τ 的结论，但从定性角度看，其他参数的结论基本相同。

4.2.3 参数变换：脉冲响应

参数抽样 θ^i 可以转换为感兴趣的其他 $h(\theta^i)$统计量。例如，利用DSGE模型，可以研究外生冲击的传导机制。给定参数向量 θ，根据式（2.10）和式（2.13）的DSGE模型状态空间表示，可以直接计算脉冲响应函数（IRF）。从参数到脉冲响应函数（IRF）的映射就是一个函数 $h(\theta)$。在许多DSGE模型应用中，都关注这个函数。完成脉冲响应函数（IRF）的（逐点）贝叶斯推断，需要两个步骤：第一步将每个抽样 θ^i 转换成

$h(\theta^i)$；第二步计算 $h(\cdot)$ 向量每个元素的后验均值和置信区间。图 4-4 和图 4-5 为小型 DSGE 模型的相关结果。图 4-4 为外生冲击过程 $\hat{g}_t$ 和 $\hat{z}_t$ 对一单位标准误差扰动的响应。这两个冲击都服从 AR（1）过程，但政府支出冲击（$\bar{\rho}_g$ =0.98）要比技术增长冲击（$\bar{\rho}_g$ =0.88）更具持续性。图 4-5 的三列分别表示政府支出冲击 $\varepsilon_{g,t}$、技术增长冲击 $\varepsilon_{z,t}$ 和货币政策冲击 $\varepsilon_{r,t}$ 引起的响应。图 4-5 的三行分别为产出、通货膨胀和利率对三个冲击的响应。实线为后验均值的响应，阴影部分为 90% 置信带。

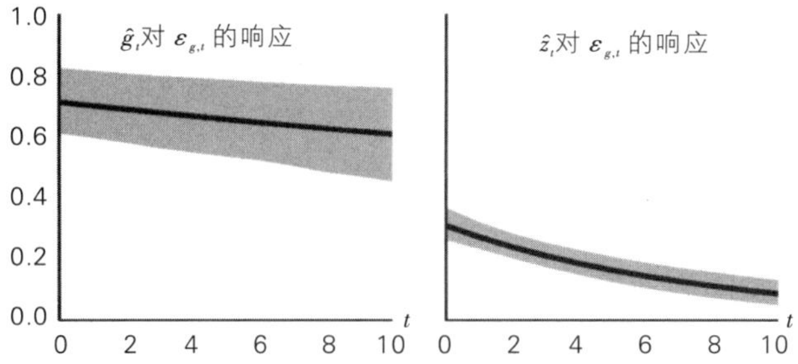

图 4-4　外生过程的脉冲响应

注：图形为逐点后验均值及其 90% 的置信带。响应为相对于初始值的百分比。

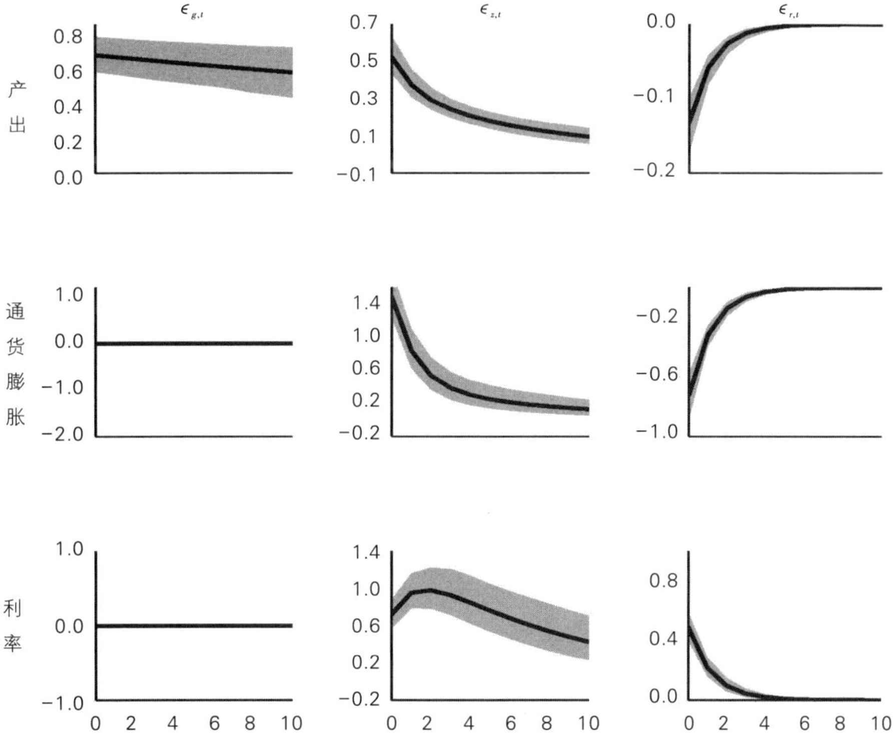

图 4-5　内生变量的脉冲响应

注：图形为逐点后验均值及其 90% 的置信带。产出响应为相对于初始值的百分比，通货膨胀与利率响应为年度百分比形式。

式（2.1）概括总结了小型DSGE模型的对数线性均衡条件。正的政府支出冲击（或更一般的，需求冲击）提高了产出，但通货膨胀和利率保持不变。在这个简单模型中，消费与随机趋势的离差 $\hat{c}_t$ 等于产出离差 $\hat{y}_t$ 与政府支出冲击 $\hat{g}_t$ 的差。此外， $\hat{g}_t$ 等于潜在产出，即价格不存在刚性时的产出。因此， $\hat{c}_t=\hat{y}_t-\hat{g}_t$ 可以解释为产出缺口。如果利用 $\hat{c}_t$ 改写对数线性均衡条件，则可以从欧拉方程、新凯恩斯菲利普斯曲线和货币政策规则中消掉政府支出冲击。这表明政府支出冲击仅影响产出，不影响产出缺口，即不影响消费、通货膨胀和利率。

给定技术增长冲击 $\hat{z}_t$ ，产出和消费的响应成比例，即 $\hat{y}_t=\hat{c}_t$ 。虽然从长期看，产出水平必然根据新的技术水平进行调整，但递增的生产率预期导致经济主体一开始就增加大于 $\hat{z}_t$ 的消费，这意味着 $\hat{y}_t=\hat{c}_t>0$ 。根据菲利普斯曲线，正的产出缺口必然会导致通货膨胀率上升，进而导致利率提高。从长期看，产出和消费水平会持久增加，但通货膨胀率和利率会恢复到稳态水平。

最后，由于通货膨胀率调整较为缓慢，名义利率的未预期提高必然会导致实际利率提高。根据欧拉方程，当前消费等于未来预期实际利率和的负值，这意味着消费和产出下降。根据价格设定方程，产出和消费的下降导致通货膨胀率下降。我们估计菲利普斯曲线的斜率 $\hat{k}=0.78$，表明产出的响应小于通货膨胀的响应。

本章余下部分，我们将不再重点考察后验估计量本身，而将主要针对各种后验取样器，考察它们生成后验矩的近似精确度问题。

4.3 不规则后验分布带来的挑战

对于小型新凯恩斯DSGE模型的后验分布来说，使用基准RWMH-V算法的效果非常好。不幸的是，随着DSGE模型规模（以测量方程中结构参数数量和可观测变量数量来度量）的扩大，或者DSGE模型估计采用比较发散的先验分布，使用RWMH-V算法的效果就会恶化。当后验分布极为非椭球形时，利用下面介绍的高级计算方法代替基准算法，就显得非常重要了。当DSGE模型过于格式化，以至于无法拟合数据（设定错误）时，或者DSGE模型的参数无法识别时，通常就会导致后验分布的形状不规则。

本小节主要研究识别问题导致的不规则。尽管在早期DSGE模型估计文献中，并不太在意识别问题（因为相对于VAR模型来说，DSGE模型参数看起来是确定的），但研究者最终认识到，在估计目标函数的过程中，包括似然函数，经常无法获得重要结构参数的信息。例如，Canova和Sala（2009）证明了在流行的新凯恩斯DSGE模型中，存在识别问题。识别问题出现大致有两个原因。一是当利用数据无法区分DSGE模型持续性原因是内生的（例如由于价格调整成本导致的），还是外生的（即外生冲击高度序列相关导致的）时，就可能出现识别问题。二是由于模型构建的理性预期均衡逻辑，也会导致识别问题。对于小型新凯恩斯DSGE模型，货币政策规则中通货膨胀系数 ψ_1 较大，意味着均衡通货膨胀率的波动性较低。接下来，如果观测到通货膨胀波动性极低，则就很难准确确定政策规则系数。

在之后Iskrev（2010）以及Komunjer和Ng（2011）的研究中，给出了是否存在识别问题的判断准则。根据这个准则，研究者可以判断DSGE模型参数总体是否局部可识别。对于贝叶斯分析来说，这个准则非常重要。如果根据判别结果，某个特定参数局部不可识别，研究者可以加入外部信息（估计用样本 Y 不包含的信息）来改进推断，并特别注意保证后验模拟器结果的精确性。

针对局部和全局识别问题给贝叶斯计算带来的困难问题，我们现在加以特殊说明。为了便于说明，考虑Schorfheide（2010）讨论的典型状态空间模型：

$$y_t = [1 \quad 1]s_t, \quad s_t = \begin{bmatrix} \phi_1 & 0 \\ \phi_3 & \phi_2 \end{bmatrix} s_{t-1} + \begin{bmatrix} 1 \\ 0 \end{bmatrix} \varepsilon_t \tag{4.3}$$

其中

$\varepsilon_t \sim iidN(0, 1)$

某些结构参数 $\theta = [\theta_1, \theta_2]'$ 与简化式参数 $\phi = [\phi_1, \phi_2, \phi_3]'$ 的映射为：

$$\phi_1 = [\theta_1^2], \ \phi_2 = (1-\theta_1^2), \ \phi_3 - \phi_2 = -\theta_1\theta_2 \tag{4.4}$$

进一步假设结构参数的值域为单位正方形：

$0 \leqslant \theta_1 \leqslant 1, \ 0 \leqslant \theta_2 \leqslant 1$

第一个状态 $s_{1,t}$ 看起来像DSGE模型的典型外生驱动力，例如全要素生产率。第二个状态 $s_{2,t}$ 按照内生状态变量的方式变化，例如资本存量，受外生过程和过去的实现驱动。选择结构参数到简化式参数的映射，目的是强调DSGE模型特有的识别问题。首先，当 θ_1 为0时，由于模型中 θ_2 仅存在乘积形式，因此 θ_2 不可识别。其次，令 L 表示滞后算子，有 $Ly_t = y_{t-1}$，则 y_t 的运动规则可以写为有约束的ARMA（2，1）过程：

$$(1-\theta_1^2 L)\left(1-(1-\theta_1^2)L\right)y_t = (1-\theta_1\theta_2 L)\varepsilon_t \tag{4.5}$$

给定 θ_1 和 θ_2，我们通过转换自回归滞后多项式的两个根的取值，就可以获得观测等价过程。选择 $\tilde{\theta}_1$ 和 $\tilde{\theta}_2$，满足

$\tilde{\theta}_1 = \sqrt{1-\theta_1^2}, \ \tilde{\theta}_2 = \theta_1\theta_2/\tilde{\theta}_1$

这种观测等价就会导致似然函数出现双峰。

图4-6描绘了观测值数量 $T=200$ 时，两个假设后验分布的后验轮廓。这两个后验分布都是根据单位正方形上的均匀分布作为先验分布得到的。左图的轮廓说明，当 θ_1 接近0时，就会引起局部识别问题。通过设 $\theta_1=0.1$，$\theta_2=0.5$，生成后验分布数据。如果 θ_1 取较小值，就很难识别出 θ_2。因此，在 θ_2 方向，后验分布很平坦。右图的轮廓说明全局识别问题。我们取 $\theta=[0.8, 0.3]'$ 的情况下，模拟观测值。这个参数取值与 $\theta=[0.6, 0.4]'$ 观测等价。

为了使MH算法有效，左图的后验分布就要求算法在 θ_2 方向上的步幅相对较大，在 θ_1 方向上的步幅相对较小。如同在第4.1节所讨论的那样，只要RWMH-V算法的建议密度轮廓与后验分布轮廓保持一致，MH算法就是有效的。右图的后验分布取样则相当具有挑战性。取样器需要从一个峰的区域开始，穿越山谷，移动到另一个峰的区域。结果表明，RWMH-V算法很难完成这个任务。分块，即从 $\theta_2|(\theta_1, Y)$ 和 $\theta_1|(\theta_2, Y)$ 的后验分布取样，对此会有所帮助。对于条件分布来说，分块能更精细地剪裁建议密度函数。

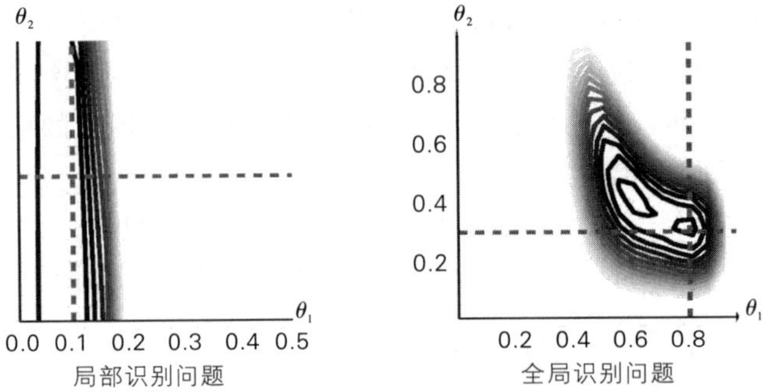

图4-6　典型状态空间模型的后验分布

注：虚线的交点表示生成数据所用的参数值，根据参数值构建后验分布。左图：$\theta_1=0.1$，$\theta_2=0.5$；右图：$\theta_1=0.8$，$\theta_2=0.3$。

4.4　其他MH取样器

改进基准RWMH算法，主要有两个方式。第一种比较有用的改进是将参数分块，之后给定所有其他参数的最近抽样，提取每个分块后验分布的抽样。第4.4.1节讨论分块MH算法。第二个改进是剪裁建议分布，降低马尔科夫链的持续性。我们考虑两种具有这个特性的算法。第4.4.2节介绍Metropolis调整的Langevin算法。第4.4.3节介绍Newton MH算法。当然还有其他算法。例如Kohn，Giordani和Strid（2010）提出一个自适应MH算法，建议分布是随机游走建议分布、独立建议分布和t-Copula的混合物。t-Copula根据前面的链抽样进行估计。虽然比较看好这个方法的未来前景，但使用这种方法，研究者需要设定大量的调谐参数。显然对于应用宏观经济学家来说，这绝对非常令人恐惧的一件事。

4.4.1　分块MH算法

无论选择建议分布$q(\cdot\mid\theta^{i-1})$时多么仔细，随着参数向量θ维数的增加，MH算法的有效性都会自然而然地降低。下面将要看到，对于RWMH-V算法来说，这个问题尤其明显。当参数空间的维数d增加时，建议随机游走移动的成功率下降。缓解这个问题的第一种方法是将参数向量分块。假设参数向量θ的维数为d。参数空间的分区B为指标N_{blocks}集的集合。这些集合是互斥的，且是完备的。对应指标集的子集称为θ_b，$b=1$，…，N_{blocks}。在参数抽样序列的环境下，令θ_b^i表示θ的第i次抽样的第b个分块；令$\theta_{<b}^i$表示b之前所有分块的第i次抽样。同样定义$\theta_{>b}^i$。算法6为通用分块MH算法。

算法6（分块MH算法）抽样$\theta^0\in\Theta$，则对于$i=1$到N

1. 通过某个规则（可以是概率），根据参数向量的分区B^i生成N_{blocks}块分块θ_1，…，$\theta_{N_{blocks}}$。这些分块与当前马尔科夫链状态无关。

2. 对于$b=1$，…，N_{blocks}：

（a）提取样本$\vartheta_b=q\left(\cdot\middle|\theta_{<b}^i,\theta_b^{i-1},\theta_{>b}^{i-1}\right)$。

（b）以概率

$$\alpha=\max\left\{\frac{p\left(\left[\theta^{i}_{<b},\vartheta_{b},\theta^{i-1}_{>b}\right]\middle|Y\right)q\left(\theta^{i-1}_{b}\middle|\theta^{i}_{<b},\vartheta_{b},\theta^{i-1}_{>b}\right)}{p\left(\theta^{i}_{<b},\theta^{i-1}_{b},\theta^{i-1}_{>b}\middle|Y\right)q\left(\vartheta_{b}\middle|\theta^{i}_{<b},\theta^{i-1}_{b},\theta^{i-1}_{>b}\right)},1\right\}$$

设 $\theta^{i}_{b}=\vartheta_{b}$。以概率 $1-\alpha$ 设 $\theta^{i}_{b}=\theta^{i-1}_{b}$。

为了使分块MH算法具有可操作性，每次迭代，研究者必须确定如何将参数分配到分块中，确定如何选择分块b参数的建议分布 $q\left(\cdot\middle|\theta^{i}_{<b},\theta^{i-1}_{b},\theta^{i-1}_{>b}\right)$。

通常，除了Roberts和Sahu（1997）等讨论的极少数情况之外，最优分块结构都是未知的。不过根据Robert和Casella（2004），这里有一个好的经验法则，那就是块内参数 θ^{b} 尽可能高度相关，块间参数 θ_{b} 和 θ_{-b} 尽可能相互独立。这个法则的直观解释如下：一方面，如果 θ_{1} 和 θ_{2} 相互独立，则 $p(\theta_{1}|\theta_{2})=p(\theta_{1})$，且 $p(\theta_{2}|\theta_{1})=p(\theta_{2})$。此时，直接迭代提取 $p(\theta_{1}|\theta_{2})$ 和 $p(\theta_{2}|\theta_{1})$ 的抽样就可以生成 $p(\theta_{1},\theta_{2})$ 抽样。另一方面，如果 θ_{1} 和 θ_{2} 具有相同维度，并且完全相关，则提取 $p(\theta_{1},\theta_{2})$ 抽样就变成求解 θ_1 关于 θ_{2} 的确定性函数。因此，提取 $p(\theta_{2}|\theta_{1})$ 抽样就变成求解 θ_{2} 关于 θ_{1} 的函数。也就是说，θ_{2} 的值与之前的值相同，在整个参数空间内马尔科夫链都没有任何移动。不幸的是，要想得到块之间相关性最小的“最优”分块，需要了解后验分布的先验知识。而这通常是不可能的。

在DSGE模型文献中，考虑分块的前三篇文章分别是Curdia和Reis（2009），Chib和Ramamurthy（2010）以及Herbst（2011）。Curdia和Reis（2009）将参数按照类型分成经济组和统计组。经济组的参数都与经济主体偏好和生产技术有关；统计组的参数控制着驱动模型的外生过程。这样分组的合理之处在于设计统计参数的建议分布相对容易。不过，这种分组不可能是最优的，因为反映DSGE模型内部传导机制产生持续性的经济参数，可能与外生过程的参数高度相关。Chib和Ramamurthy（2010）提议将参数随机分组。基本原理是，研究者明确提出将参数向量分区成多少块，每次迭代都会构建新的一组分块。虽然有时这些分块是相关的，但分块的随机性能确保这些相关性不会持续。该算法的关键是分块数据独立于马尔科夫链。这是马尔科夫链收敛的基本条件。否则，马尔科夫链为自适应的，此时渐进理论的基本原理就变得极为复杂。Herbst（2011）构建了一个分块MH算法，明确根据后验相关结构进行分块。后验相关结构根据预热期的抽样近似确定。他的研究结论表明，利用分布相关结果进行分块的办法明显优于随机分块方法。

本书余下部分，我们将采用如下形式的随机分块MH算法：

算法7（随机分块MH算法）

1.产生随机分区序列 $\left\{B^{i}\right\}_{i=1}^{N}$，将参数向量 θ 分成 N_{blocks} 个大小相同的块，表示为 θ_{b}，$b=1$，…，N_{blocks}。其过程如下：

（a）对 θ 的每个元素分配一个 $iidU[0,1]$ 抽样；

（b）根据分配的随机数字，对参数排序；

（c）令第 b 个块包含第 $(b-1)N_{blocks}$，…，bN_{blocks}[①] 个参数。

---

① 如果参数的数量不能被 N_{blocks} 整除，则分块子集的规模必须进行调整。

2.运行算法6。

对于分块算法的建议分布剪裁问题，Chib和Ramamurthy（2010）提倡采用优化方法——特别是模拟退火（annealing）方法——来找到条件后验分布的众数。和RWMH-V算法一样，根据众数的条件对数后验密度函数海塞矩阵的逆确定建议分布方差。这个算法被称为剪裁的（tailorized）随机分块MH（TaRBMH）算法。相对于标准RWMH-V算法，TaRBMH算法成功地降低了马尔科夫链的持续性。但在执行该算法时，计算似然函数需要使用退火步骤和计算海塞矩阵，因此该算法的一个缺陷就是计算速度极为缓慢。

4.4.2 Metropolis调整的Langevin算法

RWMH算法的一个自然演化是Metropolis调整的Langevin（MAL）算法。该算法仅使用（非标准化的）后验分布水平，并吸收了后验分布斜率的信息。MAL算法具有较为悠久的历史，可以追溯到Roberts和Tweedie（1992）以及Philips和Smith（1994）。建议分布（4.1）的位置向量为

$$u\left(\theta^{i-1}\right)=\theta^{i-1}+\frac{c_1}{2}\frac{\partial}{\partial\theta}\ln p\left(\theta^{i-1}|Y\right)\Big|_{\theta=\theta^{i-1}} \tag{4.6}$$

也就是通过对数后验密度函数梯度方向上的步进来调整 θ^{i-1} 。Roberts和Rosenthal（1998）的研究表明，在 θ 的元素不相关的条件下，最优接受率为57%。接受率较高表明该算法的统计效果好于RWMH算法。从直观角度看，MAL算法将马尔科夫链推向较高概率密度区域，绝大多数抽样都位于该区域。选择的基准标度矩阵是 $\sum$（ θ^{i-1} ） $=[c_2^2]I$ 。因此，除了 t 分布的自由度v外，MAL算法还有两个调谐参数 c_1 和 c_2 。

不幸的是，在多维设置中，由于参数量级往往不同，很难标度步进幅度 c_1 。此外，仅利用梯度信息，往往会忽略参数之间潜在的任何关系。而忽略掉的这些知识却可能是任何MCMC算法都需要的信息。结果表明（参见Roberts和Stramer（2002）），对（或提前准备的）建议分布进行如下调整：

$$u\left(\theta^{i-1}\right)=\theta^{i-1}+\frac{c_1}{2}\boldsymbol{M}_1\frac{\partial}{\partial\theta}\ln p\left(\theta^{i-1}|Y\right)\Big|_{\theta=\theta^{i-1}} \tag{4.7}$$

$$\sum\left(\theta^{i-1}\right)=c_2^2\boldsymbol{M}_2$$

将大有裨益。标准做法是设 $\boldsymbol{M}_1=\boldsymbol{M}_2=\boldsymbol{M}$

$$\boldsymbol{M}=-\left[\frac{\partial}{\theta\quad\theta'}\ln p\left(\theta|Y\right)\Big|_{\theta=\hat{\theta}}\right]^{-1} \tag{4.8}$$

其中 $\hat{\theta}$ 为利用数值最优化方法得到的后验分布众数。在某种意义上，使用众数处的海塞矩阵，能够解释参数间的“平均”关系。在数值优化方法中，均值 u（ θ^{i-1}）采取（近似）Newton步进形式。如果对数后验密度函数具有椭球形，经过预处理的MAL（p-MAL）算法就十分有效。下面考察这个算法有效性时，我们忽略海塞矩阵和后验协方差矩阵 $V_\pi(\theta)$的差别，仅使用后者：

MAL： $\boldsymbol{M}_1=\boldsymbol{M}_2=\boldsymbol{V}\pi(\theta)$

4.4.3 Newton MH算法

Qi和Minka（2002）开发了一种算法，将后验模拟和牛顿最优化方法紧密联系起来，称为Newton MH算法。在这个算法中，将后验众数 $\hat{\theta}$ 处的海塞矩阵替换为 θ^{i-1} 处的

海塞矩阵。利用建议密度的一般形式式（4.1），位置向量和标度矩阵为：

$$u\left(\theta^{i-1}\right)=\theta^{i-1}-s\left[\frac{\partial}{\theta\quad\theta'}\ln p\left(\theta|Y\right)\Big|_{\theta=\theta^{i-1}}\right]^{-1}\times\frac{\partial}{\partial\theta}\ln p\left(\theta^{i-1}|Y\right)\Big|_{\theta=\theta^{i-1}} \tag{4.9}$$

$$\hat{\sum}\left(\theta^{i-1}\right)=-c_2^2\left[\frac{\partial}{\theta\quad\theta'}\ln p\left(\theta|Y\right)\Big|_{\theta=\theta^{i-1}}\right]^{-1}$$

常数 s 可以解释为牛顿步进的步幅。如果对数后验分布是二次的，即后验分布是正态分布，通过设 $s=1$，一步就可以达到后验众数。因此，对于 $i>2$，建议分布的均值等于目标分布的均值，这个算法变成独立MH算法。

在DSGE模型应用中，后验分布是非高斯的。此时均值 u（θ^{i-1}）和后验众数不同，且均值 u（θ^{i-1}）随着 i 的变化而变化。这种情况下，一个有用的做法是令 s 为随机变量（与 θ^{i-1} 独立）：

$c_1=2_s$，$s\sim iidU$ ［0，$\bar{s}$］

其中 $\bar{s}$ 为调谐参数[①]。s 有时称作学习率。这意味着平均步幅为 $\bar{s}/2$。在我们下面的模拟中，设算法的超参数

牛顿MH：$\bar{s}=2$，$c_2=1$

RWMH算法是在整个参数空间内盲目收索，寻找高后验密度区域。而对于MAL算法和牛顿MH算法，选择建议密度函数时，明显考虑对数后验密度函数的斜率和曲率。这会降低马尔科夫链的持续性。并且给定抽样数量，后验矩的蒙特卡罗近似就会更精确。不幸的是，由于需要计算对数后验分布的一阶和二阶导数，这大大增加了计算成本。对于DSGE模型，不能用解析方法计算这些导数。对于线性DSGE模型，Herbst（2011）利用矩阵微积分推导出有效算法，用于计算这些目标。在某些应用中，即使采用最费力的数值微分方法，也不会花太多时间，就能得到一个合理规模的马尔科夫链。

应该说明的是，我们还有潜力进一步扩展算法集。例如Neal（2010）提出汉密尔顿蒙特卡罗（HMC）算法，利用梯度生成具有汉密尔顿动态形式的建议分布。Girolanmi和Calderhead（2011）对MAL和HMC算法进行拓展，明确考虑后验分布具有黎曼几何结构的情况。基础实验表明，与上文提到的算法相比，这些算法统计效果有所提高。不过，这些算法计算成本大大超过统计收益。例如，对于DSGE模型，如果采用基于黎曼积分的方法，使用MH算法就很难计算出所需的信息矩阵。这个算法尚处于研究阶段，如果计算收益可行，还是应该优先选择这些方法。

4.5 MH算法精确度的比较

我们现在比较前一节讨论的MH取样器的精确度。为了测度精确度，我们考虑小样本无效因子 $InEff_N$。计算无效因子 $InEff_N$，使用了每个MCMC算法独立运行 $N_{run}=50$ 次

① 只要 s 和 θ^{i-1} 相互独立，马尔科夫转移仍然隐含后验分布为不变分布这个结论。这可以看作扩展的后验分布 p（s，θ | Y），算法也发展成Gibbs内的Metropolis算法。

的输出结果（利用 θ 后验分布抽样作为初始值）。我们还将比较根据所有运行结果计算的 $\bar{\theta}$ 小样本方差和利用每个链结果计算的Newey-West HAC［$\bar{\theta}$］估计。进行比较的算法包括基准的1块RWMH-V算法；1块RWMH-I算法，建议分布的标度矩阵设为单位矩阵，即 $\hat{\Sigma}=I$；3块RWMH-V算法和RWMH-I算法；3块MAL算法；3块牛顿MH算法。

RWMH-I算法不需要后验分布的任何特定知识。因其容易实现，所以大受欢迎。尤其是，采用这个算法，计算后验分布不需要预先使用数值最优化方法。如果后验分布具有极为非椭球形状时，很难执行数值优化方法。选择单位矩阵的缺点是忽略了参数标度和后验轮廓方向。如果先验分布正确，边缘分布的标度合适，单位矩阵可以替换为对角矩阵，对角线元素为先验方差。

所有多块算法都采用算法6的随机分块程序。除RWMH-I算法外，我们采用每个块的参数后验协方差矩阵作为建议分布的标度矩阵。对于每个算法，我们选择微调常数，保证接受率在30%和50%之间。对于六个算法，算法每次运行都生成 N =100 000个后验分布抽样。忽略掉最前面 N_0 =50 000个抽样，利用余下的50 000个抽样计算蒙特卡罗平均。下面我们给出风险厌恶参数 τ 的相关结论。从定性角度看，其他参数结论基本与此相同。

表4-2报告了算法的最快运行时间（小时：分：秒）、平均接受率和微调常数。1块RWMH算法运行速度最快，每次抽样仅需要计算一次似然函数。3块RWMH-I和3块RWMH-V的运行速度慢些，所需时间大约是1块算法的三倍。这是由于它们需要计算三个似然函数，并且参数分块还额外需要一些时间。MAL和牛顿MH算法耗时最长，因为它们需要计算对数后验密度函数的海塞矩阵。

表4-2　　运行时间和调谐常数

算法	最快运行时间［小时：分：秒］	平均接受率	微调常数
1块RWMH-I	00：01：13	0.28	c=0.015
1块RWMH-V	00：01：13	0.37	c=0.400
3块RWMH-I	00：03：38	0.40	c=0.070
3块RWMH-V	00：03：36	0.43	c=1.200
3块MAL	00：54：12	0.43	c_1=0.400
			c_2=0.750
3块牛顿MH	03：01：40	0.53	$\bar{s}$=0.700
			c_2=0.600

注：每次运行，我们都生成 N =100 000个抽样。我们报告了最快运行时间和独立运行马尔科夫链 N_{run} = 50 次的平均接受率。

在考察蒙特卡罗近似精确度之前，我们首先审视一下这六个算法生成的马尔科夫链的持续性。图4-7的上图为每个算法滞后 l =40的自相关函数图形。根据每个马尔科夫链抽样序列 $\{\tau^i\}_{i=N_0+1}^{N}$，计算自相关函数。MH算法的建议分布选择对马尔科夫链的持续性产生较大影响。比较1块RWMH-I算法和1块RWMH-V算法发现，当建议分布的轮廓和后验分布（在众数处）的轮廓一致时，持续性会大幅度下降。对于RWMH-I算法，即使经过40次迭代后，生成的马尔科夫链还几乎是完全自相关的。对于RWMH-V算法，经过28次迭代后，马尔科夫链的自相关系数下降到0.5以下。

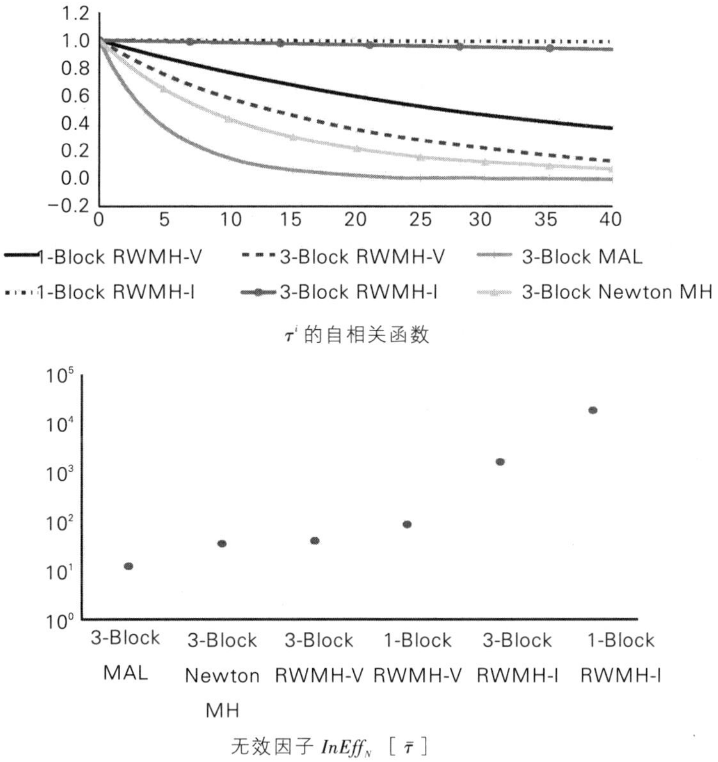

图4-7　自相关函数和无效因子

注：对于上图的自相关函数，是利用每个算法运行一次的输出结果计算出来的。对于下图的小样本无效因子，是利用每个算法独立运行 $N_{run}=50$ 次的输出结果计算得到的。

一旦分块的个数从1块增加到3块，RWMH-I算法和RWMH-V算法生成的马尔科夫链的持续性就会明显下降。因此，事实上，分块达到了我们想要的效果。不过，采用3块RWMH-I算法的效果仍然要比1块RWMH-V算法的效果差，这表明建议密度函数剪裁得当是很重要的。对于3块RWMH-V算法，经过大约13次迭代后，自相关系数降到0.5以下。最后，尽管使用MAL和牛顿MH算法，能够得到极低的序列相关性，但表4-2的运行时间表明，这两个算法的计算成本较高。

还是以相对风险厌恶参数为例，图4-7的第二个图为每个取样器的小样本无效因子 $InEff_N$ 的估计值。记得这个无效因子的计算公式为 $\mathbb{V}[\bar{\tau}]/\left(\mathbb{V}_\pi[\bar{\tau}]/N\right)$。分子为 τ 的链间小样本方差，分母为后验分布直接抽样（不可行）的蒙特卡罗方差。从定性角度看，无效测度与上图的自相关图形一致。1块RWMH-I算法的无效因子大约为18 500，意味着生成100 000次抽样得到的蒙特卡罗近似的精确度与5.5个独立同分布（ *iid* ）抽样近似的精确度大致相同。1块RWMH-V算法的无效因子为88。分成3块后，无效因子下降到41。这意味着3块RWMH-V算法的100 000个抽样与2 440个独立同分布（*iid*）抽样等价。

根据抽样总数，算法运行时间，以及无效因子 $InEff_N$，我们能够确定与单位时间算法生成的抽样等价的独立同分布（*iid*）抽样数量：

$$\text{每秒独立同分布（}iid\text{）等价抽样数量}=\frac{N}{\text{运行时间}\left[\text{秒}\right]}\cdot\frac{1}{InEff_N}$$

利用无效因子 $InEff_N$，测度MH算法蒙特卡罗方差与独立同分布（*iid*）抽样蒙特卡罗方差的相对大小。考虑运行时间因素，3块RWMH-V算法每秒从 τ 的后验分布中生成5.65个独立同分布（*iid*）等价抽样。1块RWMH-V算法每秒生成7.76个独立同分布（*iid*）等价抽样。因此，虽然分块降低了马尔科夫链的持续性，但由于需要计算额外的似然函数，增加了计算成本。从全面考虑的角度看，在特定应用中，1块算法比3块算法每秒生成独立同分布（*iid*）等价抽样的边际效率更高。由于MAL和牛顿MH算法所需运行时间更长，无效比率更低，分别为12和36。换算成每秒独立同分布（*iid*）等价抽样数分别为1.24和0.13。因此，根据每秒的独立同分布（*iid*）等价抽样数，实际上基准1块RWMH-V算法的运行效率最高。不过，根据我们的经验，对于高维参数空间应用，分块算法更具有优势。

最后，在图4-8中，我们比较了小样本方差 $\mathbb{V}(\bar{\tau})$ 和HAC估计量 $\text{HAC}[\bar{\tau}]$。$\mathbb{V}(\bar{\tau})$ 为 $\bar{\tau}$ 的链间样本方差。$\text{HAC}[\bar{\tau}]$ 为对于每个马尔科夫链，式（3.71）当 L=10 000时的取值。如果链收敛，且中心极限定理成立，则HAC估计值与 $\bar{\tau}$ 的小样本方差应该非常接近。对于小型新凯恩斯DSGE模型，结果表明恰好如此。估计线沿着45度线逐渐变大。垂直方向的变化反映独立链的HAC估计值的变化。平均来说，HAC估计值略微低估了蒙特卡罗近似的波动。

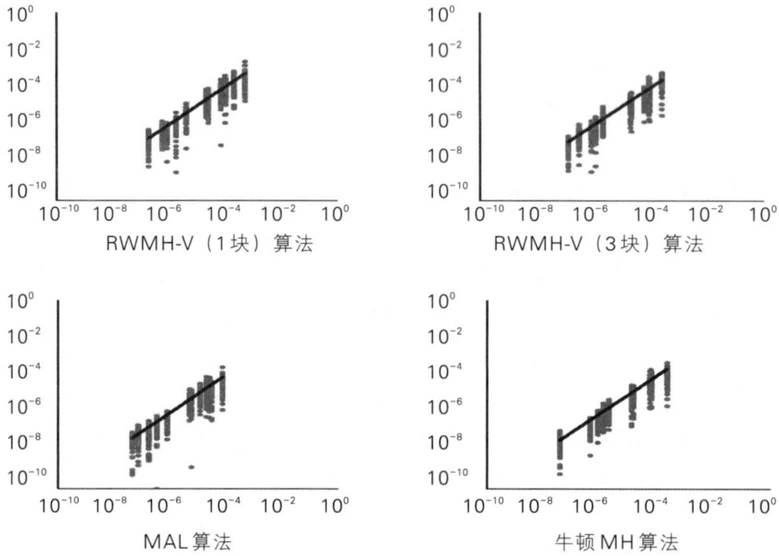

图4-8　小样本方差对HAC估计量

注：每个图都包含链间小样本方差 $\mathbb{V}(\bar{\tau})$（x 轴）对 $\Omega(\theta)/N$ 的 $HAC[\bar{h}]$ 估计值（y 轴）的散点图。估计值 $HAC[\bar{h}]$ 为每个链式（3.71）当 L=10 000的取值。实线对应为45度线。

4.6 边缘数据密度函数的计算

如同第3章所讨论的，在贝叶斯模型选择和平均化过程中，边缘数据密度函数起到重要作用。模型M的边缘数据密度函数定义为：

$$p(Y \mid M) = \int p(Y \mid \theta, M)\, p(\theta \mid M)\, d_\theta \tag{4.10}$$

利用它可以将先验模型概率转换为后验模型概率，见式（3.31）。一般来说，边缘数据密度函数的计算要用到多重积分。可以通过对MH取样器的输出结果进行处理，获得边缘数据密度函数的数值近似。本节我们将回顾Geweke（1999），Sims，Waggoner和Zha（2008），以及Chib和Jeliazkov（2001）提出的近似方法，并以小型新凯恩斯模型为例，评价它们的精确度。Ardia，Bastürk，Hoogerheide和Van Dijk（2012）提供了边缘数据密度函数的其他近似算法以及数值说明。为了简化符号表示，从现在开始从条件集合中去掉模型标识 M。

4.6.1 调和均值估计量

我们首先从 $p(Y)$的调和均值估计量（或倒数重要抽样）开始介绍。调和均值估计量是贝叶斯定理的变化

$$\frac{1}{p(Y)} = \frac{p(\theta|Y)}{p(Y|\theta)p(\theta)} \tag{4.11}$$

我们假设参数向量的维数为 d。注意到方程（4.11）两侧可以同时乘以函数 $f(\theta)$，函数 $f(\theta)$满足 $\int f(\theta)\, d\theta = 1$。方程（4.11）左右两侧同时对 θ 求积分，得到

$$\frac{1}{p(Y)} = \int \frac{f(\theta)}{p(Y|\theta)p(\theta)} p(\theta|Y)d\theta \tag{4.12}$$

记得利用MH算法，可以获得后验分布 $p(\theta \mid Y)$的一个抽样序列 $\{\theta^i\}_{i=1}^N$。这表明边缘数据密度函数的蒙特卡罗近似为

$$p(Y) \approx \left[\frac{1}{N-N_0}\sum_{i=N_0+1}^{N} \frac{f(\theta^i)}{p(Y|\theta^i)p(\theta^i)}\right]^{-1} \tag{4.13}$$

其中 N_0 为忽略的预热样本数。蒙特卡罗平均收敛，要求比率 $f(\theta^i)/[p(Y \mid \theta^i)p(\theta^i)]$ 的矩存在。似然函数值较低的 θ^i 抽样，会产生较大奇异值，这会导致蒙特卡罗平均不收敛。我们下面将讨论函数 $f(\theta)$的两个特殊选择。一般指导思想是构建一个与所选择后验分布近似相等的函数。对于后验密度较低的参数，该函数的值等于零。

Geweke选择的函数 $f(\cdot)$。如果后验分布是单峰的，且轮廓是椭球形的，可以选择截断正态分布的密度函数作为 $f(\cdot)$。Geweke（1999）提出按照如下步骤选择函数 $f(\cdot)$。令 $\bar{\theta}$ 和 $\bar{V}_\theta$ 分别表示 θ 的后验均值和协方差矩阵的数值近似。利用后验取样器的输出结果计算这两个数值。现在定义函数 $f(\theta)$

$$f(\theta) = \tau^{-1}(2\pi)^{-d/2}|\bar{V}_\theta|^{-1/2}\exp\left[-0.5(\theta-\bar{\theta})'\bar{V}_\theta^{-1}(\theta-\bar{\theta})\right] \times I\left\{(\theta-\bar{\theta})'\bar{V}_\theta^{-1}(\theta-\bar{\theta}) \leqslant F_{\chi_d^2}^{-1}(\tau)\right\} \tag{4.14}$$

其中 $I\{x \leqslant a\}$ 为示性函数，当 $x \leqslant a$，取1；其他取0。$F_{\chi_d^2}^{-1}(\tau)$ 为自由度为 d 的 χ^2 随机变

量累积概率密度函数（CDF）的逆。

门限 τ 为调谐参数。当门限 τ 值较低时，消去了位于后验尾部的 θ^i 抽样。一方面，这个截断降低了奇异值对平均的影响，进而降低了估计量的变异程度。另一方面，计算式（4.13）时，由于更多的抽样（$f(\theta^i)=0$ 的抽样）被排除在外，使用的样本变小，将导致估计量的变异程度增大。当后验分布近似为正态分布时，用较大的 τ 比较好。通常，当后验分布已经抽样时，相关的后验核 $\left\{p\left(Y|\theta^i\right)p\left(\theta^i\right)\right\}_{i=1}^{N}$ 已经存在，这使得式（4.13）的计算较为容易。应用过程中，推荐尝试使用不同的 τ 值，评价估计量的稳定性。

Sims，Waggoner 和 Zha 选择的函数 $f(\cdot)$。如果后验分布是非椭球形的，比率 $f(\theta)/[p(Y|\theta)p(\theta)]$ 在参数空间上变化较大，这会导致利用多元高斯 $f(\cdot)$ 估计的效果很差。Sims，Waggoner 和 Zha（2008），后面称为SWZ，提议使用其他函数 $f(\cdot)$。SWZ提议采用众数 $\hat{\theta}$ 为中心的函数 $f(\cdot)$ 代替后验分布均值为中心的函数。如果分布是多峰的，后验均值可能位于密度极低的区域，这会导致 $f(\cdot)$ 和后验分布严重不匹配。利用后验分布抽样，构建标度矩阵：

$$\bar{V}_\theta=\frac{1}{N}\sum_{i=1}^{N}\left(\theta^i-\hat{\theta}\right)\left(\theta^i-\hat{\theta}\right)' \tag{4.15}$$

定义距离

$$r(\theta)=\sqrt{\left(\theta-\hat{\theta}\right)'\hat{V}_\theta^{-1}\left(\theta-\hat{\theta}\right)} \tag{4.16}$$

并且令 $r^i=r(\theta^i)$。利用四个步骤构建函数 $f(\cdot)$。

第一步，SWZ构建一个厚尾单变量密度函数 $g(\cdot)$，用来匹配后验分布的行为

$$g(r)=\begin{cases}\dfrac{vr^{v-1}}{b^v-a^v} & \text{如果r}\in[a,b]\\ 0 & \text{其他}\end{cases} \tag{4.17}$$

令 c_1，c_{10} 和 c_{90} 分别表示 $\left\{r^i\right\}_{i=1}^{N}$ 实证分布的1%、10%和90%分位点，选择 $g(r)$ 的超参数

$v=\dfrac{\ln(0.1/0.9)}{\ln\left(c_{10}/c_{90}\right)}$，$a=c_1$，且 $b=\dfrac{c_{90}}{0.9^{1/v}}$

v 和 b 的选择表明，$g(\cdot)$ 的10%和90%分位点等同于 $\left\{r^i\right\}_{i=1}^{N}$ 实证分布 $a=0$ 时的对应分位点。由于 c_1 很小，但不等于零，这些分位点并不完全匹配。

第二步，SWZ定义密度函数 $\tilde{f}(r)$

$$\tilde{f}(r)=\frac{\Gamma(d/2)}{2\pi^{d/2}\left|V_{\hat{\theta}}\right|^{1/2}}\frac{g(r)}{r^{d-1}} \tag{4.18}$$

其中 $\Gamma(x)$ 为伽马函数，d 为参数向量θ的维数。

第三步，潜在的多峰意味着，在 $\tilde{f}(\cdot)$ 相对较高的参数空间区域，$p(Y|\theta)p(\theta)$ 极小。在计算式（4.13）时，最低的 $1-q$ 部分抽样被排除在外。将对数后验密度核的截止值表示为 L_{1-q}。记得函数 $g(r)$ 在区域 $[a,b]$ 的边界处截断，因此总截断为：

$$L(\theta)=I\{\ln p(Y|\theta)p(\theta)>L_{1-q}\}\times I\{r(\theta)\in[a,b]\} \tag{4.19}$$

和Geweke的估计量不同，$L(\theta)$等于1的概率只能利用模拟来计算，因为它不仅依赖于 $\tilde{f}(\cdot)$ 本身的特征，还依赖于后验的信息。估计量的计算公式为：

$$\hat{\tau}=\hat{\mathrm{P}}\{L(\theta)=1\}=\frac{1}{J}\sum_{j=1}^{J}L(\theta^{j}),\quad \theta^{j}\sim \mathrm{iid}\tilde{f}(\theta)$$

第四步，将 $\tilde{f}(r)$ 和 $L(\theta)$组合起来，得到近似函数

$$f_{SWZ}(\theta)=\hat{\tau}^{-1}\tilde{f}\left(\sqrt{(\theta-\hat{\theta})'\hat{V}_{\theta}^{-1}(\theta-\hat{\theta})}\right)\mathrm{L}(\theta) \tag{4.20}$$

$fSWZ(\theta)$有两个缺陷。一是它的噪声较大，需要较大的 J 才能达到稳定的估计值 $\hat{\tau}$ 。二是计算 $\hat{\tau}$ 的时间成本非常高，因为它需要计算DSGE模型的对数似然函数。不过，如果后验具有多峰和/或厚尾特点，SWZ估计量要比Geweke估计量更为可靠。

4.6.2 Chib和Jeliazkov估计量

虽然利用任何后验模拟器的输出结果，都可以计算出Geweke（1999）和SWZ（2008）的调和均值估计量。但Chib和Jeliazkov（2001）提出的下列算法与MH算法（算法5）联系显得更为紧密。我们首先改写贝叶斯定理：

$$p(Y)=\frac{p(Y|\tilde{\theta})p(\tilde{\theta})}{p(\tilde{\theta}|Y)} \tag{4.21}$$

注意这个关系对任何参数值 $\tilde{\theta}$ 都成立。我们将取 $\tilde{\theta}$ 为后验密度较高的参数值，例如后验众数。为了使得公式具有可操作性，我们需要利用数值方法计算后验密度 $p(\tilde{\theta}|Y)$ 的近似值。

利用第3.5节引入的表示符号，从 θ 转移到 $\tilde{\theta}$ 的建议密度为 $q(\tilde{\theta}|\theta)$ 。此外，接受建议抽样的概率为：

$$\alpha(\tilde{\theta}|\theta)=\min\left\{1,\frac{p(\tilde{\theta}|Y)q(\theta|\tilde{\theta})}{p(\theta|Y)q(\tilde{\theta}|\theta)}\right\} \tag{4.22}$$

利用 $\alpha(\tilde{\theta}|\theta)$ 的定义，我们可将接受抽样的边缘密度函数表示为[①]：

$$\begin{aligned}\int\alpha(\tilde{\theta}|\theta)q(\tilde{\theta}|\theta)p(\theta|Y)\mathrm{d}\theta&=\int\min\left\{1,\frac{p(\tilde{\theta}|Y)q(\theta|\tilde{\theta})}{p(\theta|Y)q(\tilde{\theta}|\theta)}\right\}q(\tilde{\theta}|\theta)p(\theta|Y)d\theta\\&=p(\tilde{\theta}|Y)\int q(\theta|\tilde{\theta})\min\left\{\frac{p(\theta|Y)q(\tilde{\theta}|\theta)}{p(\tilde{\theta}|Y)q(\theta|\tilde{\theta})},1\right\}d\theta\\&=p(\tilde{\theta}|Y)\int q(\theta|\tilde{\theta})\alpha(\theta|\tilde{\theta})d\theta\end{aligned} \tag{4.23}$$

接下来，$\tilde{\theta}$ 的后验密度函数可以近似写为

$$p(\tilde{\theta}|Y)=\frac{\frac{1}{N}\sum_{i=1}^{N}\alpha(\tilde{\theta}|\theta^{i})q(\tilde{\theta}|\theta^{i})}{\frac{1}{J}\sum_{j=1}^{J}\alpha(\theta^{j}|\tilde{\theta})} \tag{4.24}$$

---

① 记得对于RWMH算法，$q(\tilde{\theta}|\theta)=q(\theta|\tilde{\theta})$。此时公式大大简化。

其中 $\{\theta^i\}_{i=1}^N$ 为MH算法生成的抽样序列，$\{\theta^j\}_{j=1}^J$ 为利用直接抽样生成的 $q(\theta|\tilde{\theta})$ 抽样。最终的边缘数据密度函数近似为

$$\hat{p}_{CS}(Y)=\frac{p(Y|\tilde{\theta})p(\tilde{\theta})}{\hat{p}(\tilde{\theta}|Y)} \tag{4.25}$$

和SWZ调整的调和均值估计量一样，CS估计量也需要研究者利用额外的时间计算对数后验核J。对于大型模型来说，这个时间成本非常大。

4.6.3 数值例子

以小型新凯恩斯DSGE模型为例，RWMH-V算法独立运行 $N_{run}=50$ 次（设 $N=100\,000$，忽略最前面的 $N_0=50\,000$ 个抽样）。利用每次得到的50 000个后验分布抽样估计对数边缘数据密度函数。对于每个对数边缘数据密度函数（MDD）近似，表4-3报告了50次运行的均值和标准误差。对于调和均值估计量，我们用两个不同的截断概率。所有的算法得到大致相同的结果，尽管Chib和Jeliazkov近似的变异程度更大些。SWZ估计量与调整的调和均值估计量较为接近，但本质上SWZ估计量对截断的选择更稳健。Geweke估计量均值随着截断 τ 的变化产生微小变化，这与观测到DSGE模型后验分布比多元正态尾部更厚的特性一致。SWZ估计量均值受截断 τ 的影响相对小些。总体来看，SWZ调和均值估计量的标准误差最小，但计算成本要大于Geweke估计量。

表4-3　　　　基于MH算法的边缘数据密度函数

模型	$\ln\hat{p}(Y)$ 的均值	$\ln\hat{p}(Y)$ 的标准误差
Geweke（τ=0.5）	−346.17	0.03
Geweke（τ=0.9）	−346.10	0.04
SWZ（q=0.5）	−346.29	0.03
SWZ（q=0.9）	−346.31	0.02
Chib和Jeliazkov	−346.20	0.40

注：表中给出了对数边缘数据密度函数估计量的均值和标准误差。RWMH-V取样器共运行了 $N_{run}=50$ 次，每次运行抽取100 000个样本，忽略了预热期 $N_0=50\,000$ 个样本。对于SWZ估计量，共利用 $J=100\,000$ 个样本计算 $\hat{\tau}$，对于CJ估计量，共利用 $J=100\,000$ 个样本去计算 $p(\tilde{\theta}|Y)$ 分母。

第5章

序贯蒙特卡罗方法

在DSGE模型应用中，已经很少采用重要抽样方法了。算法4的关键困难是找到好的建议密度函数，尤其在高维参数空间更是如此。本章中，我们将开发一种新方法，采用序贯方式构建建议分布。假设 ϕ_n 为一个缓慢从0增加到1的序列， $n=1,\cdots,N_\phi$ 。我们定义调和后验分布（tempered posteriors）序列为

$$\pi_n(\theta)=\frac{\left[p(Y|\theta)\right]^{\phi_n}p(\theta)}{\int\left[p(Y|\theta)\right]^{\phi_n}p(\theta)\mathrm{d}\theta}\qquad n=0,\cdots,N_\phi,\phi_n\uparrow 1 \tag{5.1}$$

只要 ϕ_1 接近于零，先验密度函数 $p(\theta)$ 就可以作为 $\pi_1(\theta)$ 的有效建议密度函数。同样，先验密度函数 $\pi_n(\theta)$ 就可以作为 $\pi_{n+1}(\theta)$ 的一个好的建议密度函数。序贯蒙特卡罗（SMC）算法就是试图有效利用这种直觉。

SMC算法发展之初，用于求解非线性状态空间模型中出现的滤波问题。在第8章中，我们将详细考虑SMC算法在滤波中的应用。对于静态参数向量，Chopin（2002）给出采取粒子滤波方法构建后验推断的方法。有关SMC算法的教科书包括Liu（2001），Cappé，Moulines和Ryden（2005）。Doucet，de Freitas和Gordon（2001）书中，讨论了SMC算法的许多应用和实践问题。Creal（2012）重点介绍了SMC算法在计量经济学中应用的最新进展。

Creal（2007）是第一篇应用SMC方法对DSGE模型进行后验推断的文章。该文提出一个基础SMC算法，并应用它对类似于第1.1节的小型DSGE模型进行后验推断。Herbst和Schorfheide（2014）进一步发展此算法，并利用Chopin（2004）的理论分析方法，给出自适应SMC算法的一些收敛结论。研究结果表明，对于具有多峰后验分布的大型DSGE模型，利用剪裁合适的SMC算法进行后验推断要比广泛使用的RWMH-V算法可靠。本章大部分论述都取自于Herbst和Schorfheide（2014）。如Durham和Geweke（2014）所强调的，从计算技术前沿角度看，由于SMC算法更适合于并行运算，因此比其他MCMC算法更具有优势。Durham和Geweke（2014）给出在图形处理单元（GPU）平台之上实现SMC算法的方法，研究结果表明这会大幅度提高估计速度。虽然（还）并不适合用GPU计算方法计算DSGE模型似然函数，但我们将说明如何开发该算法的并

行结构。

在第5.1节，我们介绍通用SMC算法。在第5.2节，我们将进一步介绍算法的实施问题，调谐常数的自适应选择问题，以及根据算法结果构建的蒙特卡罗近似的收敛性问题。最后，在第5.3节，我们介绍该算法在小型新凯恩斯DSGE模型的应用。由于我们根据后验分布序列 $\{\pi_n(\theta)\}_{n=1}^{N_\phi}$ 序贯生成 θ 的抽样，因此有必要赋予参数向量下标 n 。θ_n 对应为密度函数 $\pi_n(\cdot)$的参数向量。

5.1 通用SMC算法

和基础重要抽样算法一样，SMC算法根据式（5.1）的后验分布序列 $\{\pi_n\}_{n=1}^{N_\phi}$ 生成加权的抽样。这个加权的抽样称为粒子。我们用N表示粒子总数。在任何阶段，后验分布 $\pi_n(\theta)$都由一群粒子 $\{\theta_n^i, W_n^i\}_{i=1}^{N}$ 表示。这意味着蒙特卡罗平均为

$$\bar{h}_{n,N} = \frac{1}{N}\sum_{i=1}^{N} W_n^i h(\theta^i) \overset{a.s.}{\longrightarrow} \boldsymbol{E}_\pi[h(\theta_n)] \tag{5.2}$$

从n−1阶段粒子 $\{\theta_{n-1}^i, W_{n-1}^i\}_{i=1}^{N}$ 开始，SMC算法需要三个步骤。利用Chopin（2004）的术语，这三个步骤分别为：**修正阶段**（*correction*），即对n−1阶段的粒子重新加权，反映第n次迭代的密度；**选择阶段**（*selection*），即通过粒子的再抽样，去除粒子权重高度不均匀的分布（退化）；**突变阶段**（*mutation*），即利用马尔科夫转移核，使得粒子值与第n阶段的桥密度相适应，向前繁殖粒子。

利用 $[p(Y|\theta)]^{\phi_n}$ 代替 $p(Y|\theta)$，调和似然函数，可以获得式（5.1）的后验分布序列。另外一种办法是，将观测值序贯加到似然函数上，进而得到后验分布序列，即根据 $p(Y_{1:\lfloor\phi_n T\rfloor}|\theta)$ 的值得到 $\pi_n(\theta)$：

$$\pi_n^{(D)}(\theta) = \frac{p(Y_{1:\lfloor\phi_n T\rfloor})p(\theta)}{\int p(Y_{1:\lfloor\phi_n T\rfloor})p(\theta)d\theta} \tag{5.3}$$

其中 $\lfloor x \rfloor$ 为小于等于x的最大整数。在序贯应用中，这种数据调和方法特别有吸引力。由于单个观测值事实上不可分，因此数据调和方法有些缺乏灵活性。这对早期的SMC取样器影响特别大，因为SMC算法的优势是在极小的增量中加入信息。下面提出的SMC算法，采用似然函数调和方法。不过，我们也会讨论使用数据调和方法时所需要的调整。

下面提出的SMC算法依赖于调谐参数序列。为了阐述得更清晰，我们首先假设这些序列事先给定。令 $\{\rho_n\}_{n=1}^{N_\phi}$ 为0和1的序列，用来决定在选择步骤中粒子是否再取样。令 $\{s_n\}_{n=1}^{N_\phi}$ 为突变步骤中马尔科夫转移密度的调谐参数。在第5.2.2节，我们将讨论这些调谐参数的自适应选择问题。

算法8（似然函数调和的通用SMC算法）

1.**初始化**。（$\phi_0=0$）。根据先验分布 $\theta_1^i \overset{iid}{\sim} p(\theta)$ 提取初始粒子，且 $W_1^i=1$，i=1，…，N。

2.**递归**。对于n=1，…，N_ϕ，

（a）**修正**。定义增量权重

$$\tilde{w}_n^i=\left[p\left(Y|\theta_{n-1}^i\right)\right]^{\phi_n-\phi_{n-1}} \tag{5.4}$$

和标准化权重

$$\tilde{W}_n^i=\frac{\tilde{w}_n^i W_{n-1}^i}{\frac{1}{N}\sum_{i=1}^N \tilde{w}_n^i W_{n-1}^i} \qquad i=1,\cdots,N \tag{5.5}$$

对n-1阶段的粒子重新加权。$\boldsymbol{E}_{\pi_n}\left[h(\theta)\right]$ 的近似为

$$\tilde{h}_{n,N}=\frac{1}{N}\sum_{i=1}^N \tilde{W}_n^i h\left(\theta_{n-1}^i\right) \tag{5.6}$$

（b）**选择**。

情形（ⅰ）：如果 $\rho_n=1$，通过多项式再抽样方法重新提取粒子。令 $\left\{\hat{\theta}\right\}_{i=1}^N$ 表示多项式分布的N个独立同分布（iid）抽样，其支撑点和权重为 $\left\{\theta_{n-1}^i,\tilde{W}_n^i\right\}_{i=1}^N$，且设 $W_n^i=1$。

情形（ⅱ）：如果 $\rho_n=0$，令 $\hat{\theta}_n^i=\theta_{n-1}^i$ 和 $W_n^i=\tilde{W}_n^i$，i=1，…N。$\boldsymbol{E}_{\pi_n}\left[h(\theta)\right]$ 的近似为

$$\hat{h}_{n,N}=\frac{1}{N}\sum_{i=1}^N W_n^i h\left(\hat{\theta}_n^i\right) \tag{5.7}$$

（c）**突变**。给定转移密度 $\theta_n^i \sim K_n\left(\theta_n\middle|\hat{\theta}_n^i;\varsigma_n\right)$ 和稳定分布 $\pi_n(\theta)$，利用 N_{MH} 步MH算法繁殖粒子 $\left\{\hat{\theta}_i,W_n^i\right\}$（详见下面的算法9）。$\boldsymbol{E}_{\pi_n}\left[h(\theta)\right]$ 的近似为

$$\bar{h}_{n,N}=\frac{1}{N}\sum_{i=1}^N W_n^i h\left(\theta_n^i\right) \tag{5.8}$$

3.对于n= N_ϕ（$\phi_{N_\phi}=1$），最终 $E_\pi[h(\theta)]$ 的重要抽样近似为

$$\bar{h}_{N_\phi,N}=\sum_{i=1}^N W_{N_\phi}^i h\left(\theta_{N_\phi}^i\right) \tag{5.9}$$

5.1.1 粒子繁殖的三个步骤

图5-1描述了粒子繁殖的典型形式。每个点对应一个粒子，点的大小表示权重。在 $n=0$ 阶段，生成 $N=21$ 个 $U[-10,10]$ 分布的抽样，每个粒子的权重都为 $W_0^i=1$。在 $n=1$ 阶段，粒子在修正步骤中重新加权（点的大小不再均匀），并且在突变阶段对粒子值进行调整（点的位置移动）。图的底部描述了目标后验密度函数。随着 n 和 ϕ_n 的增加，目标分布变得越来越集中。集中主要反映在粒子权重的增加，粒子取值介于-3和3之间。生成图形的过程中，假设 $n=3$ 时，ρ_n 等于1；其他情况下 ρ_n 为零。因此，在第 $n=3$ 次迭代，进行再抽样，令不均匀粒子权重相等。虽然选择步骤中生成了21个粒子，粒子权重等同，但仅有7个不同的粒子值，其中4个粒子为重复取值。接下来的突变步骤中，粒子取值恢复到分散状态。

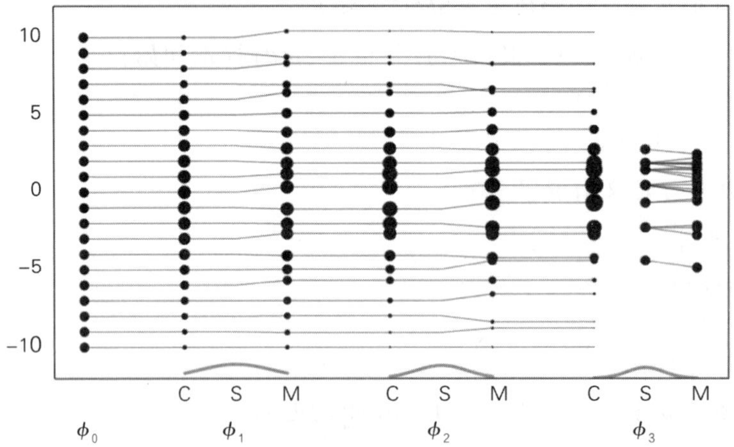

图 5−1　粒子的SMC演化

注：每个点的垂直位置表示粒子值大小，点的直径表示权重大小。底部的密度函数表示调和目标后验分布 $\pi_n(\cdot)$。C表示修正步骤；S表示选择步骤；M表示突变步骤。

5.1.2　算法的详细介绍

在n=0阶段，根据先验分布生成独立同分布（*iid*）抽样，将其作为算法8的初始值。只要先验分布足够发散，此时概率聚集在似然函数峰值所在的参数空间区域，这种初始化方式的效果就比较好。在DSGE模型估计的文献中，确实存在这样一些文章，某些参数的后验均值偏离先验均值程度，达到几个先验标准误差。对于这类应用，应该选择 $\phi_0>0$，并且根据调和似然函数 $\left[p(Y|\theta)\right]^{\phi_0}$ 信息确定初始分布。如果根据更一般分布作为粒子的初始值，其密度函数为 $g(\theta)$，则在 $n=1$ 阶段，需要利用比率 $p(\theta)/g(\theta)$ 对增量权重进行修正。

在修正步骤中，对 $n-1$ 阶段粒子进行重新加权，生成 π_n 的重要抽样近似。在此步骤中，由于参数值 θ^i 不会发生变化，因此不需要重新计算似然函数。在第 $n-1$ 次迭代，执行突变步骤，同时可以计算出似然值 $p\left(Y\middle|\theta_{n-1}^i\right)$。和第3.4节结果一样，重要抽样近似精确度取决于粒子权重 $\tilde{W}_n^i$ 的分布。权重分布越均匀，近似越精确。如果用数据调和代替似然函数调和，则式（5.4）的增量权重 $\tilde{w}_n^i$ 不得不定义为：

$$\tilde{w}_n^{i(D)}=p\left(Y_{(\lfloor\phi_{n}T\rfloor+1:\lfloor\phi_n T\rfloor)}\middle|\theta\right) \tag{5.10}$$

不需要额外步骤，在修正步骤中，就可以得到边缘数据密度函数的数值近似。利用第5.2.4节所提出的翔实的论据，可以证明，在合适的正则条件下，非标准化粒子权重收敛：

$$\frac{1}{N}\sum_{i=1}^{N}\tilde{w}_n^i W_{n-1}^i \tag{5.11}$$

$$\overset{a.s.}{\longrightarrow}\int\left[p(Y|\theta)\right]^{\phi_n-\phi_{n-1}}\frac{\left[p(Y|\theta)\right]^{\phi_{n-1}}p(\theta)}{\int\left[p(Y|\theta)\right]^{\phi_{n-1}}p(\theta)\mathrm{d}\theta}d\theta=\frac{\int\left[p(Y|\theta)\right]^{\phi_n}p(\theta)\mathrm{d}\theta}{\int\left[p(Y|\theta)\right]^{\phi_{n-1}}p(\theta)\mathrm{d}\theta}$$

因此，数据密度函数近似为

$$\hat{p}_{SMC}(Y)=\prod_{n=1}^{N_\phi}\left(\frac{1}{N}\sum_{i=1}^{N}W_{N-1}^{i}\tilde{w}_{n}^{i}\right) \tag{5.12}$$

计算这个近似不需要计算其他似然函数。在选择步骤中，当粒子权重分布变得极为不均匀时，将粒子权重变成均等。在算法8中，只要指标 ρ_n 等于1，就对粒子再抽样。一方面，对于蒙特卡罗近似，再抽样引入噪声，这是再抽样的弊端。另一方面，再抽样使得粒子权重均等，这提高了之后迭代修正步骤的精确度。在算法8中，我们采用了多项式再抽样。在下面的第5.2.3节，我们介绍其他再抽样方法。在突变步骤，粒子值从 θ_{n-1}^{i} 变为 θ_{n}^{i}。为了理解采用突变步骤的重要意义，考虑没有这个步骤的后果。为了简化，仍然假设对所有的 n，$\rho_n=0$。此时，粒子值将永远不变，即对于所有的 n，$\theta_n^i=\theta_1^i$。此时，我们可以利用先验分布作为重要抽样分布，利用调和似然函数 $\left[p\left(Y\middle|\theta_1^i\right)\right]^{\phi_n}$ 对先验分布抽样重新加权。给定典型DSGE模型似然函数的信息含量，这个程序将导致粒子分布退化。即在最后阶段 N_ϕ，权重集中在粒子极小值处，重要抽样近似极为不精确。因此，突变步骤的目的是令 n 阶段的粒子值与 $\pi_n(\theta)$ 相适应。给定满足不变特性的转移密度函数

$$\int K_n\left(\theta_n\middle|\hat{\theta}_n^i\right)\pi_n\left(\hat{\theta}_n^i\right)d\hat{\theta}_n^i=\pi_n(\theta_n)$$

利用MH算法步骤就可以达到这个目的。

在粒子突变阶段，对于每个粒子 i，执行MH算法步骤至少需要计算一次似然函数。通常需要计算多次。由于似然函数需要利用滤波方法迭代计算，这意味着，数据调和要比似然函数调和具有计算优势。这是因为数据调和仅需要滤波迭代 $\lfloor\phi_n T\rfloor\leq T$ 次，而似然函数调和需要迭代 T 次。粒子突变非常适合于并行算法，因为粒子之间的MH算法步骤是相互独立的，不需要中央处理器之间进行通信。对于DSGE模型，似然函数的计算成本极高，因为它不仅需要运行滤波算法，还需要运行模型求解程序。采用并行计算具有非常大的潜在收益。

5.1.3 数值例子

以第4.3节引入的典型状态空间模型为例，我们给出SMC算法的第一个数值说明。该状态空间模型为：

$$y_t=[1\ 1]s_t,$$

$$s_t=\begin{bmatrix}\theta_1^2 & 0\\ (1-\theta_1^2)-\theta_1\theta_2 & (1-\theta_1^2)\end{bmatrix}s_{t-1}+\begin{bmatrix}1\\0\end{bmatrix}\varepsilon_t$$

其中 $\varepsilon_t\sim iidN(0,1)$。给定 $\theta=[0.45,0.45]'$，其与 $\theta=[0.89,0.22]'$ 观测等价，模拟生成 $T=200$ 个观测值。先验分布采用单位正方形 $0\leq\theta_1\leq1$，$0\leq\theta_2\leq1$ 上的均匀分布。由于状态空间模型仅有两个参数，并且后验推断所用模型设定正确，因此SMC算法的运行效果极好。相关数据如下：使用 $N=1\,024$ 个粒子，$N_\phi=50$ 个阶段，设定线性调和程序 $\phi_n=n/50$。只需利用RWMH-V算法的一个步骤，就能生成突变步骤的转移核。

图5-2为SMC算法的某些结果。上图为调和（边缘）后验分布 $\pi_n(\theta_1)$ 序列。图形结

果表明，经过调和，后验密度有所下降。虽然在算法的最初几个阶段，后验分布仍然是单峰的，但当 $n=10$ 时，明显出现了双峰形状。当 ϕ_n 趋于1时，后验分布的双峰特性变得更为突出。上图还表明，与 $n=1$ 阶段（先验）分布相比，$n=N_\phi-1$ 阶段的调和后验分布更适合作为总后验分布 $\pi(\cdot)$ 的重要抽样分布。下图为算法8最后阶段，θ_1 和 θ_2 联合后验密度函数和后验分布 $\pi(\theta)=\pi_{N_\phi}(\theta)$ 抽样的轮廓。算法成功地从两个高后验密度区域生成了抽样。

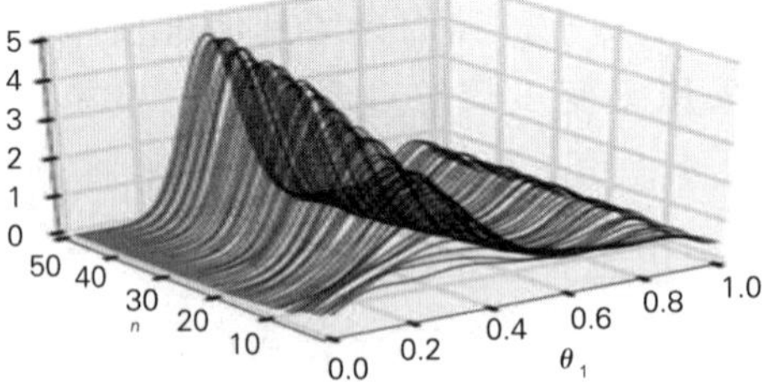

$\pi_n(\theta)$ 的估计

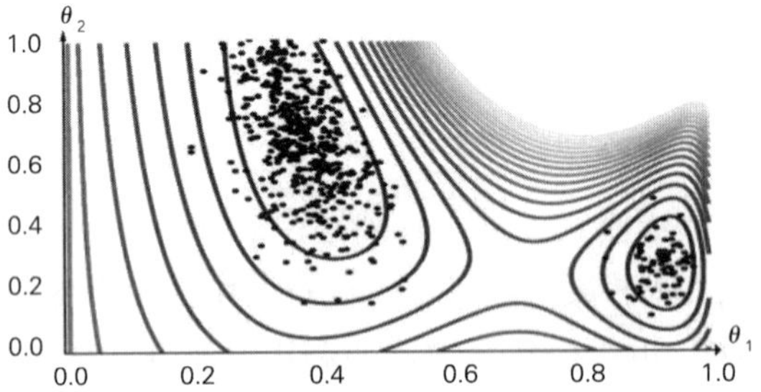

$\pi(\theta)$ 的轮廓

图5-2　SMC后验分布近似

注：上图为 $n=0$，…，50时，典型状态空间模型的序列 $\pi_n(\theta)$ 的核密度估计。下图为后验分布 $\pi(\theta)$ 和 $\pi(\theta)$ 抽样的轮廓。

5.2　SMC算法细节的详细介绍

上面SMC算法的初步介绍中，遗漏了一些细节。这些细节是算法能够成功实施的关键。在第5.2.1节，我们将讨论突变步骤中转移核的选择问题。在第5.2.2节，我们将考虑算法调谐参数的各种适应性选择问题。在5.2.3节，我们将详细讨论再抽样步骤。最后，在第5.2.4节，我们介绍采用SMC取样器输出结果构建蒙特卡罗近似时，得到的某些收敛性结论。

5.2.1　突变步骤中的转移核

在粒子突变阶段，通过一系列MH步骤生成转移核 $K_n\left(\theta_n\middle|\hat{\theta}_n;\zeta_n\right)$。转移核表示为调谐参数向量 ζ_n 的某种形式，每个阶段 n 的参数都可以不同。在下面DSGE模型应用中，我们将采用M步分块RWMH-V算法，将粒子值 $\hat{\theta}^i_n$ 转换为 θ^i_n。给定高斯建议密度函数，

这个算法需要计算协方差矩阵 $\sum_n^*$ 和比例常数 c_n。对于不同的参数分块，协方差矩阵 $\sum_n^*$ 可以划分为几个子矩阵。原则上，每个分块的比例常数都不同，但根据我们DSGE模型的经验，利用分块设定比例所获收益非常小。令

$$\zeta_n=\left[c_n, vech\left(\sum_n^*\right)\right]' \tag{5.13}$$

构建的转移核需要满足，对于每个 ζ_n，后验分布 $\pi_n(\theta)$ 是一个不变分布。下列算法中，概括总结了MH步骤。

算法9（粒子突变）

在执行算法8之前：

0.生成随机分划序列 $\{B_n\}_{n=2}^{N_\phi}$，将参数向量 θ_n 分成 N_{blocks} 个大小相等的块，表示为 $\theta_{n,b}$，$b=1$，…，N_{blocks}（见算法7）。令 $\sum_{n,b}^*$ 为与子向量 $\theta_{n,b}$ 相对应的 $\sum_n^*$ 分划。

在算法8的第 n 次迭代的第2（c）步：

1.对于每个粒子 i，运行 N_{MH} 步分块MH算法6，使用RWMH-V建议密度函数：

$$\vartheta_{n,b}^{i,m}|\zeta_n \sim N\left(\theta_{n,b}^{i,m-1}, c_n^2\sum_{n,b}^*\right) \tag{5.14}$$

为了便于说明，假定在SMC算法运行之前，生成算法9中的分块序列 $\{B_n\}$。实践中并不这样做。实践中，可以在算法8第 n 次迭代的2（c）步骤中生成 B_n。分块RWMH-V算法也可以替换为第4章讨论的其他MH取样器。不过，根据我们的经验，影响SMC算法效果好坏的最重要因素为参数分块，仔细剪裁比例常数 c_n 和协方差矩阵 $\sum_n^*$。如上所述，矩阵 $\sum_n^*$ 是 $\theta_{n,b}$ 边缘分布的协方差矩阵。或者，你也可以用 $\theta_{n,b}|(\theta_{n,<b}, \theta_{n,>b})$ 条件分布的协方差矩阵。MH步骤的步数 N_{MH} 越大，粒子值发生突变的概率越大（这通常会提高SMC近似的精确度），需要计算的似然函数数量也越大（这会降低算法速度）。在第5.3节，我们将以DSGE模型应用为例，仔细讨论如何权衡这二者之间的关系。

5.2.2 算法的调谐和自适应

SMC算法包含一些调谐参数。某些调谐参数在事先选择，有些调谐参数根据算法早期阶段结果自适应确定。本节针对调谐参数展开广泛的评述。在第5.3节，研究调谐参数选择对算法效果的影响。

粒子数量、阶段数量和调和程序。在算法8的实施过程中，根据一些初步试验，事先选择调谐参数 N、N_ϕ、λ 和 N_{MH}。粒子数量N影响整个蒙特卡罗近似的精确度。由于大多数的计算负担都出现在突变步骤中，计算时间近似为 N 的线性函数。基于合适的正则条件，$\bar{h}_{N_\phi,N}$ 是 $\sqrt{N}$ 一致统计量，并满足中心极限定理（CLT）。N_ϕ 确定了阶段 $\pi_n(\cdot)$ 的数量，用于逼近后验分布 $\pi(\cdot)$。增加阶段数量 N_ϕ，将降低桥分布之间的距离，此时粒子权重分布容易保持大致均匀的状态。增加 N_ϕ 的成本是，每个阶段都需要计算额外的似然函数。

使用者还必须确定调和程序 $\{\phi_n\}_{n=0}^{N_\phi}$。为了控制形状，我们引入参数λ，并令

$$\phi_n=\left(\frac{n}{N_\phi}\right)^\lambda \tag{5.15}$$

λ 取较大值时，意味着当 n 取较小值，桥分布极为相似（接近先验分布）；当 n 趋近于 $N\phi$ 时，桥分布产生极大的差别。在DSGE模型应用中，我们发现取 $\lambda=2$ 时最好。当 λ 较小时，似然函数信息将快速控制先验分布，在修正和选择步骤中仅有较少的粒子能生存下来。相反，当 λ 的值远大于2时，一些桥分布基本就变成多余的，此时在算法的早期迭代期间，有些计算就是不必要的。λ 的选择并不影响似然函数计算的总数量。

再取样。当粒子分布退化时，有必要进行再取样。如同第3.4节所讨论的，粒子权重的方差越大，重要抽样近似就越无效，即 $InEff_{\infty}\approx 1+\mathbf{V}g[\pi/g]$。因此，$N/(1+\mathbf{V}_g[\pi/g])$ 可以解释为有效样本规模。为了测定SMC算法的粒子退化程度，我们可以在算法8的选择步骤中，计算粒子权重非中心方差的倒数

$$\widehat{ESS}_n=N/\left(\frac{1}{N}\sum_{i=1}^{N}\left(\tilde{W}_i^n\right)^2\right) \tag{5.16}$$

如果所有粒子权重都相等，则 $\widehat{ESS}_n=N$。利用这个退化测度，我们用适应性指标

$$\hat{\rho}_n=I\left\{\widehat{ESS}_n<N/2\right\} \tag{5.17}$$

替换 ρ_n，其中 $I\{x<a\}$ 为示性函数，当 $x<a$ 时取1，其他取0。门限值 $N/2$ 为经验法则，在特定的应用中可以降低也可以提高。

必须指出的是，当 $n=N_\phi$ 时，$\widehat{ESS}_n$ 并不表示SMC算法产生的后验分布 $\pi(\theta)$ 的独立同分布（iid）等价抽样数量。不过，对控制和调谐算法的效果来说，$\widehat{ESS}_n$ 序列极为有用。如果在SMC的早期阶段，$\widehat{ESS}_n$ 降到了个位数，算法需要重新调谐。例如，我们可以增加阶段 N_ϕ 的数量，或提高 λ 值，降低初始迭代阶段桥分布之间的距离。

突变步骤。SMC算法突变阶段的MH步骤数，影响粒子突变发生的可能性。N_{MH} 越大，N_{MH} 步中至少一个建议抽样被接受的概率越大，粒子值发生改变的概率也越大。不过，每个额外的MH步骤都需要计算额外的似然函数。正如我们在第4章所看到的，增加分块的数量 N_{blocks}，通常能降低MH链的持续性，进而增加粒子值发生显著变化的概率。

对于分块RWMH-V算法的建议分布，我们采用自适应方式，选择式（5.13）定义的调谐参数 ζ_n 序列。首先，我们利用 $\mathbf{V}_{\pi_n}[\theta]$ 的重要抽样近似替代 $\sum_n^*$。其次，由于图4-3中图（ⅱ）的精确度较高，因此我们根据图4-3的图（ⅱ）调整比例因子 c_n，保证在第MH步的接受率大致为25%。每次迭代n，利用

$$\hat{\zeta}_n=\left[\hat{c}_n, vech\left(\tilde{\Sigma}_n\right)\right]' \tag{5.18}$$

替换式（5.13）的 ζ_n[①]。下面的算法介绍如何每次迭代 n 构建 $\hat{\zeta}_n$。

算法10（适应性粒子突变的SMC算法）

对于 $n\geqslant 1$，在执行算法9步骤1之前：

1.根据粒子 $\left\{\theta_{n-1}^i,\tilde{W}_n^i\right\}_{i=1}^N$ 计算 $\mathbf{V}_{\pi_n}[\theta]$ 的重要抽样近似 $\tilde{\sum}_n$。

2.根据第n-1次迭代的突变步骤，计算 N_{block} 个块之间的平均实证拒绝率 $\hat{R}_{n-1}\left(\hat{\zeta}_{n-1}\right)$。

① 对于 θ 和 $\sum$，我们用波浪线"~"替代冒"^"，原因是这些近似都是以算法8的修正步骤为基础。

3. 令 $\hat{c}_t = c^*$，且对于 $n > 2$，根据

$$\hat{c}_n = \hat{c}_{n-1} f\left(1 - \hat{R}_{n-1}\left(\hat{\zeta}_{n-1}\right)\right)$$

调整比例因子。其中

$$f(x) = 0.95 + 0.10\frac{e^{16(x-0.25)}}{1 + e^{16(x-0.25)}}$$

4. 利用

$$\hat{\zeta}_n = \left[\hat{c}_n, vech\left(\tilde{\sum}_n\right)\right]'$$

替换 ζ_n，执行算法9。

注意到 f（0.25）=1，这意味着只要达到目标接受率，比例因子就会保持恒定。如果接受率低于（高于）25%，比例因子就会降低（增加）。调整区间由因子0.1决定，实际值偏离目标接受率的敏感度由 $f(x)$表达式中的因子16来决定。在我们的应用中，采用f（x）表达式中的这些特定常数，算法的效果都非常好。

图5-3以第5.1.3节典型状态空间模型为例，说明了在RWMH-V算法突变步骤中，比例常数 c 的适应性选择。我们使用算法10，目标接受率取25%。比例常数初始值取0.5，这意味着算法头几步的接受率超过70%。根据算法10，比例常数逐渐降低。在 $n=30$ 阶段，达到所需的接受率。接下来，接受率会降到稍小于25%，这触发了 c 的一个小幅下降。从接近1 000的值开始，有效样本大小 $\widehat{ESS}_n$ 缓慢下降，在 $n=41$ 时下降到低于门限值N/2。这触发粒子的再抽样，接下来 $\widehat{ESS}_n$ 向上跳跃到大约1 000。因此，从定性角度看，算法的适应性满足我们所需：在RWMH-V算法中，通过调整比例常数 c，达到所需目标接受率。当权重分布变得不均匀时，对粒子进行再抽样。

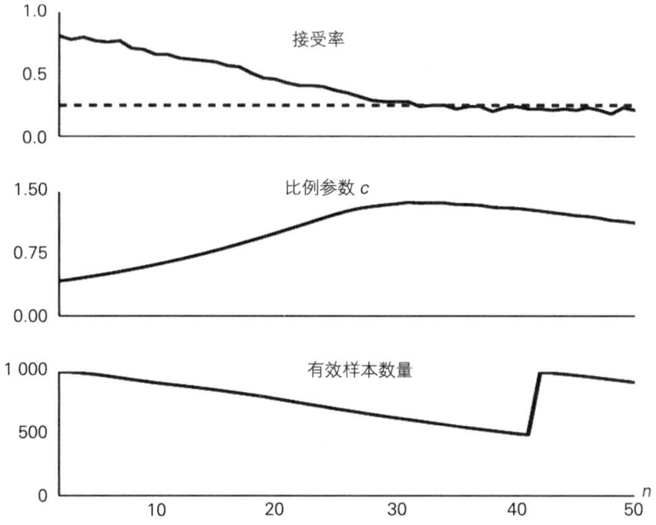

图5-3　典型状态空间模型的SMC算法的自适应性

注：上图的虚线表示目标接受率0.25。

5.2.3 多项式再抽样以外的其他再抽样方法

在算法8中，再抽样步骤使用了多项式再抽样方法。虽然使用多项式再抽样方法有利于算法的理论分析，尤其有利于推导中心极限定理（CLT），但它并不是最有效的再抽样算法。我们将讨论使用多项式再抽样方法存在的问题，并简要回顾其他再抽样算法，包括分级再抽样法，系统再抽样法和残差再抽样法。读者要详细了解这方面内容，可以参阅：Liu（2001）或Cappé，Moulines和Ryden（2005）（以及他们引用的参考文献）。Murray，Lee和Jacob（2014）讨论了这些算法的并行计算问题。

再抽样算法的输入为粒子权重集合 $\{\tilde{W}_n^i\}_{i=1}^N$ ，输出为祖先向量或包含每个粒子的后代数量的向量。祖先向量 A_n 的元素为 A_n^i ，满足当且仅当粒子 j 为再抽样粒子 i 的祖先时， $A_n^i=j$ ，即 $\hat{\theta}_n^i=\theta_{n-1}^j$ 。例如，假设在再抽样步骤中，粒子 $i=1$ 取值为 $\theta_n^4=4$ ，则 $A_n^1=4$ 。另外，元素 O_n^i 的后代向量 O_n 包含了每个粒子 θ_{n-1}^i 的后代数量。 A_n 和 O_n 包含相同的信息，二者可以相互转换。表5-1给出了祖先和后代的说明。

表5-1　　　　再抽样：祖先和后代

i	θ_{n-1}^i	$\hat{\theta}_n^i$	A_n^i	O_n^i
1	1/2	2/5	4	1
2	3/5	2/5	4	3
3	0	3/5	2	0
4	2/5	3/5	2	2
5	2/3	3/5	2	0
6	1/3	1/2	1	0

按照如下办法生成祖先向量，可以完成算法8的多项式再抽样步骤。对于 $i=1$，…， N ，计算标准化累积权重 $\tilde{W}_n^{c,i}=\sum_{j=1}^i \tilde{W}_n^j$ ，抽取 N 个独立同分布（iid）U [0，N]随机数 u^i 。定义元素 A_n^i 为

$$A_n^i=LB\left(\{\tilde{W}_n^{c,i}\}_{i=1}^N,u^i\right)$$

其中函数 LB（W，u）返回最小的整数 i ，使得标量 u 可以插入到向量 W 的第 i 个位置。向量W按升序排列，并维持排序不变。假设 W =[1，3，4，6]和 u =3.7。在不影响排序的情况下，可以替换向量 W 的第2个和第3个元素。此时函数 LB 返回数值2。

多项式再抽样的方差可以通过分级来降低。分级再抽样算法可以按照如下方式完成。将区间[0，N]分成 N 级，形式为 $U^i=((i-1),i]$ ， $i=1$ ，…， N 。并且对于每个分级都生成均匀随机数 $u^i\sim U((i-1),i]$ 。定义祖先向量元素 A_n^i 为 $LB\left(\{\tilde{W}_n^{c,i}\}_{i=1}^N,u^i\right)$ 。为了说明分级能降低方差，我们计算 N =2和 $\tilde{W}_n^1\leqslant 1$ 时后代向量的分布。对于粒子 i =1， $u^1\sim U$ （0，1]，这意味着以概率 $\tilde{W}_n^1$ 选择值 θ_{n-1}^1 ，以概率 $1-\tilde{W}_n^1$ 选择 θ_{n-1}^2 。对于粒子 i =2，因为 $u^2\sim U$ （1，2]，这表明 $u^2\geqslant 1\geqslant \tilde{W}_n^1$ ，因此总是选择 θ_{n-1}^2 。后

代的分布形式为

$$\text{分级：}O_n^1=\begin{cases}0 & \text{概率}1-\tilde{W}_n^1\\ 1 & \text{概率}\tilde{W}_n^1\\ 2 & \text{概率}0\end{cases}$$

$$O_n^2=\begin{cases}0 & \text{概率}0\\ 1 & \text{概率}\tilde{W}_n^1\\ 2 & \text{概率}1-\tilde{W}_n^1\end{cases}$$

对于上述介绍的正则多项式再抽样，后代的分布为

$$\text{多项式再抽样：}O_n^1=\begin{cases}0 & \text{概率}\left(1-\tilde{W}_n^1/2\right)^2\\ 1 & \text{概率}2\left(1-\tilde{W}_n^1/2\right)\left(\tilde{W}_n^1/2\right)\\ 2 & \text{概率}\left(\tilde{W}_n^1/2\right)^2\end{cases}$$

$$O_n^2=\begin{cases}0 & \text{概率}\left(\tilde{W}_n^1/2\right)^2\\ 1 & \text{概率}2\left(1-\tilde{W}_n^1/2\right)\left(\tilde{W}_n^1/2\right)\\ 2 & \text{概率}\left(1-\tilde{W}_n^1/2\right)^2\end{cases}$$

这两个再抽样算法都是无偏的，这意味着 $\boldsymbol{E}\left[O_n^i\right]=\tilde{W}_n^i$。但分级再抽样算法生成的后代向量的方差较低。当N > 2时，方差减小的结论仍然成立（参见Cappé，Moulines和Ryden（2005））。Murray，Lee和Jacob（2014）提供了能有效计算累积后代函数的分级再抽样算法。

分级再抽样的目的是降低生成抽样的实证分布与均匀分布之间的差异。这可以通过定义 $u^i=(i-1)+\xi^i$ 来达到，其中 $\xi^i\sim iidU[0,1]$。除此之外，我们也可以考虑序列 $u^i=(i-1)+\xi$，其中 $\xi\sim U[0,1]$，也就是说随机项ζ对所有i都相同。这种方法称为系统再抽样方法。由于系统再抽样方法的抽样 u^i 完全相关，$i=1$，…，N，因此该算法的理论特性更难以建立。在序贯蒙特卡罗应用中，这会导致同一时间点上的粒子相互依赖。

令 $\lfloor x\rfloor$ 表示向下取整算子，即小于或等于 $x\geqslant 0$ 的最大整数。残差再抽样算法初始赋予每个粒子 $\lfloor\tilde{W}_n^i\rfloor$ 个后代，之后随机确定其余后代：

$$O_n^i=\lfloor\tilde{W}_n^i\rfloor+\hat{O}_n^i \tag{5.19}$$

现在仅需要 $N-\sum_{i=1}^N\lfloor\tilde{W}_n^i\rfloor$ 个抽样，粒子i的概率与 $\tilde{W}_n^i-\lfloor\tilde{W}_n^i\rfloor$ 成比例。残差 $\hat{O}_n^i$ 可以通过上述介绍的任何一个算法生成。迄今为止讨论的算法都不适合于并行化，因为都必须计算粒子权重的和（求和步骤出现在算法8修正步骤的最后运算中）。Murray，Lee和Jacob（2014）讨论了Metropolis再抽样算法和拒绝再抽样算法。设计这些算法的目的就是为了避免权重之间的集合运算。

5.2.4 SMC算法的渐进特征

对于利用算法8输出结果计算得到的后验均值，在合适的正则条件下，当粒子数量趋于无穷时，$N\rightarrow\infty$，其蒙特卡罗近似满足大数定律（SLLN）和中心极限定理（CLT）。Chopin（2004）对蒙特卡罗平均的正则条件作了详细阐述，并进行了翔实的大样本分析。Herbst和Schorfheide（2014）对Chopin（2004）的证明方法进行修改，证明

适应性粒子突变的SMC算法10的大数定律和中心极限定理[①]。利用递归方法可以优雅地证明大数定律和中心极限定理，即证明 $\bar{h}_{n-1,N}$ 收敛意味着 $\bar{h}_{n,N}$ 收敛。在本节的余下部分，对于非适应性SMC算法（算法8），我们假设预先确定序列 $\{\rho_n, B_n, \zeta_n\}_{n=1}^{N_\phi}$ ，概括介绍蒙特卡罗近似的极限分布的推导过程。

在下面的阐述中，我们去掉了一些技术细节。感兴趣的读者可以参阅上面提到的文献。我们的目的是介绍收敛性证明的基本递归结构，利用渐进方差公式了解蒙特卡罗近似的精确性。虽然渐进方差公式的递归形式并不能用于计算标准误差的数值，但它们的一般结构能够揭示，选取不同调谐参数，算法精确度也会有所不同。

假设。大数定律和中心极限定理依赖于三种类型的假设。（ⅰ）我们假设先验分布正确，似然函数一致有界，且在n=1阶段数据的调和边缘似然函数非零：

$$\int p(\theta)\,d\theta < \infty,\quad \sup_{\theta\in\Theta} p(Y\mid\theta) < M < \infty \tag{5.20}$$

$$\int \left[p(Y|\theta)\right]^{\phi_2} p(\theta)d\theta > 0$$

（ⅱ）我们要求属于族 H_j 的函数 $h(\theta)$的矩存在。 H_j 定义为

$$H_j = \left\{ h(\theta) \middle| \exists\delta > 0, \text{使得} \int \left|h(\theta)\right|^{j+\delta} p(\theta)\mathrm{d}\theta < \infty\text{成立} \right\} \tag{5.21}$$

j=1，2，…。因为根据假设，似然函数有界。因此对于族 H_j 中的函数，我们可以间接推导得到调和后验分布 $\pi_n(\theta)$的 $j+\delta$ 阶矩存在， $n=2$ ，…，N_ϕ。这些矩存在是大数定律（ $h\in H_1$ ）和中心极限定理（CLT）（ $h\in H_2$ ）成立的必要条件。

（ⅲ）假设当粒子数量N→∞时，有

$$\bar{h}_{n-1,N} \overset{a.s.}{\longrightarrow} E_{\pi_{n-1}}[h] \tag{5.22}$$

$$\sqrt{N}\left(\bar{h}_{n-1,N} - E_{\pi_{n-1}}[h]\right) \Longrightarrow N\left(0, \Omega_{n-1}(h)\right)$$

记得在n=0阶段，我们直接提取先验分布取样。因此，式（5.21）的矩有界，足以确保 $\bar{h}_{0,N}$ 满足式（5.22）的条件。接下来我们采用递归方法来证明。我们将证明当 $\bar{h}_{n-1,N}$ 满足大数定律和中心极限定理时， $\bar{h}_{n,N}$ 也几乎确定按分布收敛。

修正步骤。令 $Z_n = \int\left[p(Y|\theta)\right]^{\phi_n} p(\theta)d\theta$ 为式（5.1）定义的阶段n后验分布 $\pi_n(\theta)$的标准化常数（通常未知）。接下来，为了计算方便，对增量权重 $\tilde{w}_n^i$ 进行标准化

$$v_n(\theta) = \frac{Z_{n-1}}{Z_n}\tilde{w}_n^i = \frac{Z_{n-1}}{Z_n}\left[p(Y|\theta)\right]^{\phi_n-\phi_{n-1}} \tag{5.23}$$

因为标准化因子 Z_{n-1}/Z_n 与 θ 无关，我们可以将修正步骤中的蒙特卡罗近似，写成标准化增量权重的某种形式

$$\begin{aligned}\tilde{h}_{n,N} &= \frac{1}{N}\sum_{i=1}^{N}\tilde{W}_n^i h\left(\theta_{n-1}^i\right) \\ &= \frac{\frac{1}{N}\sum_{i=1}^{N} h\left(\theta_{n-1}^i\right) v_n\left(\theta_{n-1}^i\right) W_{n-1}^i}{\frac{1}{N}\sum_{i=1}^{N} v_n\left(\theta_{n-1}^i\right) W_{n-1}^i}\end{aligned} \tag{5.24}$$

---

① Del Moral（2013）基于平均场模拟理论，给出了SMC算法更为一般的数学证明。

标准化增量权重具有如下性质：

$$\int h(\theta)v_n(\theta)\pi_{n-1}(\theta)d\theta \tag{5.25}$$

$$=\int \frac{Z_{n-1}}{Z_n}\left[p(Y|\theta)\right]^{\phi_n-\phi_{n-1}}\frac{\left[p(Y|\theta)\right]^{\phi_{n-1}}p(\theta)}{Z_{n-1}}d\theta$$

$$=\int h(\theta)\pi_n(\theta)d\theta$$

这表明当 $h(\theta)=1$ 时，$\int v_n(\theta)\pi_n(\theta)d\theta=1$。

根据式（5.22）的假设（ⅲ）和式（5.25）标准化增量权重的性质，可以得到 $\tilde{h}_{n,N}$ 的大数定律（SLLN）和中心极限定理（CLT）。当粒子数量 $N\rightarrow\infty$时，蒙特卡罗近似 $\tilde{h}_{n,N}$ 收敛：

$$\tilde{h}_{n,N}{}^{a.s.}\int h(\theta_n)\pi_n(\theta_n)d\theta_n=\mathbf{E}_{\pi_n}[h] \tag{5.26}$$

$$\sqrt{N}\left(\tilde{h}_{n,N}-\mathrm{E}_{\pi_n}[h]\right)\quad N\left(0,\tilde{\Omega}_n(h)\right)$$

其中

$$\tilde{\Omega}_n(h)=\Omega_{n-1}\left(v_n(\theta)\left(h(\theta)-\mathrm{E}_{\pi_n}[h]\right)\right)$$

$\tilde{h}_{n,N}$ 的渐进协方差矩阵与式（3.52）重要取样器的渐进协方差矩阵 $\Omega(h)$的形式相同。尤其是增量粒子权重的方差 $v_n(\theta)$越大，选择步骤中蒙特卡罗近似的精确度越低。因此，第5.2.2节介绍的自适应算法，通过测定粒子权重的方差，进而转换为 $\widehat{ESS}_n$。如果粒子权重的分布极为不均匀，则需要对粒子再抽样。

选择步骤。在非自适应算法中，如果出现 $\rho_n=1$，则必然进行再抽样。为了考察再抽样对蒙特卡罗近似精确度的影响，我们用 $\hat{\theta}_n^i$ 表示再抽样粒子。令 $F_{n-1,N}$ 为由 $\left\{\theta_{n-1}^i,\tilde{W}_{n-1}^i\right\}$ 产生的σ-代数，其中 $\tilde{W}_n^i$ 为修正步骤中计算的标准化粒子权重（见式（5.24））。根据多项式再抽样，再抽样粒子函数的期望值为

$$\mathbf{E}\left[h(\hat{\theta})|F_{n-1,N}\right]=\frac{1}{N}\sum_{i=1}^{N}h(\theta_{n-1}^i)\tilde{W}_n^i=\tilde{h}_{n,N} \tag{5.27}$$

利用这个等式，我们可以进行分解，得到

$$\hat{h}_{n,N}-\mathbf{E}_{\pi_n}(h)=\left(\tilde{h}_{n,N}-\mathbf{E}_{\pi_n}(h)\right) \tag{5.28}$$

$$+\frac{1}{N}\sum_{i=1}^{N}\left(h(\hat{\theta}_n^i)-\mathbf{E}\left[h(\hat{\theta})|F_{n-1,N}\right]\right)$$

$$=\mathrm{I}+\mathrm{II}$$

根据式（5.26），直接得到Ⅰ项的大样本行为。对于Ⅱ项，注意到基于 $F_{n-1,N}$，$h\left(\hat{\theta}_n^i\right)$ 构成（离散）随机变量的三角形队列，行与行之间随机变量独立同分布（iid），且均值为 $\mathbf{E}\left[h(\hat{\theta})|F_{n-1,N}\right]$。对独立同分布（iid）随机变量的三角形队列，应用大数定律和中心极限定理，可以证明

$$\hat{h}_{n,N}{}^{a.s.}\int h(\theta_n)\pi_n(\theta_n)d\theta_n \tag{5.29}$$

$$\sqrt{N}\left(\hat{h}_{n,N}-\mathbf{E}_{\pi_n}[h]\right)\quad N\left(0,\hat{\Omega}_n(h)\right)$$

其中

$\hat{\Omega}_n(h)=\tilde{\Omega}_n(h)+\mathbf{V}_{\pi_n}[h]$

渐进方差 $\hat{\Omega}_n(h)$ 的第二项表明，再抽样增加了蒙特卡罗近似的方差。不过，通过再抽样，粒子权重均等化，这通常会降低算法接下来迭代的近似误差。

突变步骤。利用 $\mathbf{E}_{K_n(\cdot|\hat{\theta};\zeta_n)}[\cdot]$ 和 $\mathbf{V}_{K_n(\cdot|\hat{\theta};\zeta_n)}[\cdot]$ 分别表示转移核 $K_n\left(\theta|\hat{\theta};\zeta_n\right)$ 的条件均值和方差。因为 π_n 为转移核 K_n 的不变分布。注意到如果 $\hat{\theta}\sim\pi_n$，则

$$\int_{\hat{\theta}}\mathbf{E}_{K_n(\cdot|\hat{\theta};\zeta_n)}[h]\pi_n\left(\hat{\theta}\right)\mathrm{d}\hat{\theta} \tag{5.30}$$

$$=\int_{\hat{\theta}}\int_{\theta}h(\theta)K_n\left(\theta|\hat{\theta};\zeta_n\right)\mathrm{d}\theta\,\pi_n\left(\hat{\theta}\right)d\hat{\theta}$$

$$=\int_{\theta}h(\theta)\int_{\hat{\theta}}K_n\left(\theta|\hat{\theta};\zeta_n\right)\pi_n\left(\hat{\theta}\right)\mathrm{d}\hat{\theta}\mathrm{d}\theta$$

$$=\int_{\theta}h(\theta)\pi_n(\theta)\mathrm{d}\theta=\mathbf{E}_{\pi_n}(\theta)$$

利用 $\frac{1}{N}\sum_{i=1}^{N}W_n^i=1$ 这个事实，可以写作

$$\bar{h}_{n,N}-\mathbf{E}_{\pi_n}(h) \tag{5.31}$$

$$=\frac{1}{N}\sum_{i=1}^{N}\left(h\left(\theta_n^i\right)-\mathbf{E}_{K_n(\cdot|\hat{\theta}_n^i;\zeta_n)}[h]\right)W_n^i$$

$$+\frac{1}{N}\sum_{i=1}^{N}\left(\mathbf{E}_{K_n(\cdot|\hat{\theta}_n^i;\zeta_n)}-\mathbf{E}_{\pi_n}[h]\right)W_n^i$$

$$=\mathrm{I}+\mathrm{II}$$

其中Ⅰ项刻画 $h\left(\theta_n^i\right)$ 与其条件均值 $\mathbf{E}_{K_n(\cdot|\hat{\theta}_n^i;\zeta_n)}[h]$ 的离差，Ⅱ项刻画条件均值 $\mathbf{E}_{K_n(\cdot|\hat{\theta}_n^i;\zeta_n)}[h]$ 与调和后验均值 $\mathbf{E}_{\pi_n}[h]$ 的离差。

在突变阶段，蒙特卡罗近似 $\bar{h}_{n,N}$ 的大样本行为取决于粒子权重 W_n^i。而粒子权重 W_n^i 又取决于完成再抽样步骤的迭代次数。为了简化阐述，我们假设 $\rho_n=1$，这意味着 W_n^i=1。令 $\hat{F}_{n,N}$ 表示 $\left\{\hat{\theta}_n^i,W_n^i\right\}_{i=1}^{N}$ 生成的σ-代数。注意到基于 $\hat{F}_{n,N}$，权重 W_n^i 是已知的，并且求和项Ⅰ构成了均值为零的随机变量的三角形队列，行与行之间随机变量相互独立，但不同分布。这是因为 $h\left(\theta_n^i\right)$ 的（条件）方差和高阶矩可能与 $\hat{\theta}_n^i$ 有关。因此，我们得到Ⅰ项满足大数定律（SLLN）和中心极限定理（CLT）。根据式（5.29），得到Ⅱ项收敛结论。可以证明

$$\bar{h}_{n,N}\overset{a.s.}{}\int h(\theta_n)\pi_n(\theta_n)d\theta_n \tag{5.32}$$

$$\sqrt{N}\left(\bar{h}_{n,N}-\mathbf{E}_{\pi_n}[h]\right)\quad N\left(0,\Omega_n(h)\right)$$

其中

$$\Omega_n(h)=\mathbf{E}_{\pi_n}\left[\mathrm{V}_{K_n(\cdot|\hat{\theta};\zeta_n)}[h]\right]+\hat{\Omega}_n\left(\mathrm{E}_{K_n(\cdot|\hat{\theta};\zeta_n)}[h]\right)$$

要严格证明式（5.26）、式（5.29）和式（5.32）的收敛结论，首先要证明根据蒙特卡罗近似平均生成的各随机变量的矩有界。Herbst和Schorfheide（2014）给出了一些高层次假设，确保根据 $\left\{\hat{\rho}_n,\hat{\zeta}_n\right\}$ 自适应选择的调谐序列，不会影响渐进协方差矩阵。

由于渐进协方差具有递归形式，这导致实践中很难使用这些结论。Durham和Geweke（2014）提议将粒子合并成G个组，每组的粒子数量为N/G。当运行算法时，每

组粒子独立处理，这样根据组间蒙特卡罗近似的标度方差，直接估计得到协方差矩阵 $\tilde{\Omega}_n, \hat{\Omega}_n$ 和 Ω_n。根据中心极限定理（CLT），利用这些组间方差测度精确度是相当可靠的。在下面的数值说明中，我们采用相同的办法。不过，我们没有把粒子分成独立的组，而是独立运行SMC算法多次，构建最后阶段协方差矩阵 $\Omega_{N_\phi}(h)$ 的估计量。

以第5.1.3节考虑的典型状态空间模型为例，图5-4说明了中心极限定理（CLT）。我们运行SMC算法 N_{run} =1 000次，计算 $E_\pi[\theta_1]$ 和 $E_\pi[\theta_2]$ 蒙特卡罗近似的小样本方差 $V[\bar{\theta}_1]$ 和 $V[\bar{\theta}_2]$。它们都是 N 的函数。我们采用 N_ϕ=100个阶段和线性调和程序。图形显示，当CLT成立时，$NV[\bar{\theta}_j]$ 是 N 的函数，近似等于渐进方差 $\Omega_{N_\phi}(\theta_j)$。作为 N 的函数，蒙特卡罗近似的标准化小样本方差相当平坦。图中所见的变异，基本与SMC算法运行1 000次计算的 $V[\bar{\theta}_j]$ 实际值一致。假设 $Z_r \sim iidN$（0，v）。则 $\frac{1}{N_{run}}\sum_{r=1}^{N_{run}}(Z_r^2 - v)$ 的标准误差为 $\sqrt{3/N_{run}}\,v$。因此，在图5-4中，我们画出了 $NV[\bar{\theta}_j]$ 的 $+/-\ 1.96\sqrt{3/N_{run}}\left(NV[\bar{\theta}_j]\right)$ 置信带。

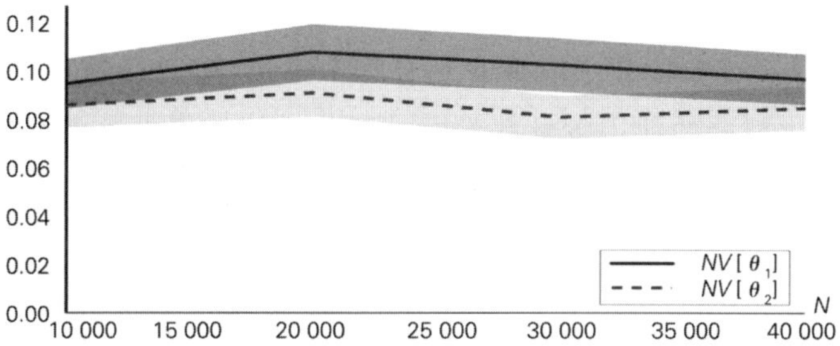

图5-4　典型状态空间模型SMC近似的收敛情况

注：图形表明，对于每个参数，$NV[\bar{\theta}_j]$ 都是粒子数量N的函数。取 N_ϕ =100，利用SMC算法运行 N_{run} =1 000次的输出结果，计算得到 $V[\bar{\theta}_j]$。带宽为 $(2\cdot 1.96)\sqrt{3/N_{run}}\left(NV[\bar{\theta}_j]\right)$。

5.3　SMC算法在小型新凯恩斯模型的应用

现在，我们应用算法10对三方程新凯恩斯模型进行后验推断。我们仍然使用第4.2节的先验设定和数据集。我们将说明当改变算法调谐参数时，SMC近似的精确度如何变化。每组数据，我们都运行算法 N_{run} =50次，之后计算每个时点的蒙特卡罗近似 $V[\bar{\theta}]$ 的方差。本节，令突变步骤中的MH步数保持固定，即 N_{MH} =1。

图5-5探究精确度度量 $InEff_N[\bar{\theta}]$ 与调谐参数λ控制的调和程序 ϕ_n 的联系。图中每条线对应于一个特定的DSGE模型参数。算法设定数据为 N =1 000，N_ϕ =100和 N_{block} =1。当λ=1时，调和程序与n呈线性关系。当λ>1时，调和程序是凸关系。凸的调和程序意味着，我们在SMC的初始阶段加入了极少的信息，这样粒子能很好地适应桥分布。当n增加时，每个阶段加入的似然信息增量也在增加。线性调和程序的运行效果相对较差。当λ取值位于1.5和2之间时，DSGE模型参数后验均值的近似最精确。当λ取值超过λ=

2时，精确度慢慢恶化。当λ≥4时，凸的调和程序比线性调和程序的效果更差。注意到λ值的选择，基本不会对需要计算的似然函数数量和计算时间产生影响（除非选择一个非常差的λ，导致需要额外的再抽样步骤）。在接下来的实验中，我们令λ=2。

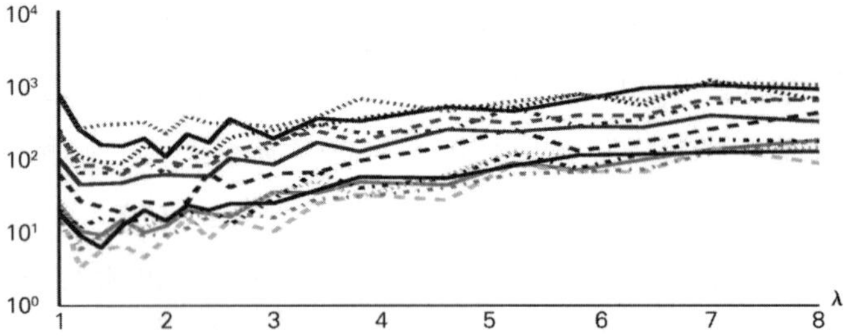

图5-5 λ对无效因子 $InEff_N[\bar{\theta}]$ 的影响

注：图形说明，$InEff_N[\theta]$ 曲线是λ的函数。根据SMC算法运行 N_{run} =50次的结果，计算无效因子。每条线对应于一个DSGE模型参数。

图5-6阐释了突变阶段粒子数量 N ，阶段数量 N_ϕ 和分块数量 N_{block} 之间存在权衡取舍关系。由于每次试验的粒子数量都不同，因此我们只报告比率 $V[\bar{\theta}]/V_\pi[\theta]$ ，而不报告无效因子 $InEff_N[\bar{\theta}]$ 。在试验中，我们保持需要计算的似然函数数量不变。

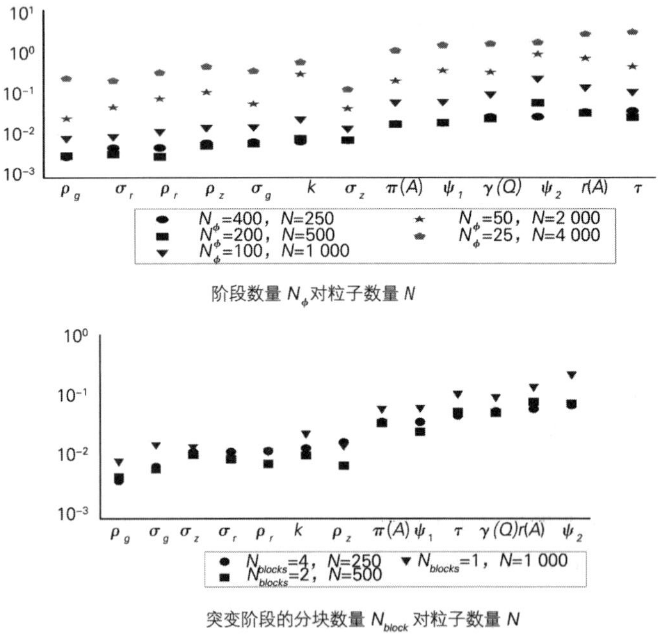

图5-6 调谐参数对不精确度量 $V[\bar{\theta}]/V_\pi[\theta]$ 的影响

注：每个图都给出了特定SMC算法数据的 $V[\bar{\theta}]/V_\pi[\theta]$ 。根据SMC算法运行 N_{run} =50次结果，计算无效因子。上图：N_{blocks} =1，λ=2，N_{MH} =1。下图：N_ϕ =100，λ =2，N_{MH} =1。

图 5-6 表明，采用较多的粒子（例如 $N=4\ 000$），中等数量阶段（例如 $N_\phi=25$）时，取得的近似要比粒子数量较少（例如 $N=250$ 或 $N=500$）但阶段数量较大（例如 $N_\phi=400$ 或 $N_\phi=200$）时的精确度差。当然，如果我们大幅度增加阶段数量，且进一步减少粒子数量，则在某个点处，精确度将恶化。如果阶段数量过大，逼近极为相同的桥分布占用了大量计算资源。如果阶段数量太小，则 $n-1$ 阶段的后验分布，就不太适合作第 n 次迭代修正阶段的建议密度函数。

图 5-6 的下图给出了分块的影响。对于 SMC 算法，分块通常减少 MH 链的持续性，增加突变阶段粒子值变化的概率。至少对于 θ 的子向量如此。在小型模型中，利用分块数量 $N_{blocks}=2$ 与 $N=500$ 的组合，看起来是最优选择。对于所有参数，这个组合都优于 $N_{blocks}=1$ 与 $N=1\ 000$ 的组合。对除三个参数外的其他所有参数，这个组合优于 $N_{blocks}=4$ 与 $N=250$ 的组合。

最后，基于 SMC 算法运行 $N_{run}=50$ 次的输出结果，表 5-2 报告了小型新凯恩斯 DSGE 模型对数边缘数据密度的估计结果。边缘数据密度的计算公式为式（5.12）。当粒子数量增加时，50 次运行的标准误差下降，这证明近似的精确度上升。与表 4-3 报告的 MCMC 近似相比，当阶段数 $N_\phi=100$ 时，近似相当不精确。对数密度的估计明显下偏，这一点符合詹森不等式（Jensen's inequality）。边缘数据密度的估计无偏（取对数变换之前）。如果阶段数量增加到 $N_\phi=400$，蒙特卡罗近似的标准误差下降幅度超过 10 倍。

表 5-2　　基于 SMC 算法的边缘数据密度估计结果

N	$N_\phi=100$		$N_\phi=400$	
	均值	标准误差	均值	标准误差
500	−352.19	(3.18)	−346.12	(0.20)
1 000	−349.19	(1.98)	−346.17	(0.14)
2 000	−348.57	(1.65)	−346.16	(0.12)
4 000	−347.74	(0.92)	−346.16	(0.07)

注：表给出了对数边缘数据密度估计 $\ln\hat{p}(Y)$ 的均值和标准误差。它们都是粒子数量 N 的函数。这里 SMC 取样器运行数据为，$N_{run}=50$ 次，$N_{blocks}=4$，$\lambda=2$ 和 $N_{MH}=1$。

第6章

三个应用

前面我们讨论了MH和SMC算法在小型新凯恩斯模型的应用。现在考虑大型DSGE模型的三个应用。我们从三个维度调整基础DSGE模型。在第6.1节，用VAR（1）过程代替技术增长和政府支出的AR（1）过程。也就是说，推广外生冲击运动规则，使DSGE模型的设定更为灵活，进而提高拟合效果。在第6.2节，我们将资本作为一个生产要素加入到基础DSGE模型中，并在模型中引入名义价格黏性和其他形式的价格刚性。就是Smets和Wouters（2007）模型。SW模型包含状态变量和参数都较多。需要使用的宏观时间序列数量就达到7个，而小型模型仅用了三个。显然与小型新凯恩斯模型相比，估计SW模型要困难得多。与Smets和Wouters（2007）相比，我们估计SW模型时，采用更为发散的先验分布，突出似然函数的非球形特征。最后，在第6.3节，我们考虑只能用于分析财政政策而不能用于分析货币政策的DSGE模型。这个模型不包含名义价格刚性因素，主要考虑财政政策规则，根据经济状态确定政府支出和税收水平。

本章选择这样三个应用的原因有三。一是这些应用具有第4章和第5章研究的扩展模型的重要特性。二是这三个应用的后验分布具有较强的非球形特性，这对后验模拟器是一个挑战。由于得到后验分布具有多峰特性，因此利用广泛使用的单块RWMH模型很难从多个高后验密度区域生成比例正确的样本，运行效果相对较差。三是利用SMC算法生成的后验分布近似，精确性更高和稳定性更好。虽然在某种意义上，选择这些应用是为了强调SMC方法的优点。但我们认为这三个应用中出现的后验分布极具代表性，其他一些DSGE模型应用同样会出现这样的后验分布。

6.1 冲击相关的新凯恩斯模型

提高DSGE的拟合效果的方法有两种，一是丰富模型的内生传导机制；二是推广外生冲击的运动规则。绝大多数DSGE模型文献主要采用第一种，即扩展基本新古典随机增长模型，引入更复杂的经济机制，例如劳动力调整和资本投入的摩擦，名义价格和工资变化的成本，或信息不完美。利用DSGE模型的内生传导机制，刻画货币政策和财政政策效果。例如，如果不存在名义价格刚性，货币政策规则变化或者未预料到与货币政策规则的偏离，将不会对实际产出、消费和投资产生影响。

本节，我们采用第二种方式，推广小型新凯恩斯DSGE模型的外生冲击运动规则。大多数DSGE模型，都假设外生冲击服从独立的AR（1）过程。不过，从先验知识看，假设外生冲击服从更为丰富的ARMA（p，q）过程，并不存在不合理性。此外，尚没有任何先验知识排除外生冲击存在相关性的可能。例如，在SW模型中，就对广泛使用的外生冲击服从AR（1）的运动规则进行了推广：价格和工资的构造冲击服从ARMA（1，1）过程，且允许技术扰动和政府支出扰动存在相关性。

大多数研究之所以选择比较简单的外生过程设定，因为它们利用DSGE模型进行研究的目的，主要是为了发展经济运行机制。也就是，根据一组不相关的外生冲击，内生生成宏观时间序列的可观测联动性和持续性。但是，如果某些研究中更看重模型的拟合效果，例如央行利用DSGE模型预测，则推广外生冲击运动规则就是较为合理的建模策略。

下面的应用，实际上是受Curdia和Reis（2010）的启发。这篇文献考虑了一个小型DSGE模型，假设外生过程的运动规则服从相当一般化的向量自回归过程。虽然这种建模策略有利于克服DSGE模型的错误设定问题，但它也潜在引入了模型识别问题。外生冲击的运动规则越灵活，参数越多，对冲击参数和内生传导机制参数的联合识别就越困难。从计算角度看，这有可能引入多峰后验分布。这也是本节余下部分重点考虑的问题。

6.1.1 模型设定

在第1.1节介绍的小型DSGE模型中，技术增长冲击 $\hat{z}_t$ 和政府支出冲击 $\hat{g}_t$ 的演化服从独立AR（1）过程：

$$\hat{z}_t=\rho_z\hat{z}_{t-1}+\varepsilon_{z,t},\quad \varepsilon_{z,t}\sim \mathrm{N}\left(0,\sigma_z^2\right)$$

$$\hat{g}_t=\rho_g\hat{g}_{t-1}+\varepsilon_{g,t},\quad \varepsilon_{g,t}\sim \mathrm{N}\left(0,\sigma_g^2\right)$$

现在我们用如下的VAR过程

$$\begin{bmatrix}\hat{z}_t\\ \hat{g}_t\end{bmatrix}=\begin{bmatrix}\rho_z & \rho_{zg}\\ \rho_{gz} & \rho_g\end{bmatrix}\begin{bmatrix}\hat{z}_{t-1}\\ \hat{g}_{t-1}\end{bmatrix}+\begin{bmatrix}\varepsilon_{z,t}\\ \varepsilon_{g,t}\end{bmatrix}\tag{6.1}$$

替换AR（1）过程。其中

$$\begin{bmatrix}\varepsilon_{z,t}\\ \varepsilon_{g,t}\end{bmatrix}\sim N\left(\begin{bmatrix}0\\0\end{bmatrix},\begin{bmatrix}\sigma_z^2 & 0\\ 0 & \sigma_g^2\end{bmatrix}\right)$$

这个VAR过程与式（2.1）的对数线性消费欧拉方程、新凯恩斯菲利普斯曲线以及货币政策结合起来。为了方便，我们将这三个方程再重写一遍：

$$\hat{y}_t=\mathbf{E}_t[\hat{y}_{t+1}]-\frac{1}{\tau}\left(\hat{R}_t-\mathbf{E}_t[\hat{\pi}_{t+1}]-\mathbf{E}_t[\hat{z}_{t+1}]\right)+\hat{g}_t-\mathbf{E}_t[\hat{g}_{t+1}]$$

$$\hat{\pi}_t=\beta\mathbf{E}_t[\hat{\pi}_{t+1}]+k(\hat{y}_t-\hat{g}_t)$$

$$\hat{R}_t=\rho_R\hat{R}_{t-1}+(1-\rho_R)\psi_1\hat{\pi}_t+(1-\rho_R)\psi_2(\hat{y}_t-\hat{g}_t)+\varepsilon_{R,t}$$

虽然仍然假设外生过程的扰动不相关，但假设技术增长过程受滞后的政府支出过程影响，反之亦然。此时，向量 θ 中增加了两个参数 ρ_{zg} 和 ρ_{gz}。非零系数 ρ_{gz} 可以解释为简化形式的财政政策规则，当供给条件差时，政府支出增加。同样，正的系数 ρ_{gz} 能够潜在反映生产率提升公共基础投资这一现象。虽然根据经济意义，有 $\rho_{gz}<0$ 且 $\rho_{zg}>0$，但我们采用更具不可知性的先验分布设定

$$\rho_z,\ \rho_z \sim U[0,\ 1],\ \rho_{gz},\ \rho_{zg} \sim U[-1,\ 1] \tag{6.2}$$

其他参数的边缘先验分布与表2-2相同。截断联合先验分布，确保 $\hat{z}_t$ 和 $\hat{g}_t$ 的平稳性，以及整个系统的确定性。

6.1.2 高度精确SMC运行的估计结果

利用与第4.2节和第5.3节相同的数据，对调整的小型DSGE模型进行估计。首先，在数值分析过程中，我们首先考察高度精确SMC运行得到的后验分布。此时，由于粒子数量非常大，可以忽略蒙特卡罗近似的方差。图6-1刻画了参数 ρ_{zg} 和 ρ_{gz} 的边缘先验分布和后验分布。边缘先验分布由灰色阴影的直方图表示。通过平稳性约束进行截断后，两个参数的边缘先验分布不再均匀，但仍然是单峰，并且取值仍然位于单位区间内。后验分布用核密度估计表示。后验分布最惊人的特征是，参数 ρ_{zg} 的后验分布是双峰的。峰值大致分别位于-0.3和0.3点处。相反，参数 ρ_{gz} 的分布是单峰的，尖峰位于零点附近。

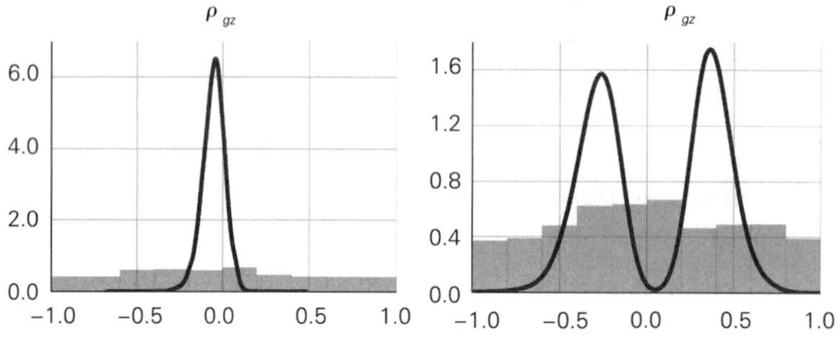

图6-1 冲击相关时：参数 ρ_{gz} 和 ρ_{zg} 的先验分布和后验分布

注：两个图给出了先验分布直方图（阴影）和后验密度函数的核密度估计（实线）。

图6-2和图6-3为参数估计的脉冲响应函数（IRF）。这两个图中，每个小图都有三种类型的脉冲响应函数（IRF）：分别为 $\rho_{zg}=0$，$\rho_{zg}<0$ 和 $\rho_{zg}>0$ 时的响应。以 $\rho_{zg}=0$ 时的脉冲响应函数作为基准，与第4.2节外生冲击无关时的小型新凯恩斯DSGE模型的后验均值响应（图4-4和图4-5）相同。另外两个脉冲响应函数（IRF）受 ρ_{zg} 的双峰后验分布刺激，利用条件后验分布 $\theta|(Y,\ \rho_{zg}>0)$ 和 $\theta|(Y,\ \rho_{zg}<0)$ 计算得到。ρ_{zg} 的双峰后验分布几乎以零为中心对称。正式表述是，图形分别为 $\mathbf{E}[\mathrm{IRF}|Y,\ \rho_{zg}>0]$ 和 $\mathbf{E}[\mathrm{IRF}|Y,\ \rho_{zg}<0]$ 的图像。忽略掉不满足 ρ_{zg} 约束的后验抽样 θ^i，可以很容易逼近这些后验均值。

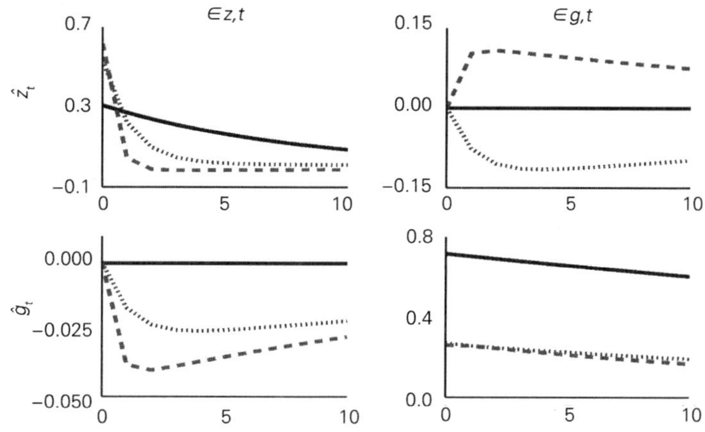

图6-2　冲击相关时：脉冲响应（第1部分）

注：图为条件后验分布 $\theta|(Y, \rho_{zg}>0)$（划线）和 $\theta|(Y, \rho_{zg}<0)$（点线）后验均值的脉冲响应函数（IRF）图形。为了比较，图形还给出了冲击不相关的小型DSGE模型（见第4.2节）的脉冲响应函数（IRF）（实线）。

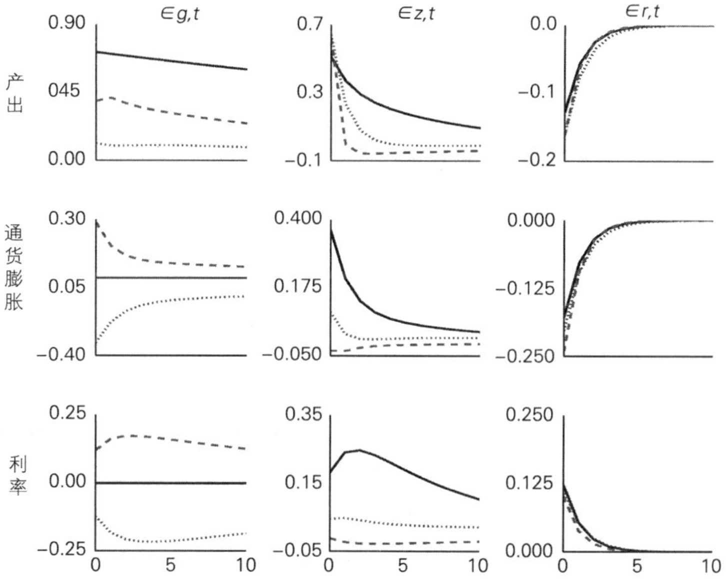

图6-3　冲击相关时的模型：脉冲响应（第2部分）

注：图形为条件后验分布 $\theta|(Y, \rho_{zg}>0)$（划线）和 $\theta|(Y, \rho_{zg}<0)$（点线）的后验均值脉冲响应函数（IRF）图形。为了比较，图形还给出了冲击不相关的小型DSGE模型（见第4.2节）的脉冲响应函数（IRF）（实线）。

图6-2为外生过程对政府支出冲击扰动和技术增长冲击扰动的响应。一方面，对于基准DSGE模型设定（$\rho_{zg}=\rho_{gz}=0$），外生冲击相互独立，这意味着需求移动过程 $\hat{g}_t$ 并不受技术冲击扰动项 $\varepsilon_{z,t}$ 的影响，反之亦然。另一方面，对于外生冲击相关的DSGE模型，存在溢出效应。当 $\varepsilon_{z,t}$ 增加50~60个基点时，政府支出过程有轻微下降（2到4个基点）。从定性角度看，两种形式后验分布的脉冲响应极为相似。这符合 ρ_{gz} 边缘后验分

布具有单峰形状这一特性。技术增长对政府支出（或一般需求）冲击扰动项的响应，则更引人注意。图6-2左下图给出的脉冲响应反映了 ρ_{zg} 后验分布的双峰形状。如果 $\rho_{zg}>0$（$\rho_{zg}<0$），当冲击 $\varepsilon_{g,t}$ 增加25个基点时，技术增长上升（下降）大约10个基点。

图6-3为产出、通货膨胀和利率的脉冲响应。一方面，对于两种形态的冲击相关模型，货币政策冲击的影响大致相同。货币政策响应与冲击不相关的基准小型DSGE模型的脉冲影响函数（IRF）极为相似。另一方面，对于两种形态的冲击相关模型和基准模型，政府支出和技术增长冲击的脉冲影响函数存在明显差别。

对于基准模型，通货膨胀和利率都不受政府支出冲击影响。相反，对于冲击相关模型，政府支出增加会触发技术变化。根据图6-2，我们发现，受一个正的 $\varepsilon_{g,t}$ 扰动影响，根据 ρ_{zg} 的不同符号，技术增长率或上升或下降。因此，受正的需求冲击影响，根据溢出符号，通货膨胀率和利率或上升或下降。此外，较低产出，通常伴随技术增长率的下降，产出响应大小也会显著不同。与基准模型相比，当冲击之间相关时，通货膨胀率和利率对技术增长冲击的脉冲响应函数一般要更为平缓。给定 $\rho_{zg}>0$，这些响应稍大于零；反之对于 $\rho_{zg}<0$，这些响应稍小于零。

6.1.3 RWMH-V与SMC的效果比较

对于小型新凯恩斯DSGE模型，产出增长率、通货膨胀以及利率的自协方差函数都施加了较强约束。推广外生冲击运动规则，某种程度上就是放松这些约束，进而指向某个被遗漏的内生传导机制。给定模型的典型特征，我们不想详细解释双峰后验分布的经济意义。不过，对于更复杂的DSGE模型，可能还会出现多峰后验分布。例如Herbst和Schorfheide（2014）中就有两个这样的例子：发散先验分布的SW模型以及Schmitt-Grohé和Uribe（2012）的信息冲击模型。本节余下部分，重点讨论双峰后验分布导致的计算问题，并比较标准RWMH-V算法和SMC算法的精确度。

精确度评价和算法调谐。为了对比广泛使用的1块RWMH-V算法和SMC算法的运行效果，每个算法都运行 $N_{run}=50$ 次，之后计算 $\rho_{zg}>0$ 的后验概率，以及计算政府支出产生冲击时，通货膨胀增加的概率。对于1块RWMH-V算法，我们利用DSGE模型参数的后验分布随机抽样作为初始值。使用单一处理器，1块RWMH-V算法运行时间大概1分钟。对于SMC算法，粒子数 $N=4\ 800$ 个，分块数 $N_{block}=6$，阶段数 $N_{\phi}=500$ 和 $\lambda=2$。利用12个处理器，SMC算法运行了大概6分钟。即使分配给RWMH算法更多计算资源，基本结论也不会发生改变。这表明，RWMH算法并不能在两个高密度后验分布区域，按照正确比例抽样。表6-1概括总结了后验抽样器调谐参数的选择。

表6-1　　冲击相关时：算法数据

RWMH-V	SMC
$N=100\ 000$	$N=4\ 800$
$N_{burn}=50\ 000$	$N_{\phi}=500$
$N_{blocks}=1$	$N_{blocks}=6, N_{MH}=1$
$c=0.125$	$\lambda=2$
运行时间：28秒（1核）	运行时间：05分52秒（12核）

注：我们每个算法都运行 $N_{run}=50$ 次。运行时间单位为分：秒。

结论。图6-4的两个图，分别为 $\rho_{zg}>0$ 的后验概率估计和政府支出出现扩张性冲击时，通货膨胀上升的后验概率估计。图6-1的双峰后验密度和图6-3的脉冲响应函数（IRF）图形联合起来表明，这些后验概率大约为50%。为了正确估计这些概率，后验取样器必须从两个高后验密度区域以正确比例生成样本。

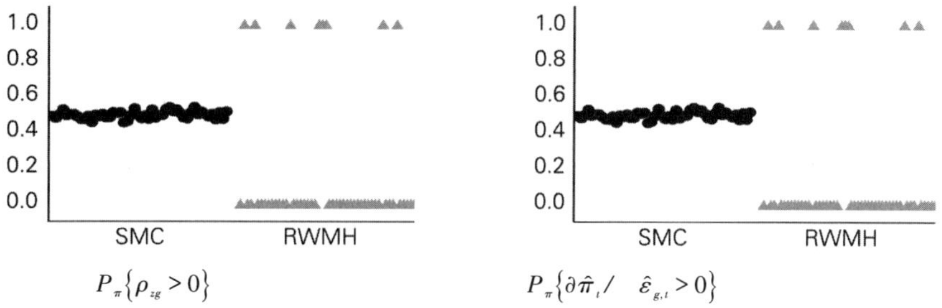

图6-4　冲击相关时：后验概率近似

注：每个记号（共50个）对应SMC算法（点）运行一次或RWMH算法（三角形）运行一次。

对于SMC算法，后验概率的蒙特卡罗近似极为稳定。对于所有 N_{run}=50次运行，后验概率均接近50%。相反，对于RWMH算法，每次运行生成的估计值基本在0和1之间切换。取值是0是1，取决于取样器是卡在 $\rho_{zg}>0$ 模式还是卡在 $\rho_{zg}<0$ 模式。换句话说，RWMH取样器在两个模式之间来回转移不充分，也就不能按正确比例，从参数空间的两个高后验概率区域生成抽样。即使将抽样数量从100 000增加到1 000 000，也不能解决这个问题。如果取样器从没到过第二个高后验密度区域，单纯检查一个链的输出结果，绝对不会发现它存在收敛问题。

图6-5为推广的冲击模型的边缘数据密度估计。根据图形，SMC算法生成的蒙特卡罗近似极为稳定。但对于第4.6节介绍的调整的调和均值估计量，生成的蒙特卡罗近似明显下偏（因为它遗漏了参数空间的高似然函数区域），且变异程度较高。

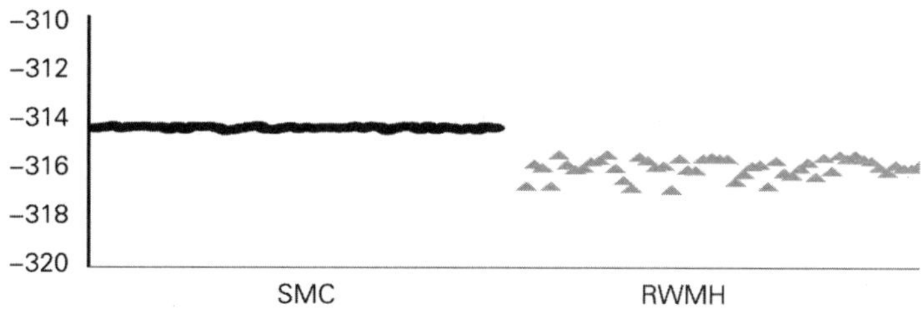

图6-5　冲击相关时：边缘数据密度近似

注：每个标记（共50个）对应于SMC算法（圆点）运行一次或RWMH算法（三角形）运行一次。SMC算法自动生成MDD估计。对于RWMH算法，我们使用Geweke调整的调和均值估计量。

允许技术和需求冲击存在相关性，这有利于提高模型拟合效果。表6-2给出了在小型DSGE模型两种先验设定条件下，对数边缘数据密度的估计结果。第一种设定是基准设定，假设冲击无关；第二个设定是假设技术增长冲击和政府支出冲击服从VAR（1）。在这两种情况中，SMC取样器要更准确些，因此都采用SMC取样器的输出结果进行计算。在冲击无关的基准设定下，对数边缘数据密度值为-346.2。与VAR（1）冲击过程模型相比，低了30多个基点。与贝叶斯模型的概率计算结果进行比较，发现对于先验分布较为发散的模型，其边缘数据密度具有压倒性的优势，这表明AR（1）约束过于苛刻。

表6-2　冲击相关时：边缘数据密度函数近似

模型	$\ln\hat{p}(Y)$ 均值	$\ln\hat{p}(Y)$ 标准误差
AR(1)冲击	-346.16	(0.07)
VAR(1)冲击	-314.45	(0.05)

注：表中给出了利用SMC算法估计的对数边缘数据密度的均值和标准误差。表中数值是对应每个先验设定，运行SMC取样器 N_{run} =50次的输出结果计算出来。SMC算法的超参数由表6-1给出。

6.2 发散先验分布的Smets-Wouters模型

我们现在讨论SW模型的估计问题。根据现有DSGE模型文献，SW模型属于中型DSGE模型。无论是待估计的参数个数还是状态变量的数量，SW模型都比我们之前讨论的小型新凯恩斯模型大。许多DSGE模型都是以SW模型为核心。央行利用这些DSGE模型进行预测和货币政策分析。

接下来的实证例子，我们对Herbst和Schorfheide（2014）的一个应用进行扩展。下面，我们不再考虑后验均值近似的精确性问题，而是主要讨论后验分位数的精确性问题。后验分位数经常用于构建等尾部概率置信区间集。

6.2.1　模型设定

我们这里考虑的SW模型与Smets和Wouters（2007）的模型相同。附录A.1重新给出了该模型的对数线性均衡条件、稳态和测量方程。模型估计用的数据包括GDP增长率、总消费增长率和投资增长率，工作小时数的对数，以及价格膨胀率、工资膨胀率和联邦基金利率。估计所用的样本区间为1966年第1季度到2004年第4季度。

与Smets和Wouters（2007）估计过程有所不同，我们这里采用更为发散的先验分布。这个先验分布按照如下方式获得。我们以原来的SW先验分布作为起点。对于取值在单位区间内的参数，我们利用均匀分布代替贝塔分布。此外，除了冲击的先验标准误差保持不变外，其他参数的先验标准误差都增加3倍。附录A.1还给出了我们调整的先验分布设定以及SW模型原来的先验分布设定。

一些研究认为，原来SW模型用的先验分布过于紧密。这意味着难以对估计样本信息之外的信息做出合理解释。例如，根据原来的先验分布，季度稳态通货膨胀率服从伽马分布，均值为0.62，标准误差为0.1。将这个先验分布转换为平均年度通货膨胀率，其95%置信区间大约为1.7%到3.3%。已知美国1966年以前的通货膨胀率的先验历史信息，这个先验分布必然不同于仅根据20世纪50年代和60年代宏观数据得到的先验观念。这个先验分布，看起来反映的应该是1987年格林斯潘当选美联储主席之后，美国出现较低通货膨胀率的那一段时期。

结果表明，稳态通货膨胀率采用紧密的先验分布，对SW模型的预测效果产生很大影响。如果采用更为发散的先验分布，由于20世纪70年代美国存在较高的通货膨胀率，稳态通货膨胀率的后验均值估计应接近4%。由于DSGE模型具有均值回返特征，利用平均通货膨胀率的估计值4%，作为21世纪头十年的美国通货膨胀率的中位数和长期预测。这个预测结果显然不好，因为这一时期通货膨胀率在2.5%左右波动。Del Negro和Schorfheide（2013）对此问题进行了详细论证。根据我们的先验分布设定，我们将季度稳态通货膨胀率的标准误差增加到0.3，转换成年度通货膨胀率的95%置信区间，大约为0.1%到5%。

对于SW模型，货币政策效果与价格和工资刚性参数ξ_p和ξ_w的大小密切相关。在SW模型中，名义刚性通过Calvo机制生成。参数ξ表示价格和工资设定者无法再优化名义价格的概率。参数ξ越接近于1，名义刚性越大，隐含的新凯恩斯菲利普斯曲线越平坦，未预料的货币政策变化对实际经济行为的影响越大。

Del Negro和Schorfheide（2008）以及Müller（2011）的实证研究结果表明，这些关键参数的估计对先验分布设定极为敏感。前一篇文章估计的DSGE模型与SW模型类似，采用不同的参数ξ_p和ξ_w的先验分布。后一篇文章在不重新估计DSGE模型的条件下，推导出分析性近似结果，分析后验均值对先验均值漂移的敏感性问题。

对于DSGE模型的贝叶斯估计来说，利用紧密的先验分布，有利于进行数值计算。采用紧密的先验分布，通常能降低似然函数局部峰值所在参数空间区域的权重，进而使得后验分布曲面变得更为平滑。但我们认为，根据先验分布不太可能做到这一点。此外，如果似然函数几乎没有包含特定参数的任何信息，那么这些参数的似然函数基本是平的。此时采用紧密的先验分布，会得到弯曲的后验分布。对于这两种情况，先验信息都起到了稳定后验计算的作用。对于RWMH这类后验模拟器来说，紧密的先验分布相当重要。因为当后验分布具有极为规则的球形形状时，这类后验模拟器的运行效果最好。

6.2.2 运行高度精确SMC算法的估计结果

表6-3概括了每个DSGE模型参数的边缘后验分布的分位数。利用这些分位数可以构建等尾部概率置信区间。虽然这些置信区间通常不是预设的后验覆盖概率的最短区间，但它们比最高后验密度区间更容易计算。实践中，经常报告这个置信区间。分位数可以利用SMC算法的输出结果进行估计。SMC算法选择的粒子数量要足够大，这样才可以忽略掉数值标准误差。

表 6-3 SW 模型：后验分布分位数

	分位点 τ[%]						分位点 τ[%]				
	2.5	5.0	50	95	97.5		2.5	5.0	50	95	97.5
$100(\beta^{-1}-1)$	0.00	0.00	0.03	0.15	0.18	ρ_a	0.95	0.96	0.97	0.98	0.98
π	0.42	0.50	0.87	1.17	1.23	ρ_b	0.01	0.03	0.16	0.43	0.55
l	−2.22	−1.81	0.27	2.58	3.09	ρ_g	0.96	0.97	0.98	0.99	0.99
α	0.13	0.14	0.17	0.21	0.21	ρ_i	0.59	0.61	0.71	0.82	0.84
σ_c	1.31	1.36	1.64	2.00	2.08	ρ_r	0.00	0.00	0.05	0.15	0.17
Φ	1.46	1.50	1.70	1.92	1.97	ρ_p	0.80	0.83	0.93	0.99	1.00
φ	3.65	4.24	7.77	12.46	13.49	ρ_w	0.17	0.23	0.78	0.99	0.99
h	0.56	0.60	0.70	0.78	0.79	ρ_{ga}	0.25	0.28	0.46	0.62	0.66
ξ_w	0.77	0.80	0.96	0.99	1.00	μ_p	0.45	0.52	0.81	0.99	1.00
σ_l	1.18	1.39	2.93	5.33	5.88	μ_w	0.06	0.11	0.74	0.97	0.97
ξ_p	0.59	0.62	0.74	0.83	0.84	σ_a	0.40	0.41	0.46	0.51	0.52
ι_w	0.30	0.37	0.72	0.96	0.98	σ_b	0.17	0.19	0.25	0.29	0.30
ι_p	0.00	0.01	0.09	0.29	0.33	σ_g	0.48	0.49	0.54	0.60	0.61
ψ	0.39	0.43	0.68	0.93	0.96	σ_i	0.37	0.39	0.46	0.55	0.57
r_π	1.99	2.09	2.72	3.48	3.64	σ_r	0.21	0.21	0.24	0.26	0.27
ρ	0.83	0.84	0.88	0.92	0.92	σ_p	0.09	0.09	0.13	0.24	0.25
r_y	0.08	0.09	0.15	0.24	0.27	σ_w	0.21	0.21	0.25	0.29	0.30
$r_{\Delta y}$	0.20	0.21	0.27	0.34	0.35						

分位点估计有两种计算方法。第一种计算方法是利用秩序统计量。对于参数向量 θ 的每个元素 j，对后验抽样 $\{\theta_j^i\}_{i=1}^N$ 按从小到大的顺序排序。之后在排序后的抽样向量中，选择第 $\lfloor \tau N \rfloor$ 个元素（当然，也可以选择第 $\lceil \tau N \rceil$ 个元素或二者的平均值）。第二种计算样本分位数的方法是求解如下的最小化问题：

$$\hat{q}_\tau(\theta_j) = \arg\min_q \left[(1-\tau)\frac{1}{N}\sum_{i:\theta_j^i < q}(\theta_j^i - q) + \tau\frac{1}{N}\sum_{i:\theta_j^i \geq q}(\theta_j^i - q) \right] \tag{6.3}$$

这是分位点回归的特例（见 Koenker 和 Bassett（1978），或者教科书 Koenker（2005））。此时，解释变量仅仅是一个常数项。根据粒子权重大小很容易对计算进行调整。

根据表 6-3，价格和工资刚性参数 ξ_p 和 ξ_w 的后验中位数估计分别是 0.74 和 0.96。这表明名义工资比名义价格更具有刚性。90%的等尾部概率置信区间范围分别为 0.63 到 0.80 和 0.77 到 0.99。年稳态通货膨胀率的后验中位数大约为 3.5%，落在原来 SW 模型先验分布的 95%先验置信区间的外面。

6.2.3 RWMH-V与SMC运行效果的比较

本节余下部分，我们将SMC算法分位数估计的精确性与RWMH算法做一下对比。对于后验均值近似，我们用均值近似的小样本方差除以独立同分布（*iid*）抽样的方差，计算有限样本无效因子。对于后验均值，这个基准方差可以简单地用 $\mathbb{V}_{\pi}[\theta]/N$ 计算。相应的，计算分位数估计的方差较为复杂。根据后验分布的直接独立同分布（*iid*）抽样（不可行），分位数估计的精确性由中心极限定理（CLT）

$$\sqrt{N}\left(\hat{q}_{\tau}-q_{\tau}\right) \Rightarrow N\left(0, \frac{\tau(1-\tau)}{\pi^{2}\left(q_{\tau}\right)}\right) \tag{6.4}$$

给出。式（6.4）中 $\pi(\theta)$ 为后验密度[①]。一般来说，后验分布尾部分位数越大，估计就越不精确。下面，我们将利用式（6.4）的渐进方差估计量，对后验取样器的蒙特卡罗方差进行标准化。尤其是，我们定义有限样本无效因子

$$\operatorname{InEff}_{N}=\frac{\mathbb{V}\left[\hat{q}_{\tau}\right]}{\tau(1-\tau) /\left(N \pi^{2}\left(q_{\tau}\right)\right)} \tag{6.5}$$

其中 $\mathbb{V}[\hat{q}_{\tau}]$ 为根据抽样器运行多次得到的输出结果，计算的后验分位数的方差估计量。后验密度 $\pi(q_{\tau})$ 可以用后验模拟器结果的核密度估计来代替。

精确度评价和算法的调谐。计算完全按照Herbst和Schorfheide（2014）的方法来完成。为方便起见，我们这里仅介绍最重要的细节部分。为了评价蒙特卡罗近似的精确度，两种算法都运行 N_{run} =50次，并根据所有50次运行结果计算分位数估计的标准误差。我们控制算法运行时间大致相同。利用24个并行处理器，SMC算法运行了2小时32分钟。原则上，我们代之以在不同的处理器核上独立运行RWMH算法24次，之后将结果合并。如果每个RWMH链都可靠收敛到后验分布，样本方差就会下降。不过，如果链存在偏差——例如说，由于无法与多峰后验分布模式相容，或链收敛较为缓慢——则合并链并不能消除这个偏差。

为了便于比较MCMC算法和SMC算法，我们利用乞丐版并行（poorman's parallelization）方式运行RWMH算法。可以采用Strid（2010）讨论的预提取方法并行运行MH算法。预提取方法首先尝试预测MH算法在接下来k次迭代最可能光顾的参数空间上的点。之后利用并行方式计算这些参数值的似然函数值。一旦计算出似然函数值，就可以快速确定之后的 *k* 次抽样。虽然有效编译并行RWMH算法非常困难，但Strid（2010）报告的模拟结果表明，利用24个处理器并行计算，计算速度最高能提高8倍。我们采用乞丐版并行运算方式，在一个CPU上，通过简单增加RWMH运行时间来进行并行运算，运算速度大概提高6倍。这样我们大约得到1 000万个抽样。

SMC算法的超参数为 N =12 000，N_{ϕ} =500，λ=2.1，$N_{block}=6$ 和 $N_{MH}=1$。在本应用中，我们按照Herbst和Schorfheide（2014）的做法，在SMC算法的突变步骤中，采用混

---

① 如果 θ_j 的后验分布为 $N\left(\bar{\theta}_j, \bar{V}_{\theta_j}\right)$，则 $q_{\tau}(\theta_j)=\bar{\theta}_j+\Phi_N^{-1}(\tau)\sqrt{\bar{V}_{\theta_j}}$，其中 Φ_N（·）为N（0,1）的累积密度函数（cdf）。因此，$\pi(q_{\tau})=\phi_N\left(\Phi_N^{-1}(\tau)\right)/\sqrt{V_{\theta_j}}$（译者注：原注为 $\pi(q_{\tau})=\phi_N\left(\Phi_N^{-1}(\tau)\right)/\sqrt{V_{\theta_h}}$，有误）。

合建议分布：

$$v_b\left|\left(\theta^i_{n,b,m-1},\theta^i_{n,-b,m},\theta^*_{n,b},\sum\nolimits^*_{n,b}\right)\right. \tag{6.6}$$

$$\sim\omega N\left(\theta^i_{n,b,m-1},c_n^2\sum\nolimits^*_{n,b}\right)$$

$$+\frac{1-\omega}{2}N\left(\theta^i_{n,b,m-1},c_n^2\,diag\left(\sum\nolimits^*_{n,b}\right)\right)$$

$$+\frac{1-\omega}{2}N\left(\theta^*_{n,b},c_n^2\sum\nolimits^*_{n,b}\right)$$

之所以选择这个混合建议分布，主要是借鉴了Kohn，Giordani和Strid（2010）的思想，目的是改进DSGE模型的MH算法。第一部分对应于标准随机游走建议分布，第二部分设非对角元素为零，第三部分为一个独立的MH建议分布。在这个算法的实施过程中，均值向量 θ^*_n 和协方差矩阵 $\sum^*_n$ 替换为修正步骤之后构建的SMC近似。我们设混合成分的权重 w =0.1。选择 N_ϕ =500，能够确保桥分布不会出现太大差别。

通过检查n=1时的修正步骤，对参数λ进行调校。基本原理就是不断增加λ的值，直到似然函数增加第一部分信息之后，得到的有效样本数量至少达到10 000。大致来说，80%的初始粒子保留了较大的权重。我们通过考察预运行阶段的自适应标度参数c的行为，确定分块数量。设定分块数量 N_{block} =6，能确保突变次数足够多时，建议方差自始至终不会有太大下降。对于RWMH算法，我们重新标度建议协方差，保证去除500万次预热抽样后，剩余500万次抽样的接受率在30%左右。每个RWMH链都利用先验分布抽样作为初始值。表6-4概括总结了算法所用的参数值。

表6-4　　SW模型：算法数据

RWMH-V	SMC
N =10 000 000	N =12 000
N_{burn} =5 000 000	N_φ =500
N_{block} =1	N_{block} =6, N_{MH} =1
c =0.08	λ =2.1
运行时间：14小时06分钟(1核)	运行时间：2小时32分钟(24核)

注：每个算法都运行 N_{run} =50次。运行时间为：小时：分钟。

结论：图6-6为四个参数的边缘后验密度函数估计的图像。这四个参数分别是：资本份额参数 α 、产出增长的政策规则系数 $r_{\Delta y}$ 、工资黏性参数 ζ_w 以及由滞后通货膨胀率和生产率增长率确定的工资指数化程度 ι_w 。依据边缘后验分布形状，选择这些参数的后验分布。参数 α 的后验分布以均值/众数为中心对称， $r_{\Delta y}$ 的后验分布右偏， ζ_w 的后验分布双峰， ι_w 的后验分布的左侧有较长尾部。

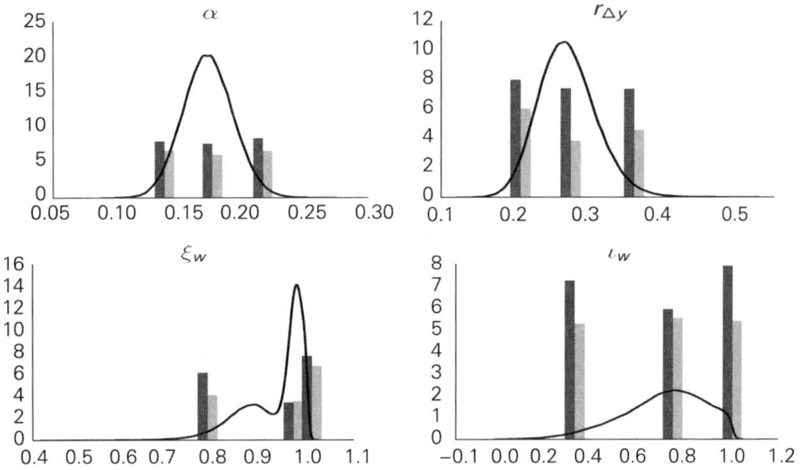

图6-6　SW模型：简明分位数近似（第1部分）

注：每个小图都包含后验密度的核估计（实线），以及ln（N_{eff}）=ln（$N/InEff_N$）的估计值（深灰柱对应为SMC算法，浅灰柱对应为RWMH算法）。分位点τ取0.025，0.5和0.975。

Herbst和Schorfheide（2014）详细讨论了后验分布的多峰特征。在其中一个峰，工资刚性参数ζ_w和工资指数化参数ι_w的取值较低，虽然这些参数控制的外生工资加成过程表现出较大持续性。在另一个峰，内生和外生传导机制的相对重要性恰好相反。度量工资持续性的参数ζ_w和ι_w值接近于1。联合后验分布的多峰转化为工资刚性参数ζ_w边缘后验密度的双峰，峰值分别位于0.87和0.97。

除了后验密度，图6-6还给出了根据后验分布生成的独立同分布（*iid*）抽样数量的近似值

$$N_{eff}=\frac{N}{InEff_N} \tag{6.7}$$

要求得到的分位数近似的精确度与后验模拟器得到的精确度相同。SMC算法的分位数近似通常要比RWMH-V算法的MCMC近似更为精确。对于货币政策规则参数$r_{\Delta y}$和工资黏性参数ζ_w来说，这个差别更为明显。对于劳动力份额参数α，由于后验分布形状接近于高斯分布，N_{eff}度量并不会随着分位数τ的变化出现太大波动。对于参数ζ_w和ι_w，0.95和0.975分位点的有效性测度较大。这可能是由于事实上我们采用核密度估计量作为$\hat{\pi}(\hat{q}_\tau)$的估计，而它不能保证1是这两个参数的上界。

图6-7概括总结了所有DSGE模型参数估计值的简明分位数近似。每个小图对应于一个特定分位数。右侧最下方图形为后验均值的结果。散点图的每个点分别表示特定参数后验分位数RWMH-V近似值的N_{eff}和SMC近似值的N_{eff}。所有点基本上都位于45度线上方，这表明SMC算法得到的近似值比RWMH算法更精确。对于绝大多数参数，利用SMC算法得到精确度收益超过5倍。与参数分位数估计的精确度一样，边缘数据密度函数的SMC估计也更精确些。Herbst和Schorfheide（2014）报告了50次模拟的结果。对于多峰模型，RWMH-V后验模拟器和调整的调和均值估计的效果较差。对于RWMH-V

取样器，其对数边缘数据密度估计的标准误差是SMC取样器的5倍多。对数边缘似然估计结果还表明，采用更为发散的先验分布能提高SW模型的拟合效果。

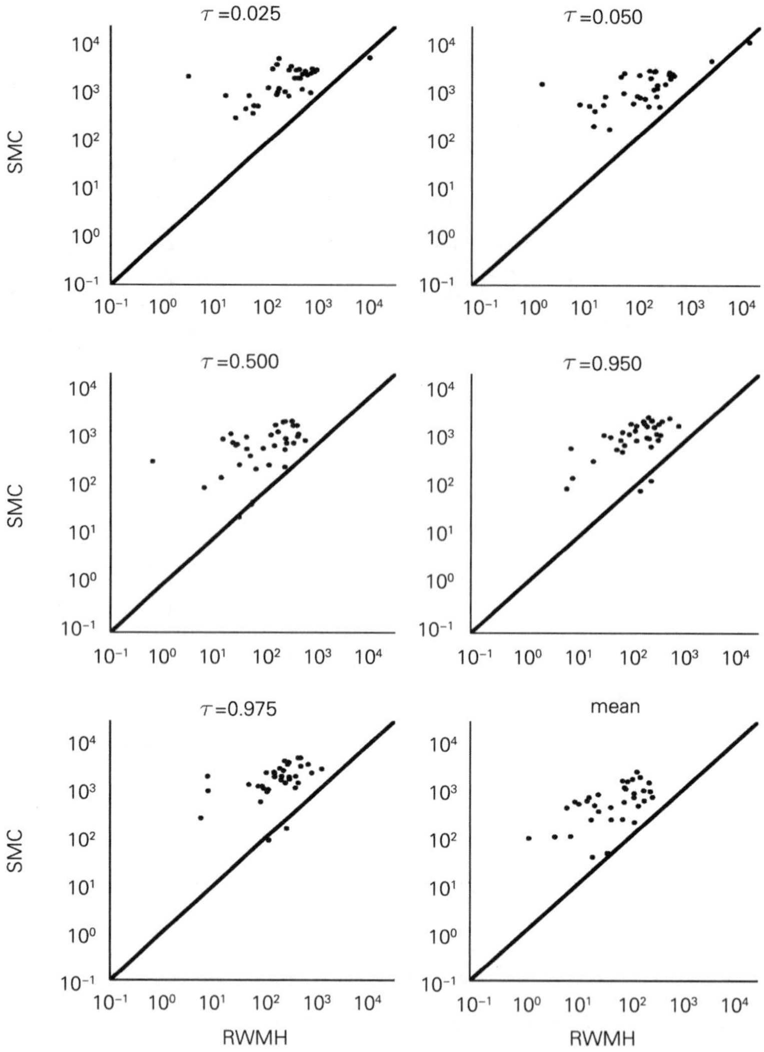

图6-7　SW模型：简明分位数近似（第2部分）

注：RWMH-V和SMC分位数近似的 N_{eff}。每个点对应一个参数。实线表示45度线。

6.3　Leeper-Plante-Traum财政政策模型

第三个应用，我们重温Leeper，Plante和Traum（2010）DSGE模型的估计。我们此后称此模型为LPT，用于分析财政政策的干预效果。该模型是以真实经济周期模型为基础，加入消费的习惯信息，投资调整成本和可变的资本效用。最重要的，该模型包含财政政策的详细描述。LPT利用贝叶斯方法对模型进行估计，并利用它跟踪财政融资动态，评价债务在确定支出、税收和转移支付等方面的作用。这里我们仅呈现与财政部门有关的模型部分。附录A.2给出了全部的对数线性方程。

LPT模型包含三个时变税收扭曲来源，分别用税率 τ_t^c 、 τ_t^k 、 τ_t^l 表示。这些税赋分别以消费、资本收入和劳动收入为征收对象。家庭将收入分为消费 c_t （税率为 τ_t^c ）、政府债务 b_t 和资本投资 i_t 。家庭收入包含劳动收入 $w_t l_t$ （税率为 τ_t^l ）、资本利用收入 $R_t^k u_t k_{t-1}$ （税率为 τ_t^k ）、卖出无风险政府债券收入 $R_{t-1}b_{t-1}$ 和转移支付 z_t 。家庭的（现金流）预算约束可以写作：

$$\begin{aligned}&(1+\tau_t^c)c_t+i_t+b_t\\&=(1-\tau_t^l)w_t l_t+(1-\tau_t^k)R_t^k u_t k_{t-1}+R_{t-1}b_{t-1}+z_t\end{aligned}\tag{6.8}$$

政府利用税收收入为政府支出 G_t 融资。利用大写字母表示经济总量，此时政府预算约束为

$$B_t+\tau_t^k R_t^k u_t k_{t-1}+\tau_t^l w_t L_t+\tau_t^c C_t=R_{t-1}B_{t-1}+G_t+Z_t\tag{6.9}$$

假设税率为经济状态和外生冲击的函数。这些函数称为财政政策规则，它们部分描述了财政当局对经济产出水平和债务的反应。令 $\hat{x}_t$ 表示 x_t 偏离稳态的对数，财政政策规则形式为：

$$\hat{\tau}_t^k=\varphi_k\hat{Y}_t+\gamma_k\hat{B}_{t-1}+\phi_{kl}\hat{u}_t^l+\phi_{kc}\hat{u}_t^c+\hat{u}_t^k\tag{6.10}$$

$$\hat{\tau}_t^l=\varphi_l\hat{Y}_t+\gamma_l\hat{B}_{t-1}+\phi_{kl}\hat{u}_t^k+\phi_{lc}\hat{u}_t^c+\hat{u}_t^l\tag{6.11}$$

$$\hat{\tau}_t^c=\phi_{kc}\hat{u}_t^k+\phi_{cl}\hat{u}_t^l+\hat{u}_t^c\tag{6.12}$$

资本和劳动税收受产出 $\hat{Y}_t$ 的影响，并通过参数 φ_k 和 φ_l 控制自动稳定器效果。参数 γ_k 和 γ_l 分别反映了资本和劳动税收对债务水平 $\hat{B}_{t-1}$ 的响应；过程 u_t^c,u_t^k 和 u_t^l 刻画了税收和转移支付率的外生运动。一种税收的外生运动同时影响其他税收的运动。协同程度由参数 ϕ_{kl} ， ϕ_{kc} 和 ϕ_{lc} 来控制。税收的外生运动服从AR（1）过程：

$$\hat{u}_t^k=\rho_k\hat{u}_{t-1}^k+\sigma_k\varepsilon_t^k,\quad \varepsilon_t^k\sim N（0，1）\tag{6.13}$$

$$\hat{u}_t^l=\rho_l\hat{u}_{t-1}^l+\sigma_l\varepsilon_t^l,\quad \varepsilon_t^l\sim N（0，1）\tag{6.14}$$

$$\hat{u}_t^c=\rho_c\hat{u}_{t-1}^c+\sigma_c\varepsilon_t^c,\quad \varepsilon_t^c\sim N（0，1）\tag{6.15}$$

对于支出方，政府支出 $\hat{G}_t$ 的财政规则为当前产出和前一期债务的函数，分别由参数 φ_g 和 γ_g 来控制。支出还受外生AR（1）过程 u_t^g 的影响。写成偏离稳态的对数形式，政府支出规则表示为：

$$\hat{G}_t=-\varphi_g\hat{Y}_t-\gamma_g\hat{B}_{t-1}+\hat{u}_t^g\tag{6.16}$$

$$\hat{u}_t^g=\rho_g\hat{u}_{t-1}^g+\sigma_g\varepsilon_t^g,\quad \varepsilon_t^g\sim N（0，1）\tag{6.17}$$

财政当局根据产出（由参数 φ_z 反映）和债务（由参数 γ_z 反映）的变化情况，按照规则一次性向家庭转移支付 $\hat{Z}_t$ 。此外，转移支付受外生AR（1）冲击 u_t^z 影响。写成偏离稳态的对数形式，转移规则表示为：

$$\hat{Z}_t=-\varphi_z\hat{Y}_t-\gamma_z\hat{B}_{t-1}+\hat{u}_t^z\tag{6.18}$$

$$\hat{u}_t^z=\rho_z\hat{u}_{t-1}^z+\sigma_z\varepsilon_t^z,\quad \varepsilon_t^z\sim N（0，1）\tag{6.19}$$

调整债务水平，保证政府预算约束条件得到满足。

先验分布设定。下面我们将比较两种不同先验分布的估计结果。第一个先验分布是

LPT原来用的。第二个先验分布是增加某些财政政策参数的先验方差，以及去掉这些参数的一些符号约束。LPT通常选择紧的但符合情理的财政参数先验分布。但部分研究对采用这些先验分布存在较大分歧，认为选择发散的先验分布更合理。

例如，在LPT原来的先验分布中，要求政府支出对产出的响应参数 φ_g 大于0。这一条件意味着采用逆周期财政政策。这存在放松符号约束的空间。从先验看，允许政府采用顺周期支出政策也是合理的。此外，一些税收协同参数的信息很难获得，例如 ϕ_{kc} 和 ϕ_{lc} 。对于这些参数的先验方差，看起来更为合理的做法是，应该赋予比原来估计的方差更高一些方差值。最后，采用发散的先验分布进行估计，我们可以分析原来LPT先验分布的效果。

表6-5给出了财政政策参数的LPT先验分布和我们的发散先验分布。利用 γ 参数确定政府支出、税收和转移支付对滞后债务水平运动的响应。对于 γ 参数的先验分布，将原来中心为0.4的紧的伽马分布，改为区间[0，5]上的均匀分布。虽然仍然约束 γ 参数非负，这与稳定的政府债务动态一致，但合理取值变得更具不确定性。此外，我们调整先验分布，使其更平坦，这样可以确认后验分布不再是分布弯曲的潜在来源。

表6-5　　　　LPT模型：财政政策规则参数的先验分布

	LPT先验分布			发散的先验分布		
	类型	参数(1)	参数(2)	类型	参数(1)	参数(2)
			债务响应参数			
γ_g	伽马分布	0.4	0.2	均匀分布	0	5
γ_{tk}	伽马分布	0.4	0.2	均匀分布	0	5
γ_{tl}	伽马分布	0.4	0.2	均匀分布	0	5
γ_z	伽马分布	0.4	0.2	均匀分布	0	5
			产出响应参数			
φ_{tk}	伽马分布	1.0	0.3	正态分布	1.0	1
φ_{tl}	伽马分布	0.5	0.25	正态分布	0.5	1
φ_g	伽马分布	0.07	0.05	正态分布	0.07	1
φ_z	伽马分布	0.2	0.1	正态分布	0.2	1
			外生税收协同参数			
ϕ_{kl}	正态分布	0.25	0.1	正态分布	0.25	1
ϕ_{kc}	正态分布	0.05	0.1	正态分布	0.05	1
ϕ_{lc}	正态分布	0.05	0.1	正态分布	0.05	1

注：参数（1）和参数（2）对应为贝塔分布，伽马分布和正态分布的均值和标准误差；均匀分布的支撑区间的上界和下界；对于逆伽马分布，参数（1）和参数（2）对应为 s 和 v 。其中 $p(\sigma|v,s)\propto\sigma^{-v-1}e^{-vs^2/2\sigma^2}$ 。

参数 φ 刻画了当前产出影响支出、税收和转移支付的程度。假设参数服从伽马分布，这意味着支出和转移支付是逆周期的，资本和劳动税率亦是如此。基本事实表明，这些硬约束看起来似乎没有必要，例如政府支出有时就是顺周期的。对于这些参数，我们采用发散的先验分布，中心与原来参数设定相同，但标准误差明显增大（增加3到10

倍)。最后，我们将税收协同参数 ϕ 的先验标准误差增加10倍。所有其他参数的先验分布与LPT相同。表6-6概括了与LPT模型先验分布相同的参数。

表6-6　　　　LPT模型：共同的先验分布

	类型	参数(1)	参数(2)		类型	参数(1)	参数(2)
			内生传导参数				
γ	伽马分布	1.75	0.5	s''	伽马分布	5	0.5
k	伽马分布	2.0	0.5	δ_2	均匀分布	0.7	0.5
h	贝塔分布	0.5	0.2				
			外生过程参数				
ρ_a	贝塔分布	0.7	0.2	σ_a	逆伽马分布	1	4
ρ_b	贝塔分布	0.7	0.2	σ_b	逆伽马分布	1	4
ρ_l	贝塔分布	0.7	0.2	σ_l	逆伽马分布	1	4
ρ_i	贝塔分布	0.7	0.2	σ_i	逆伽马分布	1	4
ρ_g	贝塔分布	0.7	0.2	σ_g	逆伽马分布	1	4
ρ_{tk}	贝塔分布	0.7	0.2	σ_{tk}	逆伽马分布	1	4
ρ_{tl}	贝塔分布	0.7	0.2	σ_{tl}	逆伽马分布	1	4
ρ_{tc}	贝塔分布	0.7	0.2	σ_{tc}	逆伽马分布	1	4
ρ_z	贝塔分布	0.7	0.2	σ_z	逆伽马分布	1	4

注：参数（1）和参数（2）对应为贝塔分布、伽马分布和正态分布的均值和标准误差；均匀分布支撑区间的上界和下界；对于逆伽马分布，参数（1）和参数（2）对应为 s 和 v。其中 $p(\sigma|v,s)\propto\sigma^{-v-1}e^{-vs^2/2\sigma^2}$。

数据和算法调谐。LPT采用1960年第1季度到2008年第1季度的美国经济数据作为样本，利用去除独立线性趋势的9个变量进行参数估计。这些变量分别是：对数实际单位资本消费，投资、工作小时数、政府债务、政府支出、资本税收收益、劳动税收收益、消费税收收益和政府转移支付。附录的LPT模型详细介绍了数据构建方法。如果采用发散的先验分布，后验分布是多峰的。对于多峰后验分布曲面，前面我们已经强调，使用RWMH-V算法较为困难。这里仅重点介绍运行SMC算法得到的基本结论。表6-7概括了SMC算法数据。

表6-7　　　　LPT模型：SMC算法数据

N = 6 000	N_{ϕ} = 500
N_{block} =3	N_{MH} =1
λ = 4.0	
运行时间：48分钟00秒(12核)	

结论。表6-8概括了LPT模型中，财政政策关键参数的后验分布[①]。一方面，债务

① 对于这两种不同的先验分布设定，其他参数的后验分布相同，参见附录表A-3。

响应参数的后验均值同时大于或小于先验分布的均值，表明先验分布基本上不影响后验分布。另一方面，对于税收的产出弹性，政府支出的产出弹性以及转移支付的产出弹性，在两个不同的先验分布条件下，后验分布存在较大区别。尤其是在发散的先验分布条件下，φ_{tl}，φ_g 和 $\varphi_z<0$ 是后验分布的主要聚集区域。从这种意义上，LPT先验分布的约束 φ_i（$i\in\{tk, tl, g, z\}$）具有约束效力。事实上，如图6-8所示，一旦放松约束，φ_g 和 φ_z 的后验符号就会发生反转。

表6-8　　　　　　　　财政模型：后验矩（第1部分）

	基于LPT先验分布		基于发散的先验分布	
	均值	[5%,95%]置信区间	均值	[5%,95%]置信区间
债务响应参数				
γ_g	0.16	[0.07, 0.27]	0.10	[0.01, 0.23]
γ_{tk}	0.39	[0.22, 0.60]	0.38	[0.16, 0.62]
γ_{tl}	0.11	[0.04, 0.21]	0.04	[0.00, 0.11]
γ_z	0.32	[0.17, 0.47]	0.32	[0.14, 0.49]
产出响应参数				
φ_{tk}	1.67	[1.18, 2.18]	2.06	[1.44, 2.69]
φ_{tl}	0.29	[0.11, 0.53]	0.11	[−0.34, 0.58]
φ_g	0.06	[0.01, 0.13]	−0.43	[−0.87, 0.02]
φ_z	0.17	[0.06, 0.33]	−0.07	[−0.56, 0.41]
外生税收协同参数				
ϕ_{kl}	0.19	[0.14, 0.24]	1.57	[1.29, 1.87]
ϕ_{kc}	0.03	[−0.03, 0.08]	−0.33	[−2.84, 2.73]
ϕ_{lc}	−0.02	[−0.07, 0.04]	0.20	[−1.23, 1.40]
财政政策的扰动项				
σ_g	3.03	[2.79, 3.30]	2.91	[2.66, 3.19]
σ_{tk}	4.36	[4.01, 4.75]	1.26	[1.08, 1.46]
σ_{tl}	2.95	[2.71, 3.22]	2.00	[1.71, 2.33]
σ_{tc}	3.99	[3.67, 4.33]	1.14	[0.96, 1.35]
σ_z	3.34	[3.07, 3.63]	3.34	[3.07, 3.63]

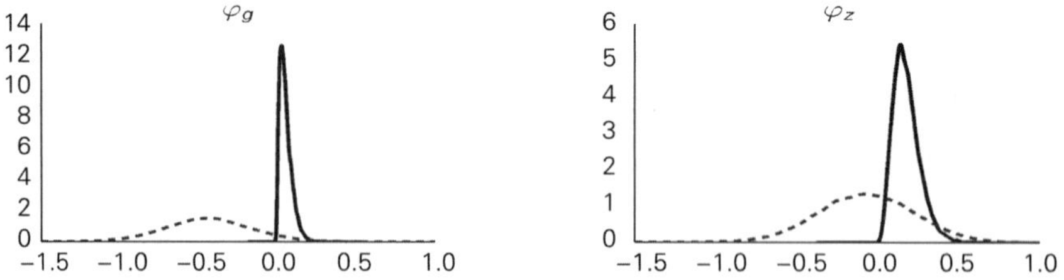

图6-8　LPT模型：产出响应参数的后验分布

注：图形为LPT先验分布（实线）和发散的先验分布（虚线）的后验密度。

图6-9中非对角线上的图为双变量后验分布抽样的散点图。对角线上的图为税收协同参数 ϕ_{kl}、ϕ_{kc} 和 ϕ_{lc} 的单变量后验概率密度。在LPT先验分布情况下，后验分布明显为单峰，中心接近0点。如果放松先验分布，后验分布变为多峰。ϕ_{lc} 的边缘后验分布在−1和1附近取得峰值。ϕ_{kc} 的边缘后验分布在−3和3附近取得峰值。后验分布具有非对称性。对于 ϕ_{lc}，在参数空间的正值区域更为聚集。对于 ϕ_{kc}，大多数取值聚集在参

数空间的负值区域。

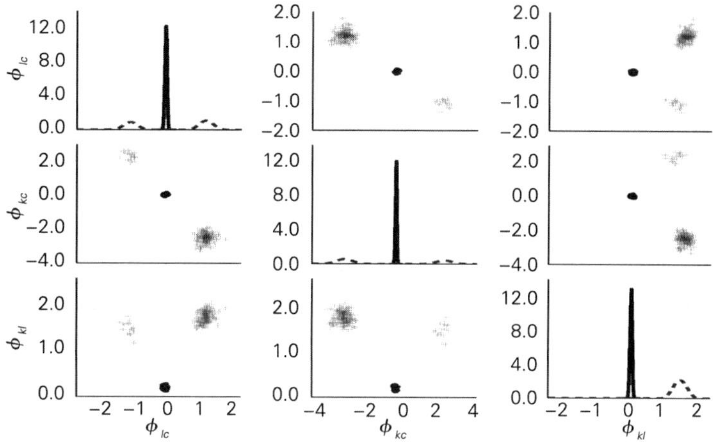

图6-9 LPT模型：税收协同参数的后验分布

注：对角线上的图分别为LPT先验分布（实线）和发散先验分布（虚线）的后验密度。非对角线图为LPT先验分布（圆）和发散先验分布（十字）的后验分布抽样的散点图。

参数的多峰后验分布转换为脉冲响应的多峰后验分布。图6-10描绘了对劳动收入税收冲击 ε_t^l 的响应。图中有四种类型的后验均值响应：LPT先验分布下后验分布的基准响应；发散先验分布条件下的非条件后验均值响应；给定 $\phi_{lc}>0$，$\phi_{kc}<0$ 或 $\phi_{lc}<0$，$\phi_{kc}>0$，发散先验分布条件下的后验均值响应。右下图为劳动税率 $\hat{\tau}_l$ 的响应。为了便于比较这四组脉冲响应，我们将劳动税率扰动标准化为1%。如果稳态劳动税率为30%，则扰动增加1%，税率将提高到30.3%。

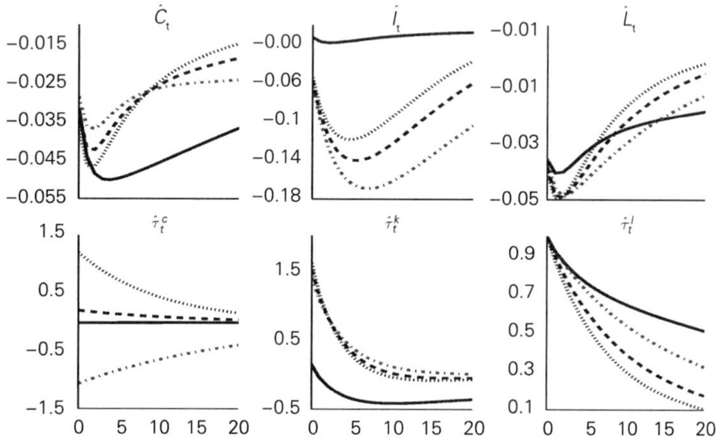

图6-10 LPT模型：劳动税率扰动的脉冲响应

注：图中刻画了LPT先验分布（实线）的脉冲响应；发散先验分布（划线）的脉冲响应；$\phi_{lc}>0$，$\phi_{kc}<0$ 时，发散先验分布（点线）的脉冲响应；$\phi_{lc}<0$，$\phi_{kc}>0$ 时，发散先验分布（点划线）的脉冲响应。$\hat{C}_t$，$\hat{I}_t$，$\hat{L}_t$ 分别表示消费、投资和工作小时数与稳态的离差。

在发散先验分布情况下，由于 τ_{kl} 明确为正，受劳动税率冲击影响，资本税率必然增加。在LPT先验分布条件下，资本税率响应更具突变性，一期后就变为负值。平均来看，虽然劳动税率扰动对消费税率的溢出效应大致为零，但在发散先验分布情况下，其响应存在双峰：给定 $\phi_{lc}>0$（$\phi_{lc}<0$），消费税率增加（下降）1.2%。通常，劳动税率增加将使得劳动供给下降，并且在这四种情况下，工作小时数的响应极为相似。在发散的先验分布条件下，资本税的增加，使得投资下降。受劳动税扰动影响，消费税下降（上升）时，投资下降加剧（减弱），这导致投资响应的双峰。消费税的下降（上升）激励更多（较少）的收入投入到消费中，较少（更多）的收入投入到投资中。因此，消费响应亦是双峰的。

第Ⅲ部分
非线性DSGE模型的估计

第7章

从线性DSGE模型到非线性DSGE模型

本质上，本书所考虑的DSGE模型都是非线性的。不过到目前为止，这些模型的均衡动态的近似解均为线性的（或对数线性的）。同时假设外生冲击过程的扰动服从高斯分布。这种情况下，我们可以使用卡尔曼滤波计算DSGE模型的似然函数，考虑的主要问题是如何生成后验分布 $p(\theta|Y) \propto p(Y|\theta)\, p(\theta)$ 抽样。在本书的第三部分，我们将介绍一些用于估计非线性DSGE模型的计算方法。使用高阶摄动方法或投影方法等非线性方法，求解这些非线性DSGE模型的均衡解。

从贝叶斯估计角度看，利用线性方法求解DSGE模型，得到的状态空间表达式具有线性形式：

$$
\begin{aligned}
y_t &= \Psi_0(\theta) + \Psi_1(\theta)\, t + \Psi_2(\theta)\, s_t + u_t, \quad u_t \sim N(0, \Sigma_u) \\
s_t &= \Phi_1(\theta)\, s_{t-1} + \Phi_\varepsilon(\theta)\, \varepsilon_t, \quad \varepsilon_t \sim N(0, [\varepsilon])
\end{aligned}
\tag{7.1}
$$

而利用非线性方法求解DSGE模型，得到的状态空间表达式为非线性形式

$$
\begin{aligned}
y_t &= \Psi(s_t, t; \theta) + u_t, \quad u_t \sim F_u(.; \theta) \\
s_t &= \Phi(s_{t-1}, \varepsilon_t; \theta), \quad \varepsilon_t \sim F_\varepsilon(.; \theta)
\end{aligned}
\tag{7.2}
$$

这是两种DSGE模型求解方法的关键差别。与线性表达式一样，函数 $\Psi(s_t; \theta)$和$\Phi(s_{t-1}, \varepsilon_t; \theta)$可以通过数值求解方法计算得到，$u_t$ 为可加的测量误差。

本书余下几章，主要针对非线性状态空间模型（7.2），构建似然函数的序贯蒙特卡罗近似，并考察似然函数近似的后验模拟精确度问题。在进行贝叶斯计算之前，我们在第7.1节简要介绍DSGE模型的非线性求解方法。在第7.2节，我们重点介绍在DSGE模型中，部分研究引入的一些非线性特性，用来捕捉数据的重要非线性特征。在本章，我们都以小型新凯恩斯DSGE模型为例进行说明。本章不可能囊括所有非线性DSGE模型求解方法。实际上，本章主要目的是为第8章讨论的粒子滤波方法奠定基础。

7.1 非线性DSGE模型求解

利用非线性方法求解DSGE模型有两种方式。第一种方式较为方便，它延续动态规

划文献的习惯做法，将变量区分为控制变量和状态变量两类[①]。对于小型DSGE模型，控制变量为通货膨胀、消费和产出，用符号 c_t 表示（这个符号有滥用之嫌）。滞后利率为内生状态变量，用 x_t 表示。技术增长冲击、政府支出冲击和货币政策冲击为外生状态变量，用 z_t 表示。DSGE模型的解具有如下结构：

$$c_t=\Phi_c(x_t,\ z_t),\ x_{t+1}=\Phi_x(x_t,\ z_t),\ z_{t+1}=\Phi_z(z_t,\ \varepsilon_{t+1}) \tag{7.3}$$

控制变量依赖于内生和外生状态变量的当前值。函数 $\Phi_c(\cdot)$ 概括了企业和家庭的决策规则。这些决策规则可以通过求解经济主体的基础跨期优化问题得到。在基础动态规划问题中，决策规则称为政策函数。函数 $\Phi_x(\cdot)$ 和 $\Phi_z(\cdot)$ 表征了状态变量的运动规则。下一时期的内生状态变量依赖于内生状态变量和外生状态变量的当期值。外生状态变量 $t+1$ 时刻的值依赖于其 t 时刻的值和 $t+1$ 时刻的扰动。

为了描述得更具体，我们将小型DSGE模型的均衡条件重新写成偏离稳态值的百分比形式（即 $\hat{y}_t=\ln(y_t/y)$ 等）：

$$1=\beta \mathrm{E}_t\left[e^{-\tau\hat{c}_{t+1}+\tau\hat{c}_t+\hat{R}_t-\hat{z}_{t+1}-\hat{\pi}_{t+1}}\right] \tag{7.4}$$

$$\begin{aligned}0=&\left(e^{\hat{\pi}_t}-1\right)\left[\left(1-\frac{1}{2v}\right)e^{\hat{\pi}_t}+\frac{1}{2v}\right]\\&-\beta\mathrm{E}_t\left[\left(e^{\hat{\pi}_{t+1}}-1\right)e^{-\tau\hat{c}_{t+1}+\tau\hat{c}_t+\hat{y}_{t+1}-\hat{y}_t+\hat{\pi}_{t+1}}\right]\\&+\frac{1-v}{v\phi\pi^2}\left(1-e^{\tau\hat{c}_t}\right)\end{aligned} \tag{7.5}$$

$$e^{\hat{c}_t-\hat{y}_t}=e^{-\hat{g}_t}-\frac{\phi\pi^2 g}{2}\left(e^{\hat{\pi}_t}-1\right)^2 \tag{7.6}$$

$$\begin{aligned}\hat{R}_t=&\rho_R\hat{R}_{t-1}+(1-\rho_R)\psi_1\hat{\pi}_t\\&+(1-\rho_R)\psi_2(\hat{y}_t-\hat{g}_t)+\varepsilon_{R,t}\end{aligned} \tag{7.7}$$

$$\hat{g}_t=\rho_g\hat{g}_{t-1}+\varepsilon_{g,t} \tag{7.8}$$

$$\hat{z}_t=\rho_z\hat{z}_{t-1}+\varepsilon_{z,t} \tag{7.9}$$

控制变量向量 $c_t=[\hat{c}_t,\hat{y}_t,\hat{\pi}_t]'$。内生状态变量 $x_t=\hat{R}_{t-1}$，外生状态变量向量 $z_t=[\hat{z}_t,\hat{g}_t,\varepsilon_{R,t}]'$。最后，扰动项向量 $\varepsilon_t=[\varepsilon_{z,t},\varepsilon_{g,t},\varepsilon_{R,t}]'$。外生状态变量的运动规则 $\Phi_z(\cdot)$ 为式（7.8）和式（7.9），加上 $\varepsilon_{R,\ t+1}=\varepsilon_{R,\ t+1}$。采用非线性求解算法，关键步骤是找到消费和通货膨胀的决策规则 $\Phi_{c,\hat{c}}(x_t,z_t)$ 和 $\Phi_{c,\hat{\pi}}(x_t,z_t)$，满足非线性理性预期差分方程式（7.4）和式（7.9）和模型变量存在非爆发性解。一旦确定了消费和通货膨胀的决策规则，根据总资源约束式（7.6），就可以直接得到产出的决策规则 $\Phi_{c,\ y}(x_t,\ z_t)$。最后，将 $\Phi_{c,\hat{\pi}}(.)$ 和 $\Phi_{c,\ y}(\cdot)$ 代入货币政策规则式（7.7），可以得到内生状态变量的运动规则 $\Phi_x(\cdot)$。

DSGE模型的非线性求解方法，大体可以分为全局近似法和局部摄动法。利用全局近似方法求解小型新凯恩斯DSGE模型，决策规则 $\Phi_{c,\hat{c}}(x_t,z_t)$ 和 $\Phi_{c,\hat{\pi}}(x_t,z_t)$ 可以表示成较为灵活的函数。例如表示成系数向量 $\vartheta_{\hat{c}}$ 和 $\vartheta_{\hat{\pi}}$ 的契比雪夫（Chebyshev）多项式。系数向量的计算过程如下：（ⅰ）指定点 g 在模型状态空间内的网格。（ⅱ）对于所有点

① 对于第2.1节讨论的线性理性预期系统来说，求解过程不需要区分这两类变量。

（x_t，z_t）$\in g$，最小化式（7.4）和（7.5）左右两侧偏差之和，确定 $\vartheta_{\hat{c}}$ 和 $\vartheta_{\hat{\pi}}$。注意的是，右侧跨期最优化条件计算，需要利用数值近似方法计算条件期望。全局近似求解方法的教科书有Judd（1988）。

对于第2.1节讨论的DSGE模型，其对数线性近似是一阶摄动近似的特例。假设我们在式（7.7）到式（7.9）的冲击扰动项 $\varepsilon_{z,t}$、$\varepsilon_{g,t}$和$\varepsilon_{R,t}$前面乘上一个比例常数 σ。当 $\sigma=0$ 时，系统处于稳态，这意味着利用百分比偏差表示的模型变量都等于零。以二阶摄动求解为例，摄动求解的基本思想就是构建满足均衡条件的近似解：

$$c_t=\Phi_c(x_t,z_t)=c^{(0)}+\sigma c_t^{(1)}+\sigma^2 c_t^{(2)}+O_p(\sigma^3)$$

$$x_{t+1}=\Phi_x(x_t,z_t)=x^{(0)}+\sigma x_{t+1}^{(1)}+\sigma^2 x_{t+1}^{(2)}+O_p(\sigma^3)$$

$c^{(0)}$ 和 $x^{(0)}$ 对应为稳态值（或者如果系统写成偏离稳态的形式，则等于0）。$c_t^{(1)}$ 和 $x_t^{(1)}$ 等价于第2.1节线性理性预期模型求解方法隐含的运动规则。$c_t^{(2)}$ 和 $x_t^{(2)}$ 用来捕获 $x_{j,t}x_{k,t}$、$z_{j,t}z_{k,t}$以及$x_{j,t}z_{k,t}$等二次项形式的非线性。最后，余下部分是一个有界余项。当 $\sigma\to 0$ 时，该余项至少以 σ^3 的速度收敛于零。要想得到二阶摄动解，需要对均衡条件进行二阶泰勒展开。Holmes（1995）对摄动方法进行了介绍。Schmitt-Grohé和Uribe（2004），Kim，Schaumburg和Sims（2008）发展了计算DSGE模型的二阶摄动算法。Aruoba，Fernández-Villaverde和Rubio-Ramírez（2006）对线性和非线性求解方法进行了比较。

7.2 DSGE模型中加入非线性特征

当利用美国数据估计模型参数时，小型DSGE模型的非线性程度非常小。在稳态附近，决策规则基本上都是线性的。只有当冲击的波动幅度极不现实，或者风险厌恶参数 τ 极大时，模型才会产生显著的非线性特征。如果想要捕捉到实际美国数据呈现的非线性，需要在小型DSGE模型中额外加入一些特性。本章余下部分我们简要讨论四类非线性特性。

随机波动性。战后美国数据体现出一个最惊人特性，那就是1984年前后出现的产出增长及组成部分波动性的下降。这种现象被称为“大稳定（Great Moderation）”。在其他一些发达国家，也发现存在这种现象。为了考察波动性下降的原因，Justiniano和Primiceri（2008）允许SW型模型的结构冲击波动性随时间随机变化。对于我们的小型DSGE模型，引入随机波动性相当于对冲击扰动的分布作如下假设：

$$\varepsilon_{j,t}\sim N(0,\sigma_j^2 v_{j,t}^2)，\quad \ln v_{j,t}=\rho_{v,j}v_{j,t-1}+\eta_{j,t}，$$

$$\eta_{j,t}\sim N(0,w_j^2)，\ j\{g，z，R\} \tag{7.10}$$

随机波动性并不仅仅只用于捕捉大稳定。它还能用于捕捉衰退时期宏观经济波动性的增加，以及捕捉短期利率、债券收益率和权益收益率等金融数据的时变波动性。Fernández-Villaverde和Rubio-Ramírez（2013）的实证研究证实，宏观经济波动性建模具有重要意义。对于非线性DSGE模型，当冲击具有式（7.10）的随机波动性时，该文介绍了如何利用粒子滤波方法进行估计，并提供了一些经验例子。

马尔科夫转移。针对美国产出增长问题，Hamilton（1989）发展了马尔科夫转移自

回归模型。研究表明，机制转移过程能够捕捉到经济衰退期和扩张期。在DSGE模型中，也可以引入马尔科夫转移过程。例如，在小型DSGE模型中，我们可以将恒定技术增长率 γ 替换为两状态马尔科夫过程 $\gamma(m_t)$，其中 m_t 取0（扩张期）或1（衰退期）。利用转移概率 $P\{m_t=l|m_{t-1}=k\}=\eta_{lk}$ 描述过程 m_t。通过这种修正方法，引入Hamilton（1998）机制转移模型的产出增长特征。Schorfheide（2005）利用时变目标通货膨胀率 $\pi^*(m_t)$ 替代恒定目标通货膨胀率 π^*。假设通货膨胀率 $\pi^*(m_t)$ 服从两状态马尔科夫过程，可以反映20世纪70年代转向较高目标通货膨胀率，以及20世纪80年代早期恢复到较低目标通货膨胀率。马尔科夫转移模型还可以引入与外生过程无关的参数，例如货币政策系数 ψ_1 和 ψ_2。Davig和Leeper（2007）以及Bianchi（2013）利用带体制转移的DSGE模型，研究美国货币政策和财政政策的相互作用。Farmer，Waggoner和Zha（2009），Foerster，Rubio-Ramírez，Waggoner和Zha（2014）提供了马尔科夫转移DSGE模型的求解方法。

不对称调整成本。引入不对称调整成本，也可以提高小型DSGE模型的非线性性。例如企业降低名义工资的成本要大于提高名义工资的成本。虽然在小型模型中，工资可以灵活调整，但我们可以利用Linex函数

$$\widetilde{AC}_t(j)=\phi\left(\frac{\exp\{-\varsigma[P_t(j)/P_t(j-1)-\pi]\}+\varsigma[P_t(j)/P_t(j-1)-\pi]-1}{\varsigma^2}\right)Y_t(j) \tag{7.11}$$

代替

$$AC_t(j)=\frac{\phi}{2}\left(\frac{P_t(j)}{P_{t-1}(j)}-\pi\right)^2 Y_t(j)$$

这样价格调整成本就具有非对称性。增加的参数 ζ 控制了不对称的方向和大小。注意到，当 $\zeta\to 0$ 时，$\widetilde{AC}_t(j)$ $AC_t(j)$。Kim和Ruge-Murcia（2009）以及Aruoba，Bocola和Schorfheide（2013）对调整成本不对称的DSGE模型进行了分析。

偶尔出现的绑定约束。从2009年开始，美国的短期利率基本等于0。货币作为一种非利息资产，其有效可用性必然决定了名义利率的零下限（ZLB）。对于满足式（7.7）的基准货币政策规则，则忽略了这个零下限，允许净利率为负。不过，采用如下的最大化算子

$$\hat{R}_t=\max\{-\ln(r\pi^*),\rho_R\hat{R}_{t-1}+(1-\rho_R)\psi_1\hat{\pi}_t+(1-\rho_R)\psi_2(\hat{y}_t-\hat{g}_t)+\varepsilon_{R,t}\} \tag{7.12}$$

可以很容易加入ZLB约束。由于利率表示成偏离稳态 $R=r\pi^*$ 的百分比，零下限（ZLB）可以转换为 $-\ln(r\pi^*)$ 的下界。仅当经济受逆向冲击影响，利率才会下降到零，这个约束才起作用。从这个意义上说，零下限（ZLB）是偶尔出现的绑定约束的一个例子。偶尔出现的绑定约束常常导致决策规则扭曲。由于摄动方法要求平滑约束，因此不适合用它求解此类模型。针对有零下限约束的DSGE模型，Fernández-Villaverde，Gordon，Guerron-Quintana和Rubio-Ramírez（2015），Gust，Lopez-Salido和Smith（2012），Aruoba，Cuba-Borda和Schorfheide（2014）以及Maliar和Maliar（2014）都使用全局近似方法进行求解。

第8章

粒子滤波

将线性DSGE模型扩展到非线性DSGE模型，进行贝叶斯估计，需要解决的关键难题是计算似然函数。本书中，我们主要讨论如何利用粒子滤波方法计算似然函数。我们讨论的起点，是非线性DSGE模型的状态空间表示

$$y_t = \Psi(s_t,\ t;\ \theta) + u_t,\quad u_t \sim F_u(.;\ \theta) \tag{8.1}$$
$$s_t = \Phi(s_{t-1},\ \varepsilon_t;\ \theta),\quad \varepsilon_t \sim F_\varepsilon(.;\ \theta)$$

在上一章，我们讨论过，可以通过数值求解方法生成函数 $\Psi(s_t,\ t;\ \theta)$ 和 $\Phi(s_{t-1},\ \varepsilon_t;\ \theta)$。根据下文显而易见原因，我们要求测量方程中的测量误差 u_t 满足可加分离性质。这样，我们可以利用分析方法计算概率密度函数 $p(u_t|\theta)$。在很多应用中，$u_t \sim N(0, \sum_u)$。虽然本章所阐述的算法，主要目的是用来估计非线性状态空间模型式（8.1）。但我们在数值例子和实证应用中，仍然采用线性高斯模型

$$y_t = \Psi_0(\theta) + \Psi_1(\theta)_t + \Psi_2(\theta) s_t + u_t,\quad u_t \sim N(0, \textstyle\sum_u) \tag{8.2}$$
$$s_t = \Phi_1(\theta) s_{t-1} + \Phi_\varepsilon(\theta)\varepsilon_t,\quad \varepsilon_t \sim N(0, \textstyle\sum_\varepsilon)$$

式（8.2）是DSGE模型的对数线性解。对于模型式（8.2），利用表2-1描述的卡尔曼滤波方法，可以得到确切的分布 $p(y_t|Y_{1:t-1},\ \theta)$ 和 $p(s_t|Y_{1:t},\ \theta)$。之后根据这些分布，计算粒子滤波近似的精确度。

有关粒子滤波的文献非常多。粒子滤波调查和教程方面的文献有Arulampalam，Maskell，Gordon和Clapp（2002），Cappé，Godsill和Moulines（2007），Doucet和Johansen（2011），Creal（2012）等。利用粒子滤波估计状态空间模型参数的文献有Kantas，Doucet，Singh，Maciejowski和Chopin（2014）。这些文章后面都给出了大量粒子滤波的参考文献。基础的自助（Bootstrap）粒子滤波算法，非常简单直接，但实践效果较差。因此，大多数文献主要采用改良的自助滤波方法，增加算法有效性。这方面文献参见Doucet，de Freitas和Gordon（2001）。粒子滤波基础统计理论方面的教科书包括Cappé，Moulines和Ryden（2005），Liu（2001）以及Del Moral（2013）。

本章余下部分的安排如下。在第8.1节，我们介绍自助粒子滤波方法。自助粒子滤波方法容易完成，在DSGE模型中的应用较为广泛。自助粒子滤波方法是带有再抽样算

法的序贯重要抽样方法（SISR）的特例。在第8.2节，我们介绍一个更一般的算法。通用粒子滤波算法的一个重要步骤是生成抽样样本。给定信息$Y_{1:t}$条件下，该样本能够反映状态在时刻t的分布。这些抽样可以通过重要抽样步骤生成，从建议分布中抽取状态并重新赋权。对于自助粒子滤波方法，根据状态转移方程确定建议分布。不幸的是，向前迭代状态转移方程会生成权重高度波动的抽样，这会大幅降低蒙特卡罗近似的精确度。

选择其他建议分布，可以提高粒子滤波的精确度。在第8.3节，我们讨论如何构建更为有效的建议分布。虽然剪裁（或自适应）建议分布，常常需要额外的计算，但使用的粒子数量通常会大幅减少，这会提高抽样效率。在第8.4节，针对DSGE模型的粒子滤波问题，我们考察需要解决的特殊难题。最后，在第8.5节，我们介绍辅助粒子滤波方法。辅助粒子滤波方法由DeJong，Liesenfeld，Moura，Richard和Dharmarajan（2013）提出。在第8.6节和第8.7节，分别对小型新凯恩斯DSGE模型和SW模型，应用不同的粒子滤波方法。在本章最后的第8.8节，我们考虑计算方面的一些问题。纵贯本章，我们都假设参数值向量θ保持不变。这个条件一直延续到最后，包括第9章和第10章的参数估计。

8.1 自助（bootstrap）粒子滤波

我们首先介绍一种粒子滤波方法，其中粒子表示隐含的状态向量s_t。通过向前迭代式（8.1）的状态转移方程进行粒子繁殖。这种粒子滤波方法由Gordon，Salmond和Smith（1993）提出，被称作自助粒子滤波。和算法8一样，我们用序列$\{\rho_t\}_{t=1}^{T}$表示粒子在时刻t是否再抽样。这个方法必须有再抽样步骤，以防止粒子权重分布退化。下面，我们讨论ρ_t的自适应选择。利用函数$h(\cdot)$表示所关注状态向量s_t的转换。粒子滤波算法严格遵循通用滤波算法1的步骤。

算法11（自助粒子滤波方法）

1.初始化。从分布$s_0^j \overset{iid}{\sim} p(s_0)$中提取初始粒子抽样，且设$W_0^j=1$，$j=1$，…，$M$。

2.迭代。对于$t=1$，…，T：

（a）**预测**s_t。通过向前迭代状态转移方程，传播$t-1$时刻的粒子$\left\{s_{t-1}^j, W_{t-1}^j\right\}$：

$$\tilde{s}_t^j=\Phi\left(s_{t-1}^j,\varepsilon_t^j;\theta\right),\quad \varepsilon_t^j \sim F_\varepsilon(.;\theta) \tag{8.3}$$

$E[h(s_t)|Y_{1:t-1},\theta]$的近似为

$$\hat{h}_{t,M}=\frac{1}{M}\sum_{j=1}^{M}h\left(\tilde{s}_t^j\right)W_{t-1}^j \tag{8.4}$$

（b）**预测**y_t。定义增量权重

$$\tilde{w}_t^j=p\left(y_t\middle|\tilde{s}_t^j,\theta\right) \tag{8.5}$$

预测密度$p(y_t|Y_{1:t-1},\theta)$的近似为

$$\hat{p}\left(y_t\middle|Y_{1:t-1},\theta\right)=\frac{1}{M}\sum_{j=1}^{M}\tilde{w}_t^jW_{t-1}^j \tag{8.6}$$

如果测量误差服从 $N(0,\sum_u)$，则增量权重形式为：

$$\tilde{w}_t^j=(2\pi)^{-n/2}\left|\sum_u\right|^{-1/2}\exp\left\{-\frac{1}{2}\left(y_t-\Psi\left(\tilde{s}_t^j,t;\theta\right)\right)'\sum_u^{-1}\left(y_t-\Psi\left(\tilde{s}_t^j,t;\theta\right)\right)\right\} \tag{8.7}$$

其中 n 表示 y_t 的维度。

（c）**更新**。定义标准化权重

$$\tilde{W}_{t-1}^j=\frac{\tilde{w}_t^jW_{t-1}^j}{\frac{1}{M}\sum_{j=1}^M\tilde{w}_t^jW_{t-1}^j} \tag{8.8}$$

$E[h(s_t)|Y_{1:t},\theta]$ 的近似为

$$\tilde{h}_{t,M}=\frac{1}{M}\sum_{j=1}^M h\left(\tilde{s}_t^j\right)\tilde{W}_t^j \tag{8.9}$$

（d）**选择**。情形（ⅰ）：如果 $\rho_t=1$，利用多项式再抽样方法重新抽取粒子。令 $\left\{s_t^j\right\}_{j=1}^M$ 表示 M 个多项式分布的独立同分布（iid）抽样，其支撑点和权重为 $\left\{\tilde{s}_t^j,\tilde{W}_t^j\right\}$，且设 $W_t^j=1$，$j=1$，…，M。

情形（ⅱ）：如果 $\rho_t=0$，令 $s_t^j=\tilde{s}_t^j$ 且 $W_t^j=\tilde{W}_t^j$，$j=1$，…，M。

$E[h(s_t)|Y_{1:t},\theta]$ 的近似为

$$\bar{h}_{t,M}=\frac{1}{M}\sum_{j=1}^M h\left(s_t^j\right)W_t^j \tag{8.10}$$

3.**似然近似**。对数似然函数的近似为

$$\ln\hat{p}\left(Y_{1:T}|\theta\right)=\sum_{t=1}^T\ln\left(\frac{1}{M}\sum_{j=1}^M\tilde{w}_t^jW_{t-1}^j\right) \tag{8.11}$$

和SMC算法8一样，定义有效样本数量（用粒子数来度量）

$$\widehat{ESS}_t=M/\left(\frac{1}{M}\sum_{j=1}^M\left(\tilde{W}_t^j\right)^2\right) \tag{8.12}$$

将确定性序列 $\{\rho_t\}_{t=1}^T$ 替换为自适应选择序列 $\{\hat{\rho}_t\}_{t=1}^T$。一旦低于门限值，例如 $M/2$，取 $\hat{\rho}_t=1$。在本节余下部分，我们讨论粒子数量 $M\to\infty$ 时，粒子滤波的渐进特征，以及自助粒子滤波中测量误差 u_t 的作用。

8.1.1 渐进特征

粒子滤波收敛理论的原理与第5.2.4介绍的SMC取样器类似。和SMC取样器做法相同，在接下来的阐述中，将去除SMC取样器收敛理论原理的技术细节。我们的阐述以启发为主，介绍基本收敛结论和关键推导步骤。Chopin（2004）对此进行了详细介绍。和第5.2.4节一样，渐进方差公式具有递归特征。虽然对于标准误差的数值计算来说，递归特征没有什么用处。但从定性角度，递归特征有助于我们直观了解粒子滤波生成的蒙特卡罗近似的精确性。

为了简化表示，我们从条件集中剔除参数向量 θ。起点是利用 $t-1$ 时刻粒子群 $\left\{s_{t-1}^j,W_{t-1}^j\right\}_{j=1}^M$ 构建的蒙特卡罗平均。它满足大数定律（SLLN）和中心极限定理（CLT），形式为

$$\bar{h}_{t-1,M}\overset{a.s}{\longrightarrow}E\left[h(s_{t-1})|Y_{1:t-1}\right] \tag{8.13}$$

$$\sqrt{M}\left(\bar{h}_{t-1,M}-\mathrm{E}\left[h(s_{t-1})|Y_{1:t-1}\right]\right)\quad N\left(0,\Omega_{t-1}(h)\right)$$

基于这个假设，我们证明 $\hat{h}_{t,M}$，$\hat{p}\left(y_t|Y_{1:t-1}\right)$，$\tilde{h}_{t,M}$ 和 $\bar{h}_{t,M}$ 的收敛性。令 $\Omega_{t-1}(h)$ 表示渐进协方差矩阵，其取值取决于函数 $h(s_t)$。$h(s_t)$ 表示要计算的期望值。滤波的初始值通常为初始分布 $p(s_0)$ 的直接抽样。只要矩 $h(s_0)$ 存在，就可以直接得到大数定律（SLLN）和中心极限定理（CLT）。下面简要讨论算法11的步骤2（a）到2（d）中，蒙特卡罗近似的收敛性问题。详细的证明过程，需要首先证明大数定律和中心极限定理成立所需的矩存在，并要详细说明渐进协方差矩阵的特征。

预测步骤。向前迭代状态转移方程，等价于提取条件密度 $g_t\left(s_t|s_{t-1}^j\right)$ 的抽样 s_t。在算法11中，该密度为：

$$g_t\left(s_t|s_{t-1}^j\right)=p\left(s_t|s_{t-1}^j\right)$$

该密度函数的期望表示为 $E_{p\left(\cdot|s_{t-1}^j\right)}[h]$。将其进行分解，得到

$$\begin{aligned}&\hat{h}_{t,M}-E\left[h(s_t)|Y_{1:t-1}\right] \\ &=\frac{1}{M}\sum_{j=1}^{M}\left(h\left(\tilde{s}_t^j\right)-E_{p\left(\cdot|s_{t-1}^j\right)}[h]\right)W_{t-1}^j \\ &\quad+\frac{1}{M}\sum_{j=1}^{M}\left(E_{p\left(\cdot|s_{t-1}^j\right)}[h]W_{t-1}^j-E\left[h(s_t)|Y_{1:t-1}\right]\right) \\ &=I+II\end{aligned}\tag{8.14}$$

这个分解与SMC算法突变步骤分析中所用的分解式（5.31）类似。

给定粒子 $\left\{s_{t-1}^j,W_{t-1}^j\right\}_{j=1}^{M}$，权重 W_{t-1}^j 已知，I 项的求和构成了均值为零的随机变量的三角排列，行与行之间相互独立，但分布不同。只要满足 $h\left(\tilde{s}_t^j\right)W_{t-1}^j$ 矩有界，I 项几乎确定收敛到0，满足中心极限定理。由于

$$\begin{aligned}&\frac{1}{M}\sum_{j=1}^{M}E_{p\left(\cdot|s_{t-1}^j\right)}[h]W_{t-1}^j \\ &\overset{a.s}{}\ E\left(E_{p\left(\cdot|s_{t-1}\right)}[h]Y_{1:t-1}\right) \\ &=\int\left[\int h(s_t)p\left(s_t|s_{t-1}\right)ds_t\right]p\left(s_{t-1}|Y_{1:t-1}\right)ds_{t-1} \\ &=\mathrm{E}\left[h(s_t)|Y_{1:t-1}\right]\end{aligned}\tag{8.15}$$

II 项也收敛到0。因此，在合适的正则条件下，

$$\begin{aligned}&\hat{h}_{t,M}\overset{a.s}{}\ \mathrm{E}\left[h(s_t)|Y_{1:t-1}\right], \\ &\sqrt{M}\left(\hat{h}_{t,M}-\mathrm{E}\left[h(s_t)|Y_{1:t-1}\right]\right)\quad N\left(0,\hat{\Omega}_t(h)\right)\end{aligned}\tag{8.16}$$

式（8.14）中，$\sqrt{M}\,I$ 项的渐进方差加上 $\sqrt{M}\,II$ 项的渐进方差，得到渐进协方差矩阵。设 $h(s_t)=p(y_t|s_t)$，根据（8.16），直接得到步骤2（b）中预测密度近似 $\hat{p}\left(y_t|Y_{1:t-1}\right)$ 收敛到 $p\left(y_t|Y_{1:t-1}\right)$。

更新和预测步骤。采用更新步骤的目的，是逼近后验期望，形式为

$$E[h(s_t)|Y_{1:t}] = \frac{\int h(s_t)p(y_t|s_t)p(s_t|Y_{1:t-1})ds_t}{\int p(y_t|s_t)p(s_t|Y_{1:t-1})ds_t} \tag{8.17}$$

$$\approx \frac{\frac{1}{M}\sum_{j=1}^{M} h(\tilde{s}_t^j)\tilde{w}_t^j W_{t-1}^j}{\frac{1}{M}\sum_{j=1}^{M} \tilde{w}_t^j W_{t-1}^j} = \tilde{h}_{t,M}$$

这里 $E[h(s_t)|Y_{1:t}]$ 的蒙特卡罗近似与SMC算法8中修正步骤式（5.24）$\tilde{h}_{n,M}$ 的蒙特卡罗近似的形式相同。按照相同方式，可以分析其收敛性。定义标准化增量权重：

$$v_t(s_t) = \frac{p(y_t|s_t)}{\int p(y_t|s_t)p(s_t|Y_{1:t-1})ds_t} \tag{8.18}$$

在合适的正则条件下，蒙特卡罗近似满足中心极限定理（CLT）

$$\sqrt{M}\left(\tilde{h}_{t,M} - E[h(s_t)|Y_{1:t}]\right) \Rightarrow N\left(0, \tilde{\Omega}_t(h)\right) \tag{8.19}$$

其中

$$\tilde{\Omega}_t(h) = \hat{\Omega}_t\left(v_t(s_t)\right)\left(h(s_t) - E[h(s_t)|Y_{1:t}]\right)$$

渐进协方差矩阵 $\tilde{\Omega}_t(h)$ 表达式突出表明，近似精确性取决于增量权重的分布。大致来看，粒子权重的方差越大，近似精确度越差。

最后，算法11的选择步骤与算法8的选择步骤等价，在近似中加入了一些额外噪声。如果 $\rho_t = 1$，根据多项式抽样，有

$$\sqrt{M}\left(\bar{h}_{t,M} - E[h(s_t)|Y_{1:t}]\right) \Rightarrow N\left(0, \Omega_t(h)\right) \tag{8.20}$$

其中

$$\Omega_t(h) = \tilde{\Omega}_t(h) + V[h(s_t)|Y_{1:t}]$$

和第5.2.3节讨论的一样，利用更有效的再抽样程序代替多项式再抽样，可以降低方差。

8.1.2 似然近似的无偏性

粒子滤波的一个重要特征是，它能够生成似然函数的无偏近似。下面，当将粒子滤波嵌入到DSGE模型参数θ的后验取样器时，我们将要用到这个特性。乍看起来，这个无偏性有点不可思议。即便是重要取样器，一旦涉及随机变量比率时，通常都是有偏的。通常证明无偏性（粒子滤波近似的其他特性也一样）的方法，都是根据Del Moral（2004）率先提出的均值场理论。之后，Pitt，Silva，Giordani和Kohn（2002）采用了并不复杂的数学工具，对此进行了证明，并指出算法具有递归结构。下面的阐述，严格按照Pitt，Silva，Giordani和Kohn（2002）的做法来进行。

形式上，无偏性结论可以表示为

$$E[\hat{p}(Y_{1:T}|\theta)] = E\left[\prod_{t=1}^{T}\left(\frac{1}{M}\sum_{j=1}^{M}\tilde{w}_t^j W_{t-1}^j\right)\right] = p(Y_{1:T}|\theta) \tag{8.21}$$

对于任何h，通过证明当0≤h≤T−1时，有

$$E\left[\hat{p}(Y_{T-h:T}|Y_{1:T-h-1},\theta)\middle|F_{T-h-1,M}\right] \tag{8.22}$$

$$= \frac{1}{M}\sum_{j=1}^{M} p\left(Y_{T-h:T}\middle|s_{T-h-1}^j,\theta\right)W_{T-h-1}^j$$

成立，可以证明式（8.21）的结论。信息集 $F_{t-1,M}$ 包含粒子系统

$$F_{T-1,M}=\left\{\left(s_0^j,W_0^j\right),\ldots,\left(s_{t-1}^j,W_{t-1}^j\right)\right\}_{j=1}^M$$

和

$$\hat{p}\left(Y_{T-h:T}|Y_{1:T-h-1},\theta\right)=\prod_{t=T-h}^{T}\left(\frac{1}{M}\sum_{j=1}^{M}\tilde{w}_t^jW_{T-1}^j\right)$$

设 $h=T-1$，根据式（8.22），推导得到

$$\mathrm{E}\left[\hat{p}\left(Y_{1:T}|\theta\right)|F_{0,M}\right]=\frac{1}{M}\sum_{j=1}^{M}p\left(Y_{1:T}|s_0^j,\theta\right)W_0^j \tag{8.23}$$

其中 $s_0^j\sim p(s_0)$ 且 $W_0^j=1$。因此

$$\begin{aligned}\mathrm{E}\left[\hat{p}\left(Y_{1:T}|\theta\right)\right]&=\mathrm{E}\left[\mathrm{E}\left[\hat{p}\left(Y_{1:T}|\theta\right)|F_{0,M}\right]\right]\\&=\int p\left(Y_{1:T}|s_0,\theta\right)p(s_0)ds_0\\&=p\left(Y_{1:T}|\theta\right)\end{aligned} \tag{8.24}$$

证明完毕。

我们现在需要证明式（8.22）。采用数学归纳法，首先注意到：

$$\begin{aligned}&\mathrm{E}\left[\hat{p}\left(y_t|Y_{1:t-1},\theta\right)|F_{t-1,M}\right]\\&=\frac{1}{M}\sum_{j=1}^{M}\mathrm{E}\left[\tilde{w}_t^j|F_{t-1,M}\right]W_{t-1}^j\\&=\frac{1}{M}\sum_{j=1}^{M}\left[\int p\left(y_t|\tilde{s}_t^j,\theta\right)p\left(\tilde{s}_t^j|\tilde{s}_{t-1}^j,\theta\right)d\tilde{s}_t^j\right]W_{t-1}^j\\&=\frac{1}{M}\sum_{j=1}^{M}p\left(y_t|s_{t-1}^j,\theta\right)W_{t-1}^j\end{aligned} \tag{8.25}$$

设式（8.25）中的 $t=T$，可以证明 $h=0$ 时，式（8.22）成立。要完整地证明，需要证明如果式（8.22）对 h 成立，则它也对 $h+1$ 成立：

$$\begin{aligned}&\mathrm{E}\left[\hat{p}\left(Y_{T-h-1:T}|Y_{1:T-h-2},\theta\right)|F_{T-h-2,M}\right]\\&=\mathrm{E}\left[\mathrm{E}\left[\hat{p}\left(Y_{T-h:T}|Y_{1:T-h-1},\theta\right)|F_{T-h-1,M}\right]\hat{p}\left(y_{T-h-1}|Y_{1:T-h-2},\theta\right)|F_{T-h-2,M}\right]\\&=\frac{1}{M}\sum_{j=1}^{M}\mathrm{E}\left[p\left(Y_{T-h:T}|\tilde{s}_{T-h-1}^j,\theta\right)W_{T-h-1}^j\hat{p}\left(y_{T-h-1}|Y_{1:T-h-2},\theta\right)|F_{T-h-2,M}\right]\\&=\frac{1}{M}\sum_{j=1}^{M}\mathrm{E}\left[p\left(Y_{T-h:T}|\tilde{s}_{T-h-1}^j,\theta\right)\frac{\tilde{w}_{T-h-1}^jW_{T-h-2}^j}{\frac{1}{M}\sum_{k=1}^{M}\tilde{w}_{T-h-1}^kW_{T-h-2}^k}\left(\frac{1}{M}\sum_{i=1}^{M}\tilde{w}_{T-h-1}^iW_{T-h-2}^i\right)|F_{T-h-2,M}\right]\\&=\frac{1}{M}\sum_{j=1}^{M}\left(\int p\left(Y_{T-h:T}|\tilde{s}_{T-h-1}^j,\theta\right)p\left(y_{T-h-1}|\tilde{s}_{T-h-1}^j,\theta\right)p\left(\tilde{s}_{T-h-1}^j|\tilde{s}_{T-h-2}^j,\theta\right)\mathrm{d}\tilde{s}_{T-h-1}^j\right)W_{T-h-2}^j\\&=\frac{1}{M}\sum_{j=1}^{M}p\left(Y_{T-h-1:T}|s_{T-h-2}^j,\theta\right)W_{T-h-2}^j\end{aligned}$$

注意到 $F_{T-h-2,M}\subset F_{T-h-1,M}$。因此，根据迭代期望法则，得到第一个等式。根据归纳法的假设——假设式（8.22）对h成立，直接得到第二个等式。根据算法11式（8.6）的时期似然近似定义和标准化粒子权重的定义，得到第三个等式。利用粒子权重分母中的平均，消掉时期似然函数 $\hat{p}\left(y_{T-h-1}|Y_{1:T-h-2},\theta\right)$，最终得到无偏的结论。

8.1.3 测量误差的作用

许多DSGE模型，包括本书考虑的DSGE模型，都假设观测变量 y_t 不存在测量误差。实际上，当结构冲击的数量等于可观测变量数量时，似然函数 $p(Y_{1:T}|\theta)$ 是非退化的。根据表2-1的公式，即使线性高斯状态空间模型式（8.2）的测量误差协方差矩阵 $\sum_u$ 等于0，只要冲击 ε_t 的数量不小于可观测变量数量，且预测误差协方差矩阵 $F_{t|t-1}$ 不可逆，使用卡尔曼滤波迭代就最合适不过了。

对于自助粒子滤波，$\sum_u=0$ 带来了严重问题。当 $\sum_u=0$ 时，由于条件分布 $y_t|(s_t,\theta)$ 聚集在一个点，式（8.7）的增量权重 $\tilde{w}_t^j$ 退化。粒子 j 的聚集点为 $y_t^j=\Psi\left(\tilde{s}_t^j,t;\theta\right)$。如果扰动项 ε_t^j 是预测步骤中连续分布的抽样，状态转移方程 $\Phi(s_{t-1},\varepsilon_t;\theta)$ 为滞后状态变量和扰动项 ε_t 的平滑函数，则 $y_t^j=y_t$ 的概率为0。这意味着，对于所有 j，$\tilde{w}_t^j=0$，粒子经过一次迭代后消失。这个结论背后的直觉很简单。当 $y_t^j=\Psi\left(\tilde{s}_t^j,t;\theta\right)$ 接近于实际值 y_t 时，粒子 j 的增量权重较大。当测量误差服从高斯分布时，接近程度的度量为 $\sum_u^{-1}$。因此，在一切都相等的条件下，测量误差方差 $\sum_u$ 的减少，就会导致 y_t^j 和 y_t 之间的差异增大，进而导致粒子权重方差增大。

考虑下面的典型例子（去掉 j 下标）。假设 y_t 是标量，测量误差分布为 $u_t\sim N(0,\sigma_u^2)$，$W_{t-1}=1$，且令 $\delta=y_t-\Psi(s_t,t;\theta)$。假设 δ 的总体服从标准正态分布 $N(0,1)$。此时，式（8.18）的 $v_t(s_t)$ 可以看作更新步骤中，构建的标准化权重 $\tilde{W}_t$ 的总体近似（注意这两项的分母稍有区别）：

$$\tilde{W}_t(\delta)\approx v_t(\delta)=\frac{\exp\left\{-\frac{1}{2\sigma_u^2}\delta^2\right\}}{(2\pi)^{-1/2}\int\exp\left\{-\frac{1}{2}\left(1+\frac{1}{\sigma_u^2}\right)\delta^2\right\}d\delta}$$
$$=\left(1+\frac{1}{\sigma_u^2}\right)^{1/2}\exp\left\{-\frac{1}{2\sigma_u^2}\delta^2\right\}$$

式（8.19）中用于捕捉 $\tilde{h}_{t,M}$ 精确度的渐进协方差矩阵 $\tilde{\Omega}_t(h)$ 和式（8.12）定义的探索式有效样本数量度量，都与粒子权重的方差有关。当 $\sigma_u\to0$ 时，粒子权重的总体方差为

$$\int v_t^2(\delta)d\delta=\frac{1+1/\sigma_u^2}{\sqrt{1+2/\sigma_u^2}}=\frac{1}{\sigma_u}\frac{1+\sigma_u^2}{\sqrt{2+\sigma_u^2}}\to\infty$$

因此，测量误差方差下降，粒子权重的方差增大，进而有效样本数量降低。更为重要的是，当权重的离散程度增大时，协方差矩阵 $\tilde{\Omega}_t(h)$ 的极限就会增大，粒子滤波生成的蒙特卡罗近似精确度将恶化。总之，在一切相等的情况下，测量误差的方差越小，粒子滤波的精确度越差。

8.2 通用粒子滤波

在粒子滤波的基础版本中，通过向前模拟状态转移方程生成时刻 t 的粒子。不过，最简单的向前模拟，忽略了当前观测值 y_t 包含的信息，这可能导致粒子权重分布极不均

匀。尤其当测量误差的方差较小时，或者对于大多数粒子 $\tilde{s}_t^j$，实际观测值 y_t 位于模型隐含分布 $y_t\left|\left(\tilde{s}_t^j,\theta\right)\right.$ 的尾部远处时，模型很难解释t时刻的观测值。粒子滤波可以作如下推广：预测步骤中的 $\tilde{s}_t^j$，可以从通用重要抽样密度 $g_t\left|\left(\cdot\left|s_{t-1}^j,\theta\right.\right)\right.$ 中抽样获得。此时算法为：

算法12（通用粒子滤波方法）

1.初始化。（与算法11相同）

2.迭代。对于 $t=1,\ \cdots,\ T$：

（a）**预测 s_t**。从密度函数 $g_t\left|\left(\tilde{s}_t\left|s_{t-1}^j,\theta\right.\right)\right.$ 中抽取 $\tilde{s}_t^j$，定义重要权重

$$w_t^j=\frac{p\left(\tilde{s}_t^j\left|s_{t-1}^j,\theta\right.\right)}{g_t\left(\tilde{s}_t^j\left|s_{t-1}^j,\theta\right.\right)} \tag{8.26}$$

$E[h(s_t)|Y_{1:t-1},\theta]$ 的近似为

$$\hat{h}_{t,M}=\frac{1}{M}\sum_{j=1}^{M}h\left(\tilde{s}_t^j\right)w_t^jW_{t-1}^j \tag{8.27}$$

（b）**预测 y_t**。定义增量权重

$$\tilde{w}_t^j=p\left(y_t\left|\tilde{s}_t^j,\theta\right.\right)w_t^j \tag{8.28}$$

预测密度 $p(y_t|Y_{1:t-1},\theta)$ 的近似为

$$\hat{p}\left(y_t\left|Y_{1:t-1},\theta\right.\right)=\frac{1}{M}\sum_{j=1}^{M}\tilde{w}_t^jW_{t-1}^j \tag{8.29}$$

（c）**更新**。（与算法11相同）

（d）**选择**。（与算法11相同）

3.似然近似。（与算法11相同）

算法12和算法11的唯一差别是引入了重要权重 w_t^j，出现在式（8.22）和增量权重 $\tilde{w}_t^j$ 定义式（8.23）中。第8.1.2节讨论的无偏性结论，可以很容易推广到通用粒子滤波。用重要抽样步骤代替向前迭代状态转移方程，主要目的是提高步骤2（b）中 $\hat{p}\left(y_t\left|Y_{1:t-1},\theta\right.\right)$ 和步骤2（c）中 $\tilde{h}_{t,M}$ 的精确度。

接下来主要分析 $\hat{p}\left(y_t\left|Y_{1:t-1},\theta\right.\right)$。强调一下，由于 w_t^j 依赖于 $\tilde{s}_t^j$ 和 s_{t-1}^j，因此

$$\begin{aligned}
&\hat{p}\left(y_t\left|Y_{1:t-1}\right.\right)-p\left(y_t\left|Y_{1:t-1}\right.\right)\\
&=\frac{1}{M}\sum_{j=1}^{M}\left(p\left(y_t\left|\tilde{s}_t^j\right.\right)w_t^j\left(\tilde{s}_t^j,s_{t-1}^j\right)-E_{g_t\left(\cdot\left|s_{t-1}^j\right.\right)}\left[p\left(y_t\left|\tilde{s}_t^j\right.\right)w_t^j\left(\tilde{s}_t^j,s_{t-1}^j\right)\right]\right)W_{t-1}^j\\
&\quad+\frac{1}{M}\sum_{j=1}^{M}\left(E_{g_t\left(\cdot\left|s_{t-1}^j\right.\right)}\left[p\left(y_t\left|\tilde{s}_t^j\right.\right)w_t^j\left(\tilde{s}_t^j,s_{t-1}^j\right)\right]-p\left(y_t\left|Y_{1:t-1}\right.\right)\right)W_{t-1}^j\\
&=I+II
\end{aligned} \tag{8.30}$$

考虑 II 项。首先，注意到

$$\frac{1}{M}\sum_{j=1}^{M}E_{g_t\left(\cdot\left|s_{t-1}^j\right.\right)}\left[p\left(y_t\left|\tilde{s}_t^j\right.\right)w_t^j\left(\tilde{s}_t^j,s_{t-1}^j\right)\right]W_{t-1}^j \tag{8.31}$$

$$\xrightarrow{a.s} \mathrm{E}\left[\mathrm{E}_{g_t(\cdot|s_{t-1}^j)}\left[p\left(y_t|\tilde{s}_t^j\right)w_t\left(\tilde{s}_t^j, s_{t-1}\right)\right]\right]$$

$$= \int\left[\int p\left(y_t|\tilde{s}_t^j\right)\frac{p\left(\tilde{s}_t^j|s_{t-1}\right)}{g_t\left(\tilde{s}_t^j|s_{t-1}\right)}g_t\left(\tilde{s}_t^j|s_{t-1}\right)\mathrm{d}\tilde{s}_t^j\right]p\left(s_{t-1}|Y_{1:t-1}\right)\mathrm{d}s_{t-1}$$

$$= p\left(y_t|Y_{1:t-1}\right)$$

这表明 II 项几乎确定收敛到0，确保蒙特卡罗近似具有一致性。其次，由于

$$\mathrm{E}_{g_t(\cdot|s_{t-1})}\left[p\left(y_t|\tilde{s}_t^j\right)w_t\left(\tilde{s}_t^j, s_{t-1}\right)\right] \tag{8.32}$$

$$= \int p\left(y_t|\tilde{s}_t^j\right)\frac{p\left(\tilde{s}_t^j|s_{t-1}\right)}{g_t\left(\tilde{s}_t^j|s_{t-1}\right)}g_t\left(\tilde{s}_t^j|s_{t-1}\right)d\tilde{s}_t^j = p\left(y_t|s_{t-1}\right)$$

II 项的方差与重要密度 $g_t\left(\tilde{s}_t^j|s_{t-1}^j\right)$ 的选择无关。

现在考虑 I 项。给定 $\left\{s_{t-1}^j, W_{t-1}^j\right\}_{j=1}^M$，权重 W_{t-1}^j 已知，其和构成了均值为零的随机变量的三角形排列，行与行之间的分布相互独立。记得

$$p\left(y_t|\tilde{s}_t^j\right)w_t^j\left(\tilde{s}_t^j, s_{t-1}^j\right) = \frac{p\left(y_t|\tilde{s}_t^j\right)p\left(\tilde{s}_t^j|s_{t-1}^j\right)}{g_t\left(\tilde{s}_t^j|s_{t-1}^j\right)} \tag{8.33}$$

给定 $\left\{s_{t-1}^j, W_{t-1}^j\right\}_{j=1}^M$，选择一个合适的，与时刻 t 观测变量 y_t 有关的重要密度 $g_t\left(\tilde{s}_t^j|s_{t-1}^j\right)$，可以大幅度降低 I 项的方差。这样的滤波称作自适应粒子滤波。这样能降低 p（$y_t|Y_{1:t-1}$）的蒙特卡罗近似方差。类似的，讨论 $\tilde{h}_{t,M}$ 的方差。对于自助粒子滤波，简单设 $g_t\left(\tilde{s}_t^j|s_{t-1}^j\right) = p\left(\tilde{s}_t^j|s_{t-1}^j\right)$，且忽略 y_t 的信息。接下来，讨论 $g_t\left(\tilde{s}_t^j|s_{t-1}^j\right)$ 更为有效的选择。

8.3 适应性通用滤波

粒子滤波算法11和算法12实施和改进问题方面的文献非常多。Doucet，de Freitas 和 Gordon（2001），Cappé，Godsill 和 Moulines（2007），Doucet 和 Johansen （2011）以及 Creal （2012）详尽梳理了相关文献。本节，我们重点讨论建议密度 $g_t\left(\tilde{s}_t^j|s_{t-1}^j\right)$ 的选择问题。首先介绍条件最优重要分布。在非线性DSGE模型中，通常不能从条件最优重要分布中生成抽样，但可以构建一个近似的条件最优建议分布。其次，我们考虑条件线性高斯状态空间模型。对于这个模型，给定状态向量的剩余元素，利用卡尔曼滤波对状态变量的子集进行更新。

8.3.1 条件最优重要分布

根据 Liu 和 Chen（1998）的定义，条件最优分布是使得重要权重的蒙特卡罗变异最小的分布。不过这个最优化既依赖于当前观测值 y_t，又依赖于 $t-1$ 时刻粒子 s_{t-1}^j。给定 $\left(y_t, s_{t-1}^j\right)$，如果

$$g_t\left(\tilde{s}_t^j|s_{t-1}^j\right) = p\left(\tilde{s}_t|y_t, s_{t-1}^j\right) \tag{8.34}$$

则权重 $\tilde{w}_t^j$ 为常数（是 $\tilde{s}_t$ 的函数）。给定 $\left(y_t, s_{t-1}^j\right)$，$\tilde{s}_t$ 是t时期状态后验分布的抽样。此时

$$\tilde{w}_t^j = \int p\left(y_t \middle| s_t\right) p\left(s_t \middle| s_{t-1}^j\right) ds_t \tag{8.35}$$

在典型（非线性）DSGE模型应用中，不能直接提取 $p\left(\tilde{s}_t \middle| y_t, s_{t-1}^j\right)$ 抽样。采用Künsch（2005）的接受–拒绝算法，可以提取条件最优分布抽样。不过，要使这种方法有效，需要在接受–拒绝算法中找到好的建议分布。

上面已经提到，下面的数值例子，以式（8.2）的线性高斯状态空间形式的DSGE模型为基础。此时，可以通过卡尔曼滤波更新步骤，得到表2–1描述的 $p\left(\tilde{s}_t \middle| y_t, s_{t-1}^j\right)$。令

$$\bar{s}_{t|t-1}^j = \Phi_1 s_{t-1}^j$$

$$P_{t|t-1} = \Phi_\varepsilon \sum\nolimits_\varepsilon \Phi_\varepsilon'$$

$$\bar{y}_{t|t-1}^j = \Psi_0 + \Psi_1 t + \Psi_2 \bar{s}_{t|t-1}^j$$

$$F_{t|t-1} = \Psi_2 P_{t|t-1} \Psi_2' + \sum\nolimits_u$$

$$\bar{s}_{t|t}^j = \bar{s}_{t|t-1}^j + P_{t|t-1} \Psi_2' F_{t|t-1}^{-1} \left(y_t - \bar{y}_{t|t-1}\right)$$

$$P_{t|t} = P_{t|t-1} - P_{t|t-1} \Psi_2' F_{t|t-1}^{-1} \Psi_2 P_{t|t-1}$$

条件最优建议分布为

$$\tilde{s}_t \left| \left(s_{t-1}^j, y_t\right) \right. \sim N\left(\bar{s}_{t|t}^j, P_{t|t}\right) \tag{8.36}$$

以式（8.36）为比较基准，我们说明适应性良好的粒子滤波的精确度到底有多精确。在非线性DSGE模型的应用中，不可能直接从 $p\left(\tilde{s}_t \middle| y_t, s_{t-1}^j\right)$ 提取抽样，常常也无法说明精确性水平。

8.3.2 近似条件最优分布

在典型DSGE模型应用中，从条件最优重要分布中提取抽样，要么不可行，要么成本太高。另辟蹊径，我们可以尝试从近似条件最优重要分布中提取样本。例如，如果DSGE模型的非线性来源于高阶摄动解，或者非线性不是很强，此时对DSGE模型的一阶近似应用式（8.31）的一步卡尔曼滤波更新，可以得到一个近似条件最优重要分布。Guo，Wang和Chen（2005）提出一个更一般做法，利用传统非线性滤波的更新步骤构建有效建议分布。这些非线性滤波包括扩展卡尔曼滤波，无迹（unscented）卡尔曼滤波或高斯正交滤波。Andreasen（2013）和Kollmann（2014）进一步发展了非线性DSGE模型的近似滤波方法。

8.3.3 条件线性高斯模型

部分DSGE模型具有条件线性结构，这可以提高粒子滤波效率。这些模型包括Farmer，Waggoner和Zha（2009）所分析的马尔科夫转移线性理性预期（MS-LRE）模型族；与外生随机波动过程成条件线性的一些模型，例如Justiniano和Primiceri（2008）估计的带有异方差结构性冲击的线性DSGE模型，以及Schorfheide，Song和Yaron（2014）所研究的长期风险模型。

为了说明得更具体，考虑一个MS-LRE模型。在这个模型中，货币规则式（1.24）的固定目标通货膨胀率 π^* 替换为时变过程 $\pi_t^*(m_t)$：

$$\pi_t^* = m_t \pi_L^* + (1 - m_t)\pi_H^*,\quad P\{m_t = l | m_{t-1} = l\} = \eta_{ll} \tag{8.37}$$

其中 $l \in \{0,1\}$。Schorfheide（2005）对该模型进行了估计①。对带有马尔科夫转移目标通货膨胀率的模型进行对数线性化，就得到类似于式（2.1）的MS-LRE模型。该模型除了包含对数线性货币政策规则之外，还包含一个与 m_t 有关的截距项。MS-LRE模型的解可以表示为：

$$y_t = \Psi_0(m_t) + \Psi_1(m_t)\,t + \Psi_2(m_t)\,s_t + u_t,\quad u_t \sim N\left(0, \textstyle\sum_u\right) \tag{8.38}$$

$$s_t = \Phi_0(m_t) + \Phi_1(mv)\,s_{t-1} + \Phi_\varepsilon(m_t)\,\varepsilon_t,\quad \varepsilon_t \sim N\left(0, \textstyle\sum_\varepsilon\right)$$

其中 m_t 服从离散马尔科夫转移过程。在式（8.38）中，系数矩阵的所有系数都允许进行马尔科夫转移。对于线性理性预期系统，如果不仅截距项与 m_t 有关，斜率项系数也与 m_t 有关，就会出现这种情况。典型如Davig和Leeper（2007）以及Bianchi（2013）的模型。对于更一般的MS-LRE模型，Farmer，Waggoner和Zha（2009）给出了求解方法。

给定 m_t，式（8.38）的状态空间表示是线性的。将 m_t 的转移核缩写为 $p(m_t|m_{t-1})$，利用 $p(m_t|Y_{1:t})$表示给定 $Y_{1:t}$ 时 m_t 的分布。这样使用表示符号，有点滥用的嫌疑。(m_t, s_t)的联合分布可以因式分解为

$$p(m_t, s_t|Y_{1:t}) = p(m_t|Y_{1:t})\,p(s_t|m_t, Y_{1:t}) \tag{8.39}$$

在条件线性高斯状态空间模型中，分布 $p(s_t|m_t, Y_{1:t})$服从正态分布：

$$s_t|(m_t, Y_{1:t}) \sim N(\bar{s}_{t|t}(m_t), P_{t|t}(m_t)) \tag{8.40}$$

我们将 $s_t|(m_t, Y_{1:t})$的密度函数缩写为 $p_N\left(s_t|\bar{s}_{t|t}(m_t), P_{t|t}(m_t)\right)$。下标 N 强调这是条件正态分布。由于均值向量 $\bar{s}_{t|t}(m_t)$ 和协方差矩阵 $P_{t|t}(m_t)$ 是 s_t 条件分布的充分统计量，因此我们用四数组 $\left\{m_t^j, \bar{s}_{t|t}^j, P_{t|t}^j, W_t^j\right\}_{i=1}^N$ 作为$(m_t, s_t)|Y_{1:t}$的近似。粒子群近似为：

$$\begin{aligned}
&\int h(m_t,s_t)p(m_t,s_t,Y_{:t})d(m_t,s_t) \\
&= \int\left[\int h(m_t,s_t)p(s_t|m_t,Y_{1:t})ds_t\right]p(m_t|Y_{1:t})dm_t \\
&\approx \frac{1}{M}\sum_{j=1}^{M}\left[\int h\left(m_t^j,s_t^j\right)p_N\left(s_t|\bar{s}_{t|t}^j,P_{t|t}^j\right)ds_t\right]W_t^j
\end{aligned} \tag{8.41}$$

构建式（8.41）的蒙特卡罗近似，需要两个步骤：第一步是根据条件正态分布，积分掉 $s_t|m_t^j$。对于许多函数 $h(m_t, s_t)$，利用分析方法都可以完成。第二步是利用蒙特卡罗平均消掉 m_t。这个方法叫做Rao-Blackwellization方法。这个方法，能够降低方差。它利用了不等式

$$\begin{aligned}
\mathrm{V}[h(m_t,s_t)] &= \mathrm{E}\left[\mathrm{V}[h(m_t,s_t)]|m_t\right] + \mathrm{V}\left[\mathrm{E}[h(m_t,s_t)]|m_t\right] \\
&\geq \mathrm{V}\left[\mathrm{E}[h(m_t,s_t)]|m_t\right]
\end{aligned} \tag{8.42}$$

①之后，Liu，Waggoner和Zha（2011）对更多的带有马尔科夫转移目标通货膨胀率的DSGE模型进行了估计。

对算法12的修正比较容易。首先采用条件高斯结构，之后利用分析方法积分掉$s_t|m_t$。这种修正方法要归功于Chen和Liu（2000），他们将得到的算法称为混合卡尔曼滤波（也可参见Liu，Chen和Logvinenko（2001））。假设$\left\{m_{t-1}^j, \tilde{s}_{t-1|t-1}^j, P_{t-1|t-1}^j, W_{t-1}^j\right\}$满足式（8.42）。为了预测时期$t$的状态，生成重要抽样分布$g_t\left(\tilde{m}_t\middle|m_{t-1}^j\right)$的抽样$\tilde{m}_t^j$，并定义重要权重

$$w_t^j = \frac{p\left(\tilde{m}_t^j\middle|m_{t-1}^j\right)}{g_t\left(\tilde{m}_t^j\middle|m_{t-1}^j\right)} \tag{8.43}$$

给定$\tilde{m}_t^j$，用卡尔曼滤波预测步骤计算s_t和y_t的条件均值和方差：

$$\begin{aligned}
\tilde{s}_{t|t-1}^j &= \Phi_0\left(\tilde{m}_t^j\right) + \Phi_1\left(\tilde{m}_t^j\right)s_{t-1|t-1}^j \\
P_{t|t-1}^j &= \Phi_1\left(\tilde{m}_t^j\right)P_{t-1|t-1}^j\Phi_1\left(\tilde{m}_t^j\right)' + \Phi_\varepsilon\left(\tilde{m}_t^j\right)\sum\nolimits_\varepsilon\left(\tilde{m}_t^j\right)\Phi_\varepsilon\left(\tilde{m}_t^j\right)' \\
\tilde{y}_{t|t-1}^j &= \Psi_0\left(\tilde{m}_t^j\right) + \Psi_1\left(\tilde{m}_t^j\right)t + \Psi_2\left(\tilde{m}_t^j\right)\tilde{s}_{t|t-1}^j \\
F_{t|t-1}^j &= \Psi_2\left(\tilde{m}_t^j\right)P_{t|t-1}^j\Psi_2\left(\tilde{m}_t^j\right)' + \sum\nolimits_u
\end{aligned} \tag{8.44}$$

则

$$\begin{aligned}
&\int h(m_t, s_t)p(m_t, s_t|Y_{1:t-1})d(m_t, s_t) \\
&= \int\left[\int h(m_t, s_t)p(s_t|m_t, Y_{1:t-1})ds_t\right]p(m_t|Y_{1:t-1})dm_t \\
&\approx \frac{1}{M}\sum_{j=1}^{M}\left[\int h\left(m_t^j, s_t^j\right)p_N\left(s_t\middle|\tilde{s}_{t|t-1}^j, P_{t|t-1}^j\right)ds_t\right]w_t^j W_{t-1}^j
\end{aligned} \tag{8.45}$$

似然近似需要利用增量权重

$$\tilde{w}_t^j = p_N\left(y_t\middle|\tilde{y}_{t|t-1}^j, F_{t|t-1}^j\right)w_t^j \tag{8.46}$$

来计算。式（8.44）定义了机制条件预测分布的均值$\tilde{y}_{t|t-1}^j$和方差$F_{t|t-1}^j$。给定$\tilde{m}_t^j$，再次使用卡尔曼滤波，根据当前观测值y_t，更新s_t的信息：

$$\begin{aligned}
\tilde{s}_{t|t}^j &= \tilde{s}_{t|t-1}^j + P_{t|t-1}^j\Psi_2\left(\tilde{m}_t^j\right)'\left(F_{t|t-1}^j\right)^{-1}\left(y_t - \bar{y}_{t|t-1}^j\right) \\
\tilde{P}_{t|t}^j &= P_{t|t-1}^j - P_{t|t-1}^j\Psi_2\left(\tilde{m}_t^j\right)'\left(F_{t|t-1}^j\right)^{-1}\Psi_2\left(\tilde{m}_t^j\right)P_{t|t-1}^j
\end{aligned} \tag{8.47}$$

综合起来，得到如下算法：

算法13（粒子滤波：条件线性模型）

1. **初始化**。从分布$m_0^j \overset{iid}{\sim} p(m_0)$中提取初始粒子。设定$s_{0|0}^j$和$P_{0|0}^j$，并设$W_0^j=1$，$j=1$，…，M。

2. **迭代**。对于$t=1$，…，T:

（a）**预测**s_t。从密度函数$g_t\left(\tilde{m}_t\middle|m_{t-1}^j, \theta\right)$中提取$\tilde{m}_t^j$，计算式（8.43）的重要权重$w_t^j$，根据式（8.44）计算$\tilde{s}_{t|t-1}^j$和$P_{t|t-1}^j$。$E[h(s_t, m_t)|Y_{1:t-1}, \theta]$的近似由式（8.46）给出。

（b）**预测**y_t。根据式（8.46）计算增量权重$\tilde{w}_t^j$。预测密度函数$p[y_t|Y_{1:t-1}, \theta]$的近似为

$$\hat{p}\left(y_t|Y_{1:t-1},\theta\right)=\frac{1}{M}\sum_{j=1}^{M}\tilde{w}_t^jW_{t-1}^j \tag{8.48}$$

（c）**更新**。定义标准化权重

$$\tilde{W}_t^j=\frac{\tilde{w}_t^jW_{t-1}^j}{\frac{1}{M}\sum_{j=1}^{M}\tilde{w}_t^jW_{t-1}^j} \tag{8.49}$$

并根据式（8.47）计算 $\tilde{s}_{t|t}^j$ 和 $\tilde{P}_{t|t}^j$ 。由式（8.42），根据 $\left\{\tilde{m}_t^j,\tilde{s}_{t|t}^j,\tilde{P}_{t|t}^j,\tilde{W}_t^j\right\}$ 得到 $E[h(s_t, m_t)|Y_{1:t}, \theta]$ 的近似。

（d）**选择**。（与算法11相同）

3.**似然近似**。（与算法11相同）

8.4 实施过程中的几个问题

实施算法12，需要计算密度函数 $p\left(s_t\middle|s_{t-1}^j\right)$。对于非线性DSGE模型，状态转移方程 $s_t=\Phi\left(s_{t-1}^j,\varepsilon_t\right)$ 中的扰动项 ε_t，通常不是加法形式。此时计算 $p\left(s_t\middle|s_{t-1}^j\right)$ 就比较困难。本节将证明，如果根据 $g_t^{\varepsilon}\left(s_{t-1}^j\right)$ 的抽样 $\tilde{\varepsilon}_t^j$，通过向前迭代状态转移方程隐含生成建议分布 $g_t\left(s_t\middle|s_{t-1}^j\right)$，则可以大大简化重要权重 w_t^j 的计算过程，不再需要计算 s_t 的条件密度函数。此外，我们将详细讨论没有测量误差的DSGE模型的滤波问题。在这方面，带有再抽样-移动步骤的粒子滤波就变得非常有用。

8.4.1 非线性和部分确定性状态转移

实施算法12，需要计算密度函数 $p(s_t|s_{t-1})$。对于非线性DSGE模型应用，需要解决两个难题。一是当某些状态变量按照确定性运动规则演化时，此时密度函数奇异。例如资本冲击。二是当状态转移方程具有非线性形式时，方程中扰动项不具有加法分离特性。此时变量的改变比较复杂，计算密度函数 $p(s_t|s_{t-1})$ 就比较困难。为了证实这一点，考虑第4.3节简单状态空间模型的修正版本，状态转移方程

$$s_{1,t}=\Phi_1(s_{t-1}, \varepsilon_t),\quad s_{2,t}=\Phi_2(s_{t-1}),\quad \varepsilon_t\sim N(0, 1) \tag{8.50}$$

这里状态 $s_{2,t}$ 的转移具有确定形式（可以想一下DSGE模型的资本积累方程）。此时，$s_{1,t}$和$s_{2,t}$的联合分布是连续分布和离散分布的混合，重心为 $s_{2,t}=\Phi_2(s_{t-1})$。

现在定义扩展的状态向量 $\varsigma_t=\left[s_t',\varepsilon_t'\right]'$。在式（8.50）的状态转移方程中，增加恒等式 $\varepsilon_t=\varepsilon_t$。由于扰动项 ε_t 与滞后状态 ς_{t-1} 无关，密度函数 $p(\varsigma_t|\varsigma_{t-1})$因式分解为

$$p(\varsigma_t|\varsigma_{t-1})=p_{\varepsilon}(\varepsilon_t)\,p(s_{1,t}|s_{t-1}, \varepsilon_t)\,p(s_{2,t}|s_{t-1}) \tag{8.51}$$

注意到 $p(s_{1,t}|s_{t-1}, \varepsilon_t)$ 和 $p(s_{2,t}|s_{t-1})$ 的重心分别为 $s_{1,t}=\Phi_1(s_{t-1}, \varepsilon_t)$ 和 $s_{2,t}=\Phi_2(s_{t-1})$。对于支撑点满足式（8.50）的状态空间子空间的重要分布 $g_t(\varsigma_t|\varsigma_{t-1})$，最简单的设计方法是生成 ε_t 的抽样，之后向前迭代状态转移方程。令 $g_t^{\varepsilon}\left(\varepsilon_t\middle|s_{t-1}\right)$ 表示 ε_t 的重要密度函数，则

$$g_t(\varsigma_t|\varsigma_{t-1})=g_t^{\varepsilon}(\varepsilon_t|s_{t-1})\,p(s_{1,t}|s_{t-1}, \varepsilon_t)\,p(s_{2,t}|s_{t-1}) \tag{8.52}$$

进而有

$$w_t^j = \frac{p\left(\tilde{s}_t^j \middle| s_{t-1}^j\right)}{g_t\left(\tilde{s}_t^j \middle| s_{t-1}^j\right)} \tag{8.53}$$

$$= \frac{p^{\varepsilon}\left(\tilde{\varepsilon}_t^j\right) p\left(\tilde{s}_{1,t}^j \middle| s_{t-1}^j, \tilde{\varepsilon}_t^j\right) p\left(\tilde{s}_{2,t}^j \middle| s_{t-1}^j\right)}{g_t^{\varepsilon}\left(\tilde{\varepsilon}_t^j \middle| s_{t-1}^j\right) p\left(\tilde{s}_{1,t}^j \middle| s_{t-1}^j, \tilde{\varepsilon}_t^j\right) p\left(\tilde{s}_{2,t}^j \middle| s_{t-1}^j\right)}$$

$$= \frac{p^{\varepsilon}\left(\tilde{\varepsilon}_t^j\right)}{g_t^{\varepsilon}\left(\tilde{\varepsilon}_t^j \middle| s_{t-1}^j\right)}$$

因此计算 w_t^j 仅需要计算 ε_t 的密度函数①。对于有扩展状态空间 s_t 的DSGE模型，应用前面介绍的方法，可以构建重要抽样分布 $g_t^{\varepsilon}(\varepsilon_t | s_{t-1})$。现在改变算法12的预测步骤2（a），得到广义自助粒子滤波。

算法14（广义自助粒子滤波）

算法12的2（a）步骤替换为

2.（a）’预测 s_t。提取密度 $g_t^{\varepsilon}\left(\tilde{\varepsilon}_t \middle| s_{t-1}\right)$ 的抽样 $\tilde{\varepsilon}_t^j$，令 $\tilde{s}_t^j = \Phi\left(s_{t-1}, \tilde{\varepsilon}_{t-1}^j\right)$。重要权重 w_t^j 由式（8.53）给出。

8.4.2 测量误差分布退化

在第8.1节，我们发现当测量误差方差降低时，自助粒子滤波效果恶化。如果测量误差方差 $\sum_u = 0$，则仅有能够准确预测当期观测值的粒子权重非零。如果扰动 ε_t 为连续分布，在预测步骤生成这样粒子的概率为零。对条件最优重要分布的讨论表明，如果没有测量误差，我们必须求解方程组

$$y_t = \Psi\left(\Phi\left(s_{t-1}^j, \tilde{\varepsilon}_t^j\right)\right) \tag{8.54}$$

来确定 $\tilde{\varepsilon}_t^j$。$\tilde{\varepsilon}_t^j$ 是 s_{t-1}^j 和当前观测值 y_t 的函数。之后定义：

$$w_t^j = p^{\varepsilon}\left(\tilde{\varepsilon}_t^j\right) \quad \text{和} \quad \tilde{s}_t^j = \Phi\left(s_{t-1}^j, \tilde{\varepsilon}_t^j\right) \tag{8.55}$$

对于非线性状态空间系统，例如利用高阶摄动方法求解得到的系统，即使 y_t 和 ε_t 的维度相等，系统也可能存在多解。令 $\bar{\varepsilon}_t^j(k)$ 表示这些解，$k = 1$，…，K。下标 t 和上标 j 表示这些解与 y_t 和 s_{t-1}^j 有关。式（8.53）中，重要分布的密度函数 $g_t^{\varepsilon}\left(\tilde{\varepsilon}_t^j \middle| s_{t-1}^j\right)$，现在变为多项式分布：

$$P\left\{\tilde{\varepsilon}_t^j = \bar{\varepsilon}_t^j(k)\right\} = \frac{p^{\varepsilon}\left(\bar{\varepsilon}_t^j(j)\right)}{\sum_{k=1}^{K} p^{\varepsilon}\left(\bar{\varepsilon}_t^j(k)\right)} \qquad k = 1, \cdots, K \tag{8.56}$$

由此得到

---

① 式（8.53）的推导有点晦涩难懂，它涉及退化概率分布的联合密度函数的因式分解。读者可能想知道细致的变量变换过程中出现的雅可比（Jacobian）项为什么没有出现在式（8.53）中。我们这里需要提出，式（8.53）最终使用在积分的重要抽样近似。核心思想（表示符号大幅简化）是如果 $s=\Phi(\varepsilon)$，则 $E^s[h(s)] = \int h(s)\, p^s(s)\, ds = \int h(\Phi(\varepsilon))\, p^{\varepsilon}(\varepsilon)\, d\varepsilon = E^{\varepsilon}[h(\varepsilon)]$。

$$w_t^j = \sum_{k=1}^{K} p^{\varepsilon}\left(\bar{\varepsilon}_t^j(k)\right) \tag{8.57}$$

根据构建方法，每个粒子 j 的 $p\left(y_t \middle| \tilde{s}_t^j\right)$ 为对应点 y_t 的重心。因此，式（8.28）的增量权重 $\tilde{w}_t^j$ 可以简单定义为 $\tilde{w}_t^j = w_t^j$。

这里存在两个困难。第一个困难是，我们必须找到非线性方程组的所有（实数）解。例如，如果DSGE模型是利用二阶摄动方法求解的，则必须求解每个粒子 j 的二次方程组，才能计算出 $\varepsilon_t^j(k)$[①]。第二个困难，以第4.3节的简单状态空间模型：

$y_t = s_{1,t} + s_{2,t}$， $s_{1,t} = \phi_2 s_{1,t-1} + \varepsilon_t$， $s_{2,t} = \phi_3 s_{1,t-1} + \phi_2 s_{1,t-1}$

为例来说明。注意到，由于没有测量误差，给定初始抽样 $s_0^j = \left(s_{1,0}^j, s_{2,0}^j\right)$ 和观测值 $Y_{1:T}$，可以通过递归方法求解得到整个粒子序列 $s_{1:T}^j$。利用 $p^{\varepsilon}\left(\tilde{\varepsilon}_t^j\right)$ 对粒子重新赋权。$p^{\varepsilon}\left(\tilde{\varepsilon}_t^j\right)$ 反映了给定 s_{t-1}^j 时，观测到 y_t 的可能性。利用滤波的再抽样步骤，复制 $p^{\varepsilon}\left(\tilde{\varepsilon}_t^j\right)$ 较大的粒子。但和有测量误差的模型不同，复制的粒子不再突变。如果在时期 τ，两个粒子相等，即 $s_\tau^i = s_\tau^j$，则对所有 $t > \tau$ 都有 $s_t^i = s_t^j$。因此如果粒子的分布极不均匀，并不能证明自身存在退化问题。实际上，它仅反映了绝大多数粒子相同这个事实。这导致似然函数近似不精确。出现这样的问题，一点不奇怪。算法本质上是从 $p(s_0)$ 提取抽样 s_0^j，借此逼近积分 $\int p(Y_{1:T}|s_0)p(s_0)ds_0$ 和计算蒙特卡罗平均 $\frac{1}{M}\sum_{j=1}^{M} p\left(Y_{1:T}\middle| s_0^j\right)$。

对于第二个难题，存在两种修正办法。第一个修正办法是，在粒子滤波中引入再抽样-移动步骤。下面对此进行讨论。第二个修正办法是，将初始状态 s_0 加入到参数向量 θ 中，将 $p(s_0)$ 看作先验分布。之后利用后验取样器对 s_0 和 θ 进行联合推断。例如，Chang，Doh和Schorfheide（2007）就利用这种修正办法，解决非平稳外生状态变量的初始化问题。

8.4.3 再抽样-移动（resample-move）步骤

设计算法11和算法12的再抽样步骤的目的，是让粒子权重分布均等，避免粒子分布退化。不过正如第8.4.2节讨论中所强调的，当模型没有测量误差时，粒子权重分布极为均匀，恰好是因为粒子值（几乎）相同（贫化）。这潜在会导致蒙特卡罗近似更不精确。即使t-1时期的粒子值完全相同，从建议分布 $g_t\left(\tilde{s}_t \middle| s_{t-1}^j\right)$ 中提取抽样 $\tilde{s}_t^j$，也会使 t 时期粒子值出现差异。不过，利用突变步骤，通过再抽样对粒子进行“抖动”，有助于增加粒子的多样性，提高滤波的准确性。这个“抖动”可以与SMC算法8的突变步骤相媲美，可以用于模型参数向量 θ 的后验推断。因此，Berzuini和Gilks（2001）在粒子滤波的再抽样步骤中，增加了“移动”步骤。

下面呈现的再抽样-移动算法，是Doucet和Johansen（2011）所述算法的特殊情况。为了理解粒子滤波中再抽样-移动步骤的工作原理，有必要首先剔除再抽样步骤，之后在算法12的2.（c）更新步骤后引入突变权。粒子根据马尔科夫转移核 $K_{(y_t, s_{t-1})}\left(s_t \middle| \tilde{s}_t\right)$

① Foerster，Rubio-Ramirez，Waggoner和Zha（2014）提供了此计算问题的解决办法。

进行突变。通过从给定 $\tilde{s}_t$ 的 s_t 条件分布进行抽样，转移核将粒子 $\tilde{s}_t^j$ 转换为粒子 s_t^j。转移核与当前观测值 y_t 和 $t-1$ 时期状态 s_{t-1} 的值有关，用下标表示。我们可以从 MH 步骤的结果中生成转移核。为了简化阐述，我们重点研究单一 MH 步骤情况。此时，需要设定一个建议分布 $q_t\left(\varsigma_t \middle| \tilde{s}_t^j\right)$。可以通过随机游走步骤生成建议密度函数，例如采用算法 9 介绍的 SMC 取样器的粒子突变。

算法 15（再抽样-移动算法的突变步骤）

1. 从密度函数中 $q_t\left(\varsigma_t \middle| \tilde{s}_t^j\right)$ 提取 ς_t。

2. 设 $s_t^j = \varsigma_t$，其概率为

$$\alpha_t\left(\varsigma_t \middle| \tilde{s}_t^j\right) = \min\left\{1, \frac{p\left(y_t|\varsigma_t\right)p\left(\varsigma_t|s_{t-1}^j\right)/q_t\left(\varsigma_t|\tilde{s}_t^j\right)}{p\left(y_t|\tilde{s}_t\right)p\left(\tilde{s}_t|s_{t-1}^j\right)/q_t\left(\tilde{s}_t^j|\varsigma_t\right)}\right\}$$

设 $s_t^j = \tilde{s}_t^j$，概率为 $1-\alpha_t\left(\varsigma_t \middle| \tilde{s}_t^j\right)$。

利用与第 3.5.2 节相同的步骤，建立满足不变方差特性的转移核

$$\int K_{\left(y_t, s_{t-1}\right)}\left(s_t|\tilde{s}_t\right)p\left(y_t|\tilde{s}_t\right)p\left(\tilde{s}_t|s_{t-1}\right)d\tilde{s}_t = p\left(y_t|s_t\right)p\left(s_t|s_{t-1}\right) \tag{8.58}$$

假设根据

$$\tilde{s}_t^j \sim g_t\left(\tilde{s}_t^j|s_{t-1}\right) \quad \text{和} \quad s_t^j \sim K_{\left(y_t, s_{t-1}^j\right)}\left(s_t^j|\tilde{s}_t^j\right) \tag{8.59}$$

抽取粒子值样本。则得到近似：

$$\int_{s_{t-1}}\int_{s_t} h\left(s_t\right)p\left(y_t|s_t\right)p\left(s_t|s_{t-1}\right)p\left(s_{t-1}|Y_{1:t-1}\right)ds_t ds_{t-1} \tag{8.60}$$

$$= \int_{s_{t-1}}\int_{\tilde{s}_t}\int_{s_t} h\left(s_t\right)K_{\left(y_t, s_{t-1}\right)}\left(s_t|\tilde{s}_t\right)\frac{p\left(y_t|\tilde{s}_t\right)p\left(\tilde{s}_t|s_{t-1}\right)}{g_t\left(\tilde{s}_t|s_{t-1}\right)}g_t\left(\tilde{s}_t|s_{t-1}\right)ds_t d\tilde{s}_t ds_{t-1}$$

$$\approx \frac{1}{M}\sum_{j=1}^{M} h\left(s_t^j\right)\tilde{w}_t^j W_{t-1}^j$$

其中

$$\tilde{w}_t^j = \frac{p\left(y_t|\tilde{s}_t^j\right)p\left(\tilde{s}_t^j|s_{t-1}^j\right)}{g_t\left(\tilde{s}_t^j|s_{t-1}^j\right)}$$

下面利用启发式方法，介绍再抽样-移动算法的推导过程。注意到，再抽样步骤出现在突变步骤之前。我们从多项式分布生成抽样 $\left(\hat{s}_t^j, \hat{s}_{t-1}^j\right)$，支撑点和权重为 $\left\{\left(\tilde{s}_t^j, s_{t-1}^j\right), \tilde{W}_t^j\right\}$，其中 $\tilde{W}_t^j \propto \tilde{w}_t^j W_{t-1}^j$。与在其他步骤之前采用再抽样相比，在 MCMC 步骤之前进行再抽样，总是会导致更大的样本差异。再抽样之后，我们可以设权重 $W_t^j = 1$，且抽样 $s_t^j \sim K_{\left(y_t, \hat{s}_{t-1}^j\right)}\left(s_t^j|\hat{s}_t^j\right)$，这样可以得到近似：

$$\int_{s_{t-1}}\int_{s_t} h\left(s_t\right)p\left(y_t|s_t\right)p\left(s_t|s_{t-1}\right)p\left(s_{t-1}|Y_{1:t-1}\right)ds_t ds_{t-1} \tag{8.61}$$

$$\approx \frac{1}{M}\sum_{j=1}^{M} h\left(s_t^j\right)W_t^j$$

概括起来，有再抽样-移动步骤的序贯重要抽样算法为：

算法16（有再抽样-移动步骤的粒子滤波）

替换算法12中的步骤2.（d）为：

2.（d）’再抽样-移动步骤

（ⅰ）根据多项式再抽样方法，对粒子再抽样。令 $\left\{\hat{s}_t^j, \hat{s}_{t-1}^j\right\}_{i=1}^N$ 表示 N 个多项式分布的独立同分布（iid）抽样，支撑点和权重为 $\left\{\left(\tilde{s}_t^j, s_{t-1}^j\right), \tilde{W}_t^j\right\}$，且设 $W_t^j=1$。

（ⅱ）利用算法15，根据马尔科夫转移核 $K_{\left(y_t, \hat{s}_{t-1}^j\right)}\left(s_t|\hat{s}_t^j\right)$ 生成抽样 s_t^j。

8.5 当前观测值的自适应 s_{t-1} 抽样

在第8.3节，在一般意义上，我们讨论了如何利用更一般的状态 $s_t|s_{t-1}$ 的建议分布，与当前观测值 y_t 相适应，提高基础自助粒子滤波效果。构建蒙特卡罗近似

$$\iint h(s_t)p(y_t|s_t)p(s_t|s_{t-1})p(s_{t-1}|Y_{1:t-1})ds_{t-1}ds_t \tag{8.62}$$

时，我们意识到生成 s_t 的建议分布 $g_t(s_t|s_{t-1})$ 时，将 $p(y_t|s_t)$ 考虑进来能够大幅提高效率。由于粒子滤波具有递归结构，直到现在我们都没有尝试采用与当前观测值 y_t 相适应的 s_{t-1} 建议分布。我们现在讨论两个算法，一个是Pitt和Shephard（1999）发展的辅助粒子滤波（auxiliary particle filter）；另一个是DeJong，Liesenfeld，Moura，Richard和Dharmarajan（2013）发展的有效重要抽样（efficient importance sampling，EIS）滤波。简言之，基本思想是，首先进行因式分解

$$\begin{aligned}&p(y_t|s_t)p(s_t|s_{t-1})p(s_{t-1}|Y_{1:t-1})\\&=p(s_t,s_{t-1}|y_t,Y_{1:t-1})p(y_t|Y_{1:t-1})\end{aligned} \tag{8.58}$$

之后从精选的建议分布 $g_t(s_t|s_{t-1})$ 中生成联合抽样（s_t，s_{t-1}），构建式（8.62）的重要抽样近似。

8.5.1 辅助粒子滤波

最早的辅助粒子滤波，使用辅助变量，并包含两个再抽样步骤。不过，后续研究表明，使用一个再抽样步骤效果更好，也没有必要引入辅助变量。现在我们介绍一种辅助粒子滤波。它的结构与算法12相同，且仅用一个再抽样步骤。我们按照Doucet和Johansen（2011）的做法，介绍这个算法。建议密度 $g_t(s_t|s_{t-1})$ 因式分解为：

$$g_t(s_t,s_{t-1})=g_t(s_t|s_{t-1})\tilde{p}(s_{t-1}|y_t,Y_{1:t-1}) \tag{8.64}$$

和自助粒子滤波一样，密度函数 $g_t(s_t|s_{t-1})$ 可以选择 $p(s_t|s_{t-1})$，也可以按照第8.3节所讨论的方式选择。下面重点介绍如何构建 $\tilde{p}(s_{t-1}|y_t,Y_{1:t-1})$。

令 $\tilde{p}(y_t|s_{t-1})$ 表示一步向前预测密度函数 $p(y_t|s_{t-1})$ 的近似。密度函数 $\tilde{p}(y_t|s_{t-1})$ 是可获得的。例如，向前迭代状态转移方程（基于 s_{t-1}^j 和 ε_t 抽样），通过求模拟 s_t 的平均得到 $\bar{s}_{t|t}^j$。之后利用修正的测量方程，构建厚尾的密度函数 $\tilde{p}\left(y_t|\bar{s}_{t|t}^j\right)$。利用预测密度函数 $\tilde{p}(y_t|s_{t-1})$，构建辅助后验分布：

$$\tilde{p}\left(s_{t-1}|Y_{1:t}\right)=\frac{\tilde{p}\left(y_t|s_{t-1}\right)p\left(s_{t-1}|Y_{1:t-1}\right)}{\tilde{p}\left(y_t|Y_{1:t-1}\right)} \tag{8.65}$$

定义辅助边缘数据密度函数

$$\tilde{p}\left(y_t|Y_{1:t-1}\right)=\int\tilde{p}\left(y_t|s_{t-1}\right)p\left(s_{t-1}|Y_{1:t-1}\right)ds_{t-1} \tag{8.66}$$

这里如此复杂，原因是不能直接计算重要权重 $p(s_t, s_{t-1}| y_t, Y_{1:t})/g_t(s_t, s_{t-1})$ 的分子。

辅助粒子滤波有两组权重。第一组权重用来追踪分布 $\tilde{p}\left(s_{t-1}|Y_{1:t}\right)$ 的轨迹；第二组权重用来逼近后验分布 $p(s_t| Y_{1:t})$。在开始推导之前，我们首先假设 $t-1$ 时刻粒子群 $\left\{s_{t-1}^j, W_{t-1}^j\right\}_{j=1}^M$ 是辅助后验分布的近似

$$\frac{1}{M}\sum_{j=1}^{M}h\left(s_{t-1}^j\right)W_{t-1}^j\approx\int h\left(s_{t-1}\right)\tilde{p}\left(s_{t-1}|Y_{1:t}\right)ds_{t-1} \tag{8.67}$$

之后对粒子群进行运算，得到 $\tilde{p}\left(s_t|Y_{1:t+1}\right)$ 的近似。一旦建立起 $\left\{s_t^j, W_t^j\right\}_{j=1}^M$ 的递归关系，我们就可以讨论 $h(s_t)$ 和似然增量 $p(y_t| Y_{t-1})$ 的蒙特卡罗近似。

假设时刻 t，粒子 $\tilde{s}_t^j$ 是重要密度函数 $g_t\left(\tilde{s}_t|s_{t-1}^j\right)$ 的抽样。定义增量权重

$$\tilde{w}_t^j=p\left(y_t|\tilde{s}_t^j\right)\frac{p\left(\tilde{s}_t^j|s_{t-1}^j\right)}{g_t\left(\tilde{s}_t^j|s_{t-1}^j\right)}\frac{\tilde{p}\left(y_{t+1}|\tilde{s}_t^j\right)}{\tilde{p}\left(y_t|s_{t-1}^j\right)} \tag{8.68}$$

用这个权重代替算法 12 中式（8.28）的增量权重。分别利用 $\tilde{p}\left(s_{t-1}|Y_{1:t}\right)$ 定义式（8.65）和 $\tilde{w}_t^j$ 定义式（8.68），得到：

$$\frac{1}{M}\sum_{j=1}^{M}h\left(s_t^j\right)\tilde{w}_t^jW_{t-1}^j \tag{8.69}$$

$$\approx\int\int h\left(s_t\right)p\left(y_t|s_t\right)\frac{p\left(s_t|s_{t-1}\right)\tilde{p}\left(y_{t+1}|s_t\right)}{g_t\left(s_t|s_{t-1}\right)\tilde{p}\left(y_t|s_{t-1}\right)}g_t\left(s_t|s_{t-1}\right)\tilde{p}\left(s_{t-1}|Y_{1:t}\right)ds_{t-1}ds_t$$

$$=\frac{1}{\tilde{p}\left(y_t|Y_{1:t-1}\right)}\int h\left(s_t\right)p\left(y_t|s_t\right)\tilde{p}\left(y_{t+1}|s_t\right)\left[\int p\left(s_t|s_{t-1}\right)p\left(s_{t-1}|Y_{1:t-1}\right)ds_{t-1}\right]ds_t$$

$$=\frac{1}{\tilde{p}\left(y_t|Y_{1:t-1}\right)}\int h\left(s_t\right)\tilde{p}\left(y_{t+1}|s_t\right)p\left(y_t|s_t\right)p\left(s_t|Y_{1:t-1}\right)ds_t$$

$$=\frac{p\left(y_t|Y_{1:t-1}\right)}{\tilde{p}\left(y_t|Y_{1:t-1}\right)}\int h\left(s_t\right)\tilde{p}\left(y_{t+1}|s_t\right)p\left(s_t|Y_{1:t}\right)ds_t$$

由式（8.65）得到第一个等号；应用贝叶斯定理，得到给定$(y_t, Y_{1:t-1})$的 s_t 的后验分布，进而得到第三个等号。最后一个积分前面的因子比较麻烦。不过一旦取比率形式，就可以消掉它。定义（此处推导过程，忽略了更新的标准权重 $\tilde{W}_t^j$ 和粒子滤波算法再抽样步骤之后权重 W_t^j 之间的差别）

$$W_t^j=\frac{\tilde{w}_t^jW_{t-1}^j}{\frac{1}{M}\sum_{j=1}^{M}\tilde{w}_t^jW_{t-1}^j} \tag{8.70}$$

注意到

$$\frac{1}{M}\sum_{j=1}^{M}h\left(s_t^j\right)W_t^j \approx \frac{\int h(s_t)\tilde{p}\left(y_{t+1}|s_t\right)p\left(s_t|Y_{1:t}\right)ds_t}{\int \tilde{p}\left(y_{t+1}|s_t\right)p\left(s_t|Y_{1:t}\right)ds_t} \tag{8.71}$$

$$= \int h(s_t)\tilde{p}\left(s_t|Y_{1:t+1}\right)ds_t$$

这是式（8.67）在时刻t的表达式。

第二组权重不可或缺。与原来的算法12不同，对于状态 $p(y_t|Y_{1:t})$ 的密度函数和预测似然函数 $p(y_t|Y_{1:t-1})$，这里不能用粒子群 $\left\{\tilde{s}_t^j, W_t^j\right\}$ 来近似。将式（8.68）权重 $\tilde{w}_t^j$ 除以 $\tilde{p}\left(y_{t+1}|\tilde{s}_t^j\right)$，得到替代权重

$$\bar{w}_t^j = p\left(y_t|\tilde{s}_t^j\right)\frac{p\left(\tilde{s}_t^j|s_{t-1}^j\right)}{g_t\left(\tilde{s}_t^j|s_{t-1}^j\right)}\frac{1}{\tilde{p}\left(y_t|s_{t-1}^j\right)} \tag{8.72}$$

$$\bar{W}_t^j = \frac{\bar{w}_t^j W_{t-1}^j}{\frac{1}{M}\sum_{j=1}^{M}\bar{w}_t^j W_{t-1}^j}$$

利用与式（8.69）相同的步骤，可以证明：

$$\frac{1}{M}\sum_{j=1}^{M}h\left(\tilde{s}_t^j\right)\bar{w}_t^j W_{t-1}^j \approx \frac{p\left(y_t|Y_{1:t-1}\right)}{\tilde{p}\left(y_t|Y_{1:t-1}\right)}\int h(s_t)p\left(s_t|Y_{1:t}\right)ds_t \tag{8.73}$$

因此由

$$\frac{1}{M}\sum_{j=1}^{M}h\left(s_t^j\right)\bar{W}_{t-1}^j \approx \int h(s_t)p\left(s_t|Y_{1:t}\right)ds_t \tag{8.74}$$

可以直接得到 $s_t|Y_{1:t}$ 后验分布的近似。由式（8.72）W_t^j 定义，因子 $p\left(y_t|Y_{1:t-1}\right)/\tilde{p}\left(y_t|Y_{1:t-1}\right)$ 作为比率直接消掉了。

在通用粒子滤波算法中，通过非标准化粒子权重的平均逼近似然增量。而在辅助粒子滤波算法中，利用两组粒子权重得到如下近似：

$$\frac{1}{M}\sum_{j=1}^{M}\tilde{w}_t^j W_{t-1}^j \approx p\left(y_t|Y_{1:t-1}\right)\frac{\tilde{p}\left(y_{t+1}|Y_{1:t}\right)}{\tilde{p}\left(y_t|Y_{1:t-1}\right)} \tag{8.75}$$

$$\frac{1}{M}\sum_{j=1}^{M}\bar{w}_t^j W_{t-1}^j \approx \frac{p\left(y_t|Y_{1:t-1}\right)}{\tilde{p}\left(y_t|Y_{1:t-1}\right)}$$

因此，直接利用这两个蒙特卡罗平均并不能达到目的。修正 $\bar{w}_t^j$ 的平均，首先要估计出 $\tilde{p}\left(y_t|Y_{1:t-1}\right)$，这可以通过

$$\frac{1}{M}\sum_{j=1}^{M}\frac{1}{\tilde{p}\left(y_t|s_{t-1}^j\right)}W_{t-1}^j \approx \int \frac{1}{\tilde{p}\left(y_t|s_{t-1}\right)}\frac{\tilde{p}\left(y_t|s_{t-1}\right)p\left(s_{t-1}|Y_{1:t-1}\right)}{\tilde{p}\left(y_t|Y_{1:t-1}\right)}ds_{t-1} \tag{8.76}$$

$$= \frac{1}{\tilde{p}\left(y_t|Y_{1:t-1}\right)}$$

得到。这里用到了式（8.65）和式（8.67）。因此

$$\left(\frac{1}{M}\sum_{j=1}^{M}\frac{1}{\tilde{p}\left(y_t|s_{t-1}^j\right)}W_{t-1}^j\right)^{-1}\left(\frac{1}{M}\sum_{j=1}^{M}\bar{w}_t^j W_{t-1}^j\right) \approx p\left(y_t|Y_{1:t-1}\right) \tag{8.77}$$

另外，注意到

$$\left(\frac{1}{M}\sum_{j=1}^{M}\bar{w}_T^j W_{T-1}^j\right)\left\{\prod_{t=1}^{T-1}\left(\frac{1}{M}\sum_{j=1}^{M}\tilde{w}_t^j W_{t-1}^j\right)\right\} \tag{8.78}$$

$$\approx p\left(y_T|Y_{1:T-1}\right)p\left(y_{T-1}|Y_{1:T-2}\right)\dots p\left(y_2|y_1\right)p\left(y_1\right)\frac{1}{\tilde{p}\left(y_1\right)}$$

$$=\frac{p\left(Y_{1:T}\right)}{\tilde{p}\left(y_1\right)}$$

利用 $\tilde{p}\left(y_1\right)$ 的估计，对上式进行调整，得到似然函数的近似。

辅助粒子滤波的潜在优势是增量权重 $\bar{w}_t^j$ 比通用粒子滤波的增量权重更稳定。即使采用自助建议密度函数 $g_t\left(\cdot\middle|s_{t-1}^j\right)=p\left(\cdot\middle|s_{t-1}^j\right)$ 亦是如此。此时 $\bar{w}_t^j=p\left(y_t\middle|\tilde{s}_t^j\right)/\tilde{p}\left(y_t\middle|s_{t-1}^j\right)$，这意味着其方差比 $p\left(y_t\middle|\tilde{s}_t^j\right)$ 方差低。和任何重要抽样近似一样，密度函数 $\tilde{p}\left(y_t\middle|s_{t-1}^j\right)$ 比密度函数 $p\left(y_t\middle|\tilde{s}_t^j\right)$ 的尾部更厚，这一特性至关重要。辅助粒子滤波可以概括为

算法17（辅助粒子滤波）

1. **初始化**。从分布 $s_0^j\overset{iid}{\sim}p(s_0)$ 中提取初始粒子，且设 $\tilde{w}_0^j=\tilde{p}\left(y_1\middle|s_0^j\right)$ 以及 $W_0^j=\tilde{w}_0^j/\frac{1}{M}\sum_{j=1}^{M}\tilde{w}_0^j$。

2. **迭代**。对于 $t=1$，…，T：

(a) **重要抽样**。从 $g_t\left(\tilde{s}\middle|s_{t-1}^j,\theta\right)$ 提取抽样 $\tilde{s}_t^j$，计算式（8.68）和式（8.72）的增量权重 $\tilde{w}_t^j$ 和 $\bar{w}_t^j$。并且计算标准化权重 $\tilde{W}_t^j\propto\tilde{w}_t^j$ 和 $\bar{W}_t^j\propto\bar{w}_t^j$。

(b) **预测** y_t。预测密度函数 $p(y_t|Y_{1:t-1},\theta)$ 由式（8.77）近似表示。

(c) **更新**。$E[h(s_t)|Y_{1:t},\theta]$ 的近似由式（8.74）给出。

(d) **选择**。(与算法11相同)

3. **似然近似**。根据式（8.77）或式（8.78），可以得到对数似然函数近似。

8.5.2 EIS滤波

第二种与 y_t 相适应的 s_{t-1} 建议分布的滤波，由DeJong，Liesenfeld，Moura，Richard和Dharmarajan（2013）提出。这个算法的基础假设是在 $t-1$ 期迭代的最后，采用连续滤波近似 $\hat{p}\left(s_{t-1}\middle|Y_{1:t-1}\right)$（这与粒子滤波生成离散近似不同）。采用迭代的重要抽样步骤，目的是利用 s_{t-1} 和 s_t 的联合建议密度函数 $g_t(s_t, s_{t-1})$，计算密度函数

$$\varphi_t(s_t,s_{t-1})=p\left(y_t\middle|s_t\right)p\left(s_t\middle|s_{t-1}\right)\hat{p}\left(s_{t-1}\middle|Y_{1:t-1}\right)$$

联合建议密度函数 $g_t(s_t, s_{t-1})$ 因式分解为：

$$g_t(s_t, s_{t-1})=g_t(s_t)\,g_t(s_{t-1}|s_t)$$

利用参数族分布，逼近目标分布 $\varphi_t(s_t,s_{t-1})$，构建这个建议密度函数。参数的选择标准是使重要抽样比率 $\varphi_t(s_t,s_{t-1})/g_t(s_t)g_t\left(s_{t-1}\middle|s_t\right)$ 的蒙特卡罗方差最小。作者将这个比率称为有效重要抽样（efficient importance sampling）。通过算法迭代，将近似 $\hat{p}\left(s_{t-1}\middle|Y_{1:t-1}\right)$ 转换为近似 $\hat{p}\left(s_t\middle|Y_{1:t}\right)$。如果读者想了解EIS算法的具体实施过程，推荐阅读DeJong，

Liesenfeld，Moura，Richard 和 Dharmarajan（2013）。该文章以小型DSGE模型为研究对象，对EIS滤波方法进行了数值说明。

8.6 小型DSGE模型应用

为了说明粒子滤波方法，我们使用自助粒子滤波，条件最优粒子滤波和辅助粒子滤波，计算小型新凯恩斯DSGE模型的似然函数。我们计算两个参数向量的似然函数，表示为 θ^m 和 θ^l。表8-1详细给出这两个参数向量。对于参数向量 θ^m 的值，我们选择后验抽样 $\{\theta^i\}_{i=1}^N$（见第4.2节）中似然值最大的抽样。注意到这个值既不是后验模式（因为后验模式由似然函数和先验的乘积确定），亦不需要是似然函数的最大值（因为不需要后验取样器到达似然函数值最大的参数空间区域）。θ^m 的对数似然值 $\ln(Y|\theta^m)=-306.49$。对于第二个参数向量 θ^l 值，我们选择较低的对数似然值。依照我们的选择，$\ln(Y|\theta^l)=-313.36$。从似然函数微分的角度看，将对数似然函数微分13.8乘以2倍，大致等于假设 $\theta=\theta^m$ 对 $\theta=\theta^l$ 的5%χ_2临界值22.4。因此，数据虽然支持 θ^m，但并没有充足的证据拒绝 θ^l。

表8-1　　小型模型：参数值

参数	θ^m	θ^l	参数	θ^m	θ^l
τ	2.09	3.26	κ	0.98	0.89
Ψ_1	2.25	1.88	Ψ_2	0.65	0.53
ρ_r	0.81	0.76	ρ_g	0.98	0.98
ρ_z	0.93	0.89	$r^{(A)}$	0.34	0.19
$\pi^{(A)}$	3.16	3.29	$\gamma^{(Q)}$	0.51	0.73
σ_r	0.19	0.20	σ_g	0.65	0.58
σ_z	0.24	0.29	$\ln(Y\|\theta)$	-306.5	-313.4

在时刻 t，利用粒子滤波可以得到似然函数贡献的近似 $\hat{p}(y_t|Y_{1:t-1},\theta)$ 和滤波状态分布近似 $\hat{p}(s_t|Y_{1:t},\theta)$。由于研究对象是线性小型DSGE模型，因此可以将近似 $\hat{p}(.)$ 与卡尔曼滤波得到的确切密度函数 $p(.)$ 进行比较。首先，我们采用1983年第1季度到2002年第4季度的数据为样本，运行一次滤波。估计DSGE模型所用样本和前面一样。我们将卡尔曼滤波、自助粒子滤波和条件最优粒子滤波的输出结果进行对比。为了便于粒子滤波应用，在DSGE模型的测量方程中加入独立的测量误差。测量误差的标准差设为观测变量标准误差的20%[①]。自助粒子滤波使用40 000个粒子，条件最优粒子滤波使用400个粒子。可以预期，条件最优粒子滤波的近似应该比自助粒子滤波更为精确。这也是条件最优粒子滤波选择如此之少粒子的原因。

①产出增长、通货膨胀和利率测量误差的标准误差分别为0.1160、0.2942和0.4467。

本章，只要DSGE模型的测量方程包含测量误差，使用自助滤波方法就很容易。因此，自助粒子滤波似然近似的精确度可以看作是粒子滤波方法似然近似精确度的下限。在第8.3节曾经提到过，对于非线性DSGE模型，通常无法应用条件最优滤波。此时要利用其他非线性滤波生成建议分布，得到近似条件最优滤波。因此，在DSGE模型应用中，条件最优粒子滤波的近似精确度可以看作是粒子滤波近似精确度的现实上限。

图8-1为对数似然增量序列和均值 $E\left[\hat{g}_t|Y_{1:t}\right]$ 序列的图形。$\hat{g}_t$ 为外生政府支出偏离稳态的百分比。从图形上看，确切对数似然与条件最优粒子滤波生成的对数似然近似几乎没有差别。自助粒子滤波近似偏离确切对数似然的程度更大些，尤其在似然值较低时期，即1986至1991年之间的这一段时期。滤波需求冲击的结论比较类似：$E[g_t|Y_{1:t}, \theta^m]$ 的条件最优粒子滤波近似极为精确；卡尔曼滤波和自助粒子滤波生成的 $\hat{g}_t$ 估计路径存在显著差别。1991年的缺口高达2%。与此同时，对数似然值下降到-10以下。由于 $\hat{g}_t$ 过程存在持续性（ρ_g=0.98），因此余下样本期内，缺口并没有消失。

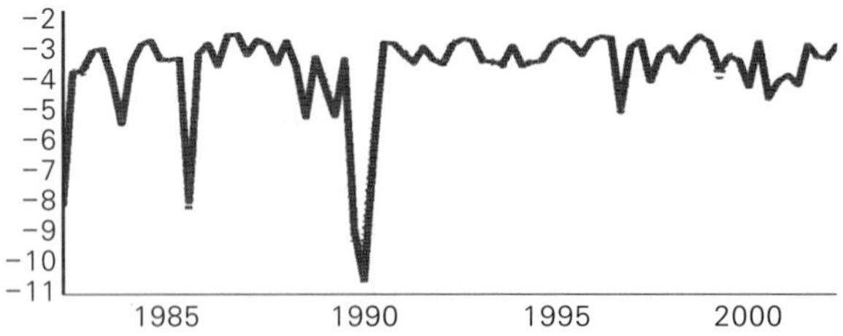

$\ln\hat{p}\left(y_t|Y_{1:t-1},\theta^m\right)$ 和 $\ln p\left(y_t|Y_{1:t-1},\theta^m\right)$

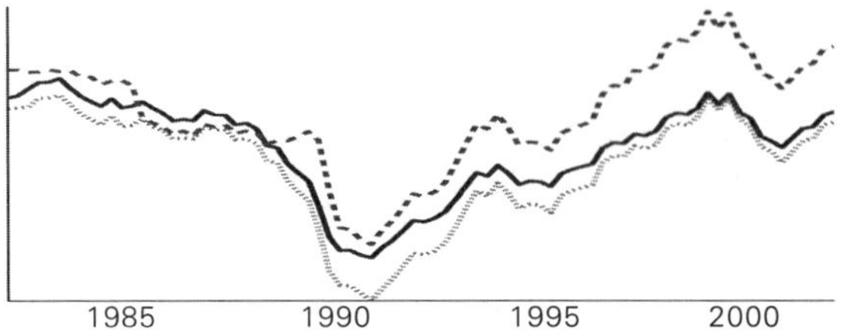

$\hat{E}\left[\hat{g}_t|Y_{1:t},\theta^m\right]$ 和 $E\left[\hat{g}_t|Y_{1:t},\theta^m\right]$

图8-1　小型模型：对数似然近似和 $\hat{g}_t$ 滤波

注：图形结论都来源于运行一次自助粒子滤波（划线）、条件最优粒子滤波（点线）和卡尔曼滤波（实线）的输出结果。

为了评价似然函数粒子滤波近似的精确性，我们运行滤波 $N_{run}=100$ 次，考察差异

$$\hat{\Delta}_1=\ln\hat{p}\left(Y_{1:T}|\theta\right)-\ln p\left(Y_{1:T}|\theta\right) \tag{8.79}$$

的样本特征。图8-2为相关结论的图形。左图比较了 θ^m 和 θ^l 的自助滤波精确度。给定 θ^m，$\hat{\Delta}_1$ 的大多数模拟值都落在-8至5的对数似然单位区间。对于 θ^l，$\hat{\Delta}_1$ 的离散程度更大，更向左偏，覆盖范围从-20到5。随着近似精确度的恶化，拟合程度也在恶化。这并不意外。由于自助粒子滤波通过向前模拟状态转移方程，生成 s_t 的建议抽

样。模型的拟合越差，s_t 的建议分布和目标后验分布之间的不匹配程度越大。

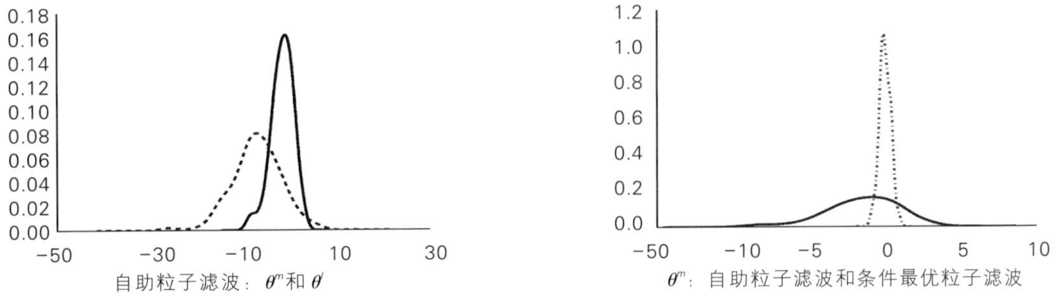

图 8–2　小型模型：对数似然近似误差的分布（第 1 部分）

注：根据粒子滤波运行 $N_{run}=100$ 次的输出结果，估计 $\hat{\Delta}_1=\ln\hat{p}\left(Y_{1:T}\middle|\theta\right)-\ln p\left(Y_{1:T}\middle|\theta\right)$ 的密度函数。实线为 $\theta=\theta^m$ 和自助粒子滤波（$M=40\,000$）的密度函数；划线为 $\theta=\theta^l$ 和自助粒子滤波（$M=400$）的密度函数；点线为 $\theta=\theta^m$ 和条件最优粒子滤波（$M=400$）的密度函数。

图 8–2 的右图比较了参数 θ^m 的自助粒子滤波和条件最优粒子滤波的 $\hat{\Delta}_1$ 的分布情况。根据图形，后者比前者更精确些，$\hat{\Delta}_1$ 的实证分布紧密地以 0 为中心。表 8–2 概括了这两种滤波 $\hat{\Delta}_1$ 的偏差和标准误差。给定参数 θ^m，自助粒子滤波 $\hat{\Delta}_1$ 的标准误差大约是条件最优粒子滤波的 6 倍。当参数变为 θ^l 时，自助粒子滤波的标准误差增加了大约 2.3 倍，条件最优粒子滤波的标准误差增加了大约 1.4 倍。因此，与条件最优粒子滤波相比，自助粒子滤波对模型设定更敏感。

表 8–2　小型模型：粒子滤波的汇总统计

	自助粒子滤波	条件最优粒子滤波	辅助粒子滤波
粒子数量	40 000	400	40 000
算法运行次数	100	100	100
高后验密度：$\theta=\theta^m$			
$\hat{\Delta}_1$ 的偏差	−1.39	−0.10	−2.83
$\hat{\Delta}_1$ 的标准误差	2.03	0.37	1.87
$\hat{\Delta}_2$ 的偏差	0.32	−0.03	−0.74
低后验密度：$\theta=\theta^l$			
$\hat{\Delta}_1$ 的偏差	−7.01	−0.11	−6.44
$\hat{\Delta}_1$ 的标准误差	4.68	0.44	4.19
$\hat{\Delta}_2$ 的偏差	−0.70	−0.02	−0.50

我们还需要考虑辅助粒子滤波，它可以替代自助粒子滤波和条件最优粒子滤波。对于辅助粒子滤波，设 $g_t\left(\tilde{s}_t^j\middle|s_{t-1}^j\right)=p\left(\tilde{s}_t^j\middle|s_{t-1}^j\right)$；设 $\tilde{p}\left(y_t\middle|s_{t-1}^j\right)$ 为正态分布，均值为 $E\left(y_t\middle|s_{t-1}^j\right)$，

方差为测量误差方差的10倍。图8-3给出了对数似然近似误差 $\hat{\Delta}_1$ 分布[①]的图形。从图形看，辅助粒子滤波和自助粒子滤波的结果极为相似。对于 θ^m，辅助粒子滤波 $\hat{\Delta}_1$ 的分布下偏比较明显。对于 θ^l，$\hat{\Delta}_1$ 分布稍向左偏。表8-2最后一列报告了 $\hat{\Delta}_1$ 和 $\hat{\Delta}_2$ 的样本矩。虽然辅助粒子滤波能够降低对数似然差异的变异幅度，但与自助粒子滤波相比，θ^m 的 $\hat{\Delta}_1$ 小样本偏差增加了2倍。

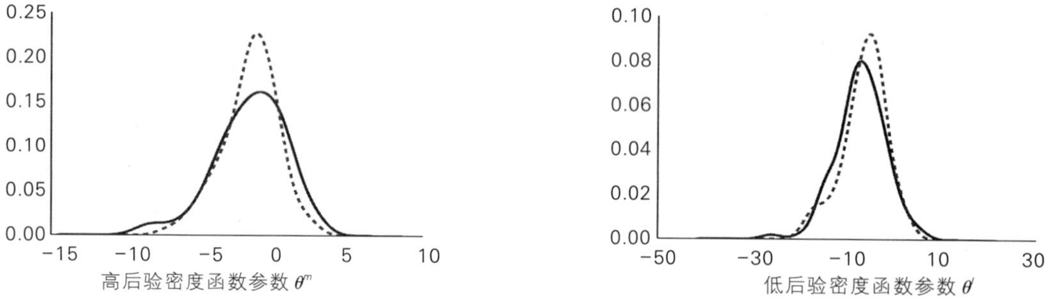

图8-3　小型模型：对数似然近似误差（第2部分）

注：根据粒子滤波运行 $N_{run}=100$ 次的输出结果，估计 $\hat{\Delta}_1=\ln\hat{p}(Y_{1:T}|\theta)-\ln p(Y_{1:T}|\theta)$ 的密度函数。实线为自助粒子滤波的密度函数。虚线为辅助粒子滤波的密度函数。粒子数量 $M=40\ 000$。

在第9章和第10章，我们将把粒子滤波嵌入到后验取样器。对于非线性DSGE模型的后验推断来说，这样做非常必要。采用这种做法，要求利用粒子滤波生成似然函数 $p(Y_{1:T}|\theta)$ 及其增量 $p(y_t|Y_{1:t-1},\theta)$ 的近似必须无偏。如果粒子数量 M 有限，利用这种算法，可以生成一致逼近 θ 后验分布的矩和分位点的抽样。虽然理论上，粒子滤波似然近似是无偏的。但实践中，近似的样本分布可能存在较大的偏度和厚尾。在这种情况下，只要算法重复运行次数保持适度，得到的有限样本平均必然有偏。如果后验取样器依赖于粒子滤波近似，则存在收敛速度较慢（或收敛失败）的可能。

在图8-2中，我们主要考虑对数似然近似 $\ln\hat{p}(Y_{1:T}|\theta)$ 的分布。非常明显，粒子滤波估计的 $\ln p(Y_{1:T}|\theta)$ 下偏。根据詹森不等式，如果似然函数近似无偏，由于对数变换为凹变换，可以预期偏差为负。难以用数值方法计算 $\hat{p}(Y_{1:T}|\theta)$ 的偏差。如果对数似然值接近-300，取指数会导致数值缺失。取而代之，我们考虑统计量

$$\begin{aligned}\hat{\Delta}_2&=\frac{\hat{p}(Y_{1:T}|\theta)}{p(Y_{1:T}|\theta)}-1\\&=\exp\left[\ln\hat{p}(Y_{1:T}|\theta)-\ln p(Y_{1:T}|\theta)\right]-1\end{aligned}\tag{8.80}$$

计算 $\hat{\Delta}_2$ 需要求对数似然值差的指数。如果粒子滤波逼近较为精确，可以采用这种做法。如果粒子滤波近似无偏，$\hat{\Delta}_2$ 的样本均值等于零。

根据式（8.80），$\hat{\Delta}_2$ 下限为-1。图8-2的右图表明，采用自助粒子滤波，$\hat{\Delta}_2$ 的分布

① 从数值角度看，式（8.77）和（8.78）的对数似然近似极为相似。我们这里仅报告式（8.77）的图和表。

将显著聚集在−1附近（注意exp[−5]≈0.007，且长右尾exp[3]≈20）。表8-2报告了重复100次时 $\hat{\Delta}_2$ 的均值。采用条件最优粒子滤波时，给定 θ^m 和 θ^l 的均值基本为零。采用自助粒子滤波时，给定 θ^m 的均值接近零，给定 θ^l 的均值基本小于零。与自助粒子滤波相比，辅助粒子滤波并不能降低 $\hat{\Delta}_2$ 的小样本偏差。实际上，在 θ^m，辅助粒子滤波的偏差是自助粒子滤波偏差的2倍（从绝对值角度看）。

根据构建的表达式，自助粒子滤波精确度对奇异观测值极为敏感。某种程度上，我们考虑的DSGE模型一般不会出现奇异值。向前模拟状态向量，不可能得到能合理解释奇异观测值 y_t 的建议状态 $\tilde{s}_t^j$。奇异值的出现，将导致粒子滤波分布不均匀，进而导致蒙特卡罗近似不精确。从DSGE模型角度看（其他流行的时间序列模型亦是如此），最近2008—2009年出现的大衰退就是较大奇异值。保持 θ^m 和 θ^l 的参数值不变，我们以2003年第1季度到2013年第4季度的数据为样本，运行滤波。结果如图8-4所示。

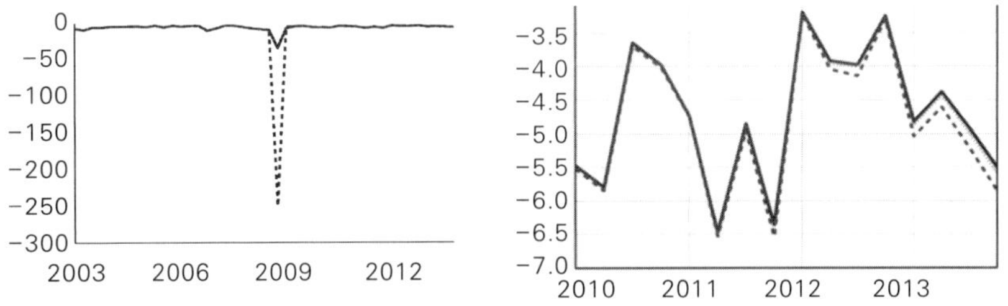

对数似然增量 $\ln\hat{p}\left(y_t|Y_{1:t-1},\theta^m\right)$ 的均值

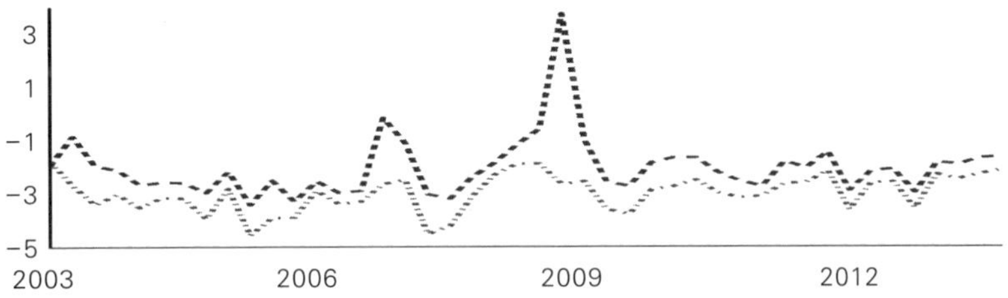

对数似然增量的对数标准误差

图8-4　小型模型：大衰退时期及其前后的粒子滤波

注：实线表示卡尔曼滤波结果。划线对应为自助粒子滤波（$M=40\ 000$）的结果；点线对应为条件最优粒子滤波（M=400）的结果。所有结论都是利用粒子滤波运行 $N_{run}=100$ 次输出结果计算得到的。

图8-4的左上图为对数似然增量序列。在2008年第4季度，产出增长大幅度下降，此时对数似然增量基本上比其他任何时期都低。条件最优粒子滤波还能很好地追踪实际似然函数变化。但自助粒子滤波近似则变得非常不精确。自助粒子滤波低估似然增量大约250个对数单位。有趣的是，在接下来的时期，自助粒子滤波恢复速度极快。右上图为重复100次时，似然增量近似的90%置信带。自助粒子滤波的带宽通常小于1个对数单位。下图为对数似然增量的对数标准误差。对于条件最优粒子滤波，除2008年以后看起来有轻微的增长以外，对数标准误差随着时间的变化比较稳定。自助粒子滤波的标准误差通常大于条件最优粒子滤波，并在2008年第4季度出现较大的尖峰。

8.7 SW模型应用

对于粒子滤波的第二个应用，我们考虑SW模型。从计算角度看，无论是估计中使用的观测变量数量还是隐含状态变量个数，SW模型都与小型DSGE模型不同。在小型新凯恩斯DSGE模型估计中，我们用了3个可观测变量，模型包含1个内生状态变量，3个外生冲击。对于SW模型的估计，我们需要使用7个变量，模型包含的状态变量超过12个。我们将考察模型规模增大到什么程度时，粒子滤波近似的精确度开始恶化。状态空间较大，利用滤波准确消除隐含状态变量的难度就大。观测变量的个数越多，出现模型设定误差的可能性就越大，这会导致自助粒子滤波恶化。记得我们说过，给定 $s_{t-1}|Y_{1:t-1}$ 的分布，自助粒子滤波对 y_t 的预测精确度非常敏感。

和上一节一样，我们给定 θ^m 和 θ^l 两组参数值，计算粒子滤波近似。表8-3为所用参数值的概括总结。θ^m 为利用后验取样器生成的抽样中，似然值最高的参数向量。θ^l 为似然值较低的参数向量。两个参数向量之间的对数似然差大约为13。设定测量误差的标准误差大约为时间序列样本标准误差的20%[①]。我们选择1966年第1季度到2004年第4季度的数据为样本，运行滤波 $N_{run}=100$ 次。

表8-3　　SW模型：参数值

参数	θ^m	θ^l	参数	θ^m	θ^l
$100(\beta^{-1}-1)$	0.159	0.182	$\bar{\pi}$	0.774	0.571
$\bar{l}$	-1.078	0.019	α	0.181	0.230
σ	1.016	1.166	Φ	1.342	1.455
φ	6.625	4.065	h	0.597	0.511
ξ_w	0.752	0.647	σ_l	2.736	1.217
ξ_p	0.861	0.807	ι_w	0.259	0.452
ι_p	0.463	0.494	ψ	0.837	0.828
r_π	1.769	1.827	ρ	0.855	0.836
r_y	0.090	0.069	$r_{\Delta y}$	0.168	0.156
ρ_a	0.982	0.962	ρ_b	0.868	0.849
ρ_g	0.962	0.947	ρ_i	0.702	0.723
ρ_r	0.414	0.497	ρ_p	0.782	0.831
ρ_w	0.971	0.968	ρ_{ga}	0.450	0.565
μ_p	0.673	0.741	μ_w	0.892	0.871
σ_a	0.375	0.418	σ_b	0.073	0.075
σ_g	0.428	0.444	σ_i	0.350	0.358
σ_r	0.144	0.131	σ_p	0.101	0.117
σ_w	0.311	0.382	$\ln p(Y\|\theta)$	-943.00	-956.06

①测量误差的标准误差为：0.1731（产出增长），01394（消费增长），0.4515（投资增长），0.1128（工作小时对数），0.1230（通货膨胀率），0.1653（利率）。

图8-5为自助粒子滤波和条件最优粒子滤波的对数似然差异 $\hat{\Delta}_1$ 的密度图。与图8-2进行对比发现，从小型DSGE模型到中型DSGE模型，粒子滤波的精确度明显恶化。图8-5最上面一行图形，为使用40 000个粒子的自助粒子滤波结果。使用的粒子数与小型DSGE模型相同。根据表8-4，在 θ^m 处 $\hat{\Delta}_1$ 的偏差为-238.49，标准误差为68.28。对于小型模型，对应样本矩分别为-1.39和2.03。

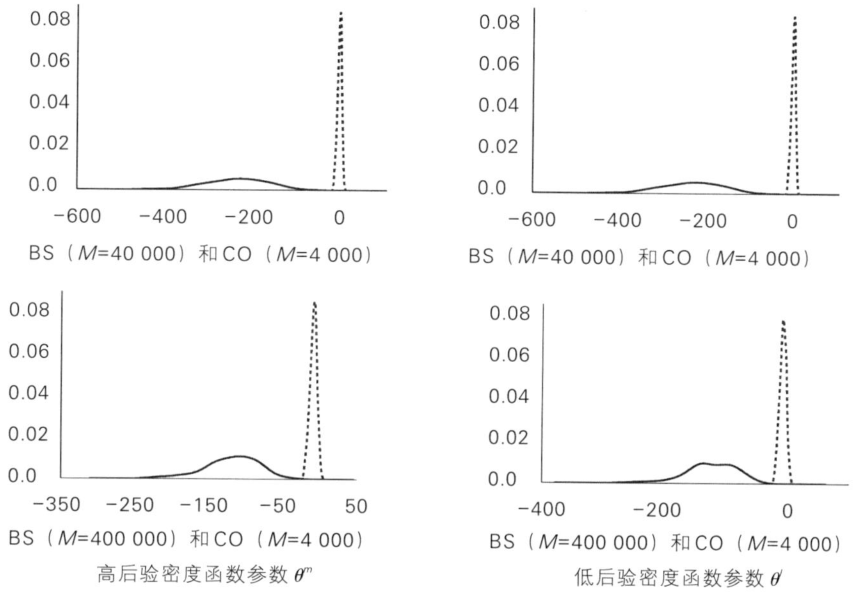

图8-5　SW模型：对数似然近似误差的分布

注：根据粒子滤波运行 $N_{run}=100$ 次的输出结果，估计 $\hat{\Delta}_1=\ln\hat{p}(Y_{1:T}|\theta)-\ln p(Y_{1:T}|\theta)$ 的密度函数。实线为自助（BS）粒子滤波结论。虚线为条件最优（CO）粒子滤波结论。

如图8-5最下面那行图形所示，将粒子数量从4 000增加到400 000，滤波的精确度有所提高，但同时计算时间也增加。对于条件最优粒子滤波，我们使用4 000个粒子，这是小型DSGE模型所用粒子数的10倍。与自助粒子滤波相比，采用改进的建议分布能获得较大收益。根据表8-4结果，与采用40 000个粒子的自助粒子滤波相比，$\hat{\Delta}_1$ 的小样本偏差下降幅度超过20倍，标准误差下降幅度超过15倍。与小型DSGE模型不同的是，对于小样本，条件最优粒子滤波的似然近似明显有偏。对于 θ^m 和 θ^l，$\hat{\Delta}_2$ 的均值分别为-0.87和-0.97。

图8-6左图为运行卡尔曼滤波、自助粒子滤波和条件最优粒子滤波一次时，过滤后的外生冲击过程 $\hat{g}_t$ 的图形。在样本期的前半部分，条件最优粒子滤波追踪 $\mathrm{E}[\hat{g}_t|Y_{1:t}]$ 的轨迹极为紧密。到20世纪80年代早期，条件最优粒子滤波近似和 $\hat{g}_t$ 真实均值之间的缺口逐渐增加。这个缺口持续了40个季度左右。这一阶段，自助粒子滤波追踪 $\mathrm{E}[\hat{g}_t|Y_{1:t}]$ 的轨迹更紧密些。右图为滤波重复运行100次时，这两个粒子滤波近似的标准误差图形。条件最优粒子滤波近似比自助粒子滤波近似更精确，但这两个近似的变异程度都较大。对于条件最优粒子滤波，$\hat{\mathrm{E}}[\hat{g}_t|Y_{1:t}]$ 标准误差的最小值为0.4，最大值为1.4。

表 8-4　　SW 模型：粒子滤波的汇总统计

	自助粒子滤波		条件最优粒子滤波	
粒子数量	40 000	400 000	4 000	40 000
算法运行次数	100	100	100	100
高后验密度：$\theta = \theta^m$				
$\hat{\Delta}_1$ 的偏差	−238.49	−118.20	−8.55	−2.88
$\hat{\Delta}_1$ 的标准误差	68.28	35.69	4.43	2.49
$\hat{\Delta}_2$ 的偏差	−1.00	−1.00	−0.87	−0.41
低后验密度：$\theta = \theta^l$				
$\hat{\Delta}_1$ 的偏差	−253.89	−128.13	−11.48	−4.91
$\hat{\Delta}_1$ 的标准误差	65.57	41.25	4.98	2.75
$\hat{\Delta}_2$ 的偏差	−1.00	−1.00	−0.97	−0.64

注：根据运行滤波 $N_{run} = 100$ 次的输出结果计算得到的结论。似然函数偏差 $\hat{\Delta}_1$ 和 $\hat{\Delta}_2$ 的定义见式（8.79）和式（8.80）。

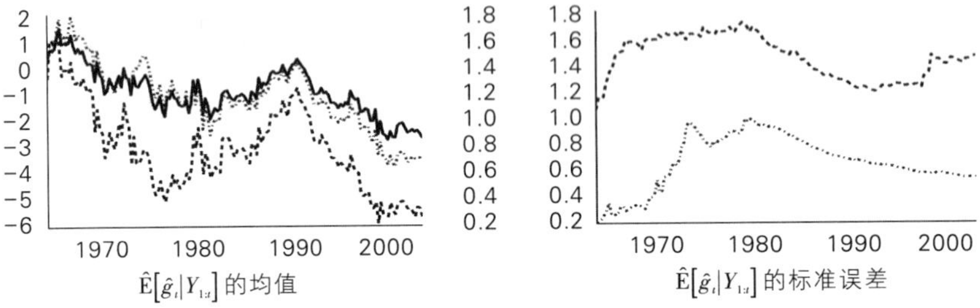

图 8-6　SW 模型：过滤后的政府支出过程 $\hat{g}_t$

注：$\hat{E}[\hat{g}_t|Y_{1:t}]$ 的均值和标准误差的计算，都根据滤波运行 $N_{run} = 100$ 次的输出结果。实线为卡尔曼滤波的均值；划线为自助粒子滤波（$M = 40\,000$）的结果；点线为条件最优粒子滤波（$M = 4\,000$）的结果。

8.8　计算需要注意的问题

第 8.6 节和第 8.7 节的数值例子表明，对于算法 12，精心设计建议分布显得极为重要。因为自助粒子滤波比较容易完成，结果可以作为 DSGE 模型似然函数的粒子滤波近似精确度的下限。条件最优粒子滤波结果可以作为近似精确度的上限。但对于非线性 DSGE 模型应用来说，条件最优粒子滤波通常难以实施。如同第 8.3.2 节所讨论的，利用扩展的卡尔曼滤波或无迹卡尔曼滤波，构建有效建议分布，可以得到近似条件最优粒子滤波。如果 DSGE 模型存在比较轻微的非线性，对线性 DSGE 模型应用卡尔曼滤波更新步骤，可以得到一个好的建议分布。虽然计算有效建议分布需要额外时间，但它能够减少粒子数量，这会大大提高粒子滤波速度。

虽然粒子滤波算法的预测步骤可以采用并行算法，但接下来的更新和选择步骤就会出现较大通信成本。这意味着难以大规模采用并行算法。实际上，再抽样方法的速度可能是最大瓶颈。重要的是采用较快的再抽样方法，例如分层抽样。求解DSGE模型，经常产生冗余状态变量。在高维系统中，一个非常有用的做法是将状态向量维度降到最低。这种做法能降低对存取粒子的存储器要求，避免当状态分布奇异时，出现数值计算困难。

第9章

粒子滤波和MH取样器的结合

在此前面，主要研究非线性DSGE模型的似然函数粒子滤波近似问题。为了进行贝叶斯推断，必须在后验取样器中嵌入似然函数近似。从现在开始，我们将第8章的粒子滤波方法和第4章的MCMC方法结合起来。一言以蔽之，我们用粒子滤波近似 $\hat{p}(Y|\theta)$ 代替算法5中接受概率 $\alpha(\upsilon \mid \theta^{i-1})$ 公式中的实际似然函数。Fernández-Villaverde 和 Rubio-Ramírez（2007）研究非线性DSGE模型估计问题时，首先提出这种思想。我们称这个算法为PFMH算法。它属于粒子马尔科夫链蒙特卡罗（PMCMC）算法一族。Andrieu，Doucet和Holenstein（2010）建立了PMCMC算法的理论特征。Flury和Shephard（2011）讨论了PFMH算法在其他经济计量领域的应用。

9.1 PFMH算法

PFMH的基础统计理论极为复杂，也超出了本书的研究范围。感兴趣的读者可以参阅Andrieu，Doucet和Holenstein（2010），该文对此进行了详细讨论。下面将介绍该算法背后的主要思想。我们按照Flury和Shephard（2011）的做法进行阐述。我们将区分 $\{p(Y \mid \theta), p(\theta \mid Y), p(Y)\}$ 和 $\{\hat{p}(Y|\theta), \hat{p}(\theta|Y), \hat{p}(Y)\}$。第一个三元组包括确切似然函数 $p(Y \mid \theta)$，得到的后验分布和边缘数据密度函数。其中

$$p(\theta|Y) = \frac{p(Y|\theta)p(\theta)}{p(Y)}, \quad p(Y) = \int p(Y|\theta)p(\theta)d\theta \tag{9.1}$$

第二个三元组包括似然函数的粒子滤波近似 $\hat{p}(Y|\theta)$，得到的后验分布以及边缘数据密度函数

$$\hat{p}(\theta|Y) = \frac{\hat{p}(Y|\theta)p(\theta)}{\hat{p}(Y)}, \quad \hat{p}(Y) = \int \hat{p}(Y|\theta)p(\theta)d\theta \tag{9.2}$$

用粒子滤波近似替换算法5中的确切似然函数 $p(Y \mid \theta)$，我们提取后验分布近似 $\hat{p}(\theta|Y)$ 的抽样，而不是确切后验分布 $p(\theta \mid Y)$ 抽样。Andrieu，Doucet和Holenstein（2010）得到的理论结论令人震惊：实际上，利用 $\hat{p}(\theta|Y)$ 代替 $p(\theta \mid Y)$，PFMH算法抽

样的分布收敛到确切后验分布。该算法的具体形式为：

算法18（PFMH算法） 对于 $i=1$ 到 N：

1.从密度函数 $q\ (\upsilon \mid \theta^{i-1})$ 中提取抽样 ϑ。

2.设 $\theta^i=\vartheta$，概率为

$$\alpha\left(\vartheta \middle| \theta^{i-1}\right)=\min\left\{1,\frac{\hat{p}\left(Y\middle|\vartheta\right)p\left(\vartheta\right)/q\left(\vartheta\middle|\theta^{i-1}\right)}{\hat{p}\left(Y\middle|\theta^{i-1}\right)p\left(\theta^{i-1}\right)/q\left(\theta^{i-1}\middle|\vartheta\right)}\right\}$$

和 $\theta^i=\theta^{i-1}$，概率为 $1-\alpha\ (\upsilon \mid \theta^{i-1})$。利用算法12计算似然近似 $\hat{p}\left(Y\middle|\vartheta\right)$。

第8章介绍的滤波方法，都能用于PFMH算法。假设我们使用算法12的通用滤波。每次迭代，滤波都根据建议分布 $g\left(\cdot\middle|s_{t-1}^j\right)$ 生成样本 $\tilde{s}_t^j$。令 $\tilde{S}_t=\left(\tilde{s}_t^1,\ldots,\tilde{s}_t^M\right)'$，并令 $\tilde{S}_{1:T}^{1:M}$ 表示整个抽样序列。再选择步骤，用多项式再抽样来确定下次迭代中每个粒子的祖先。因此，能定义包含这些祖先的信息的随机变量 A_t^j。例如，假设在整个再抽样期间，第 $j=1$ 个粒子赋予值 $\tilde{s}_t^{10}$，则 $A_t^1=10$。令 $A_t=\left(A_t^1,\ldots,A_t^N\right)$，且用 $A_{1:T}$ 表示 A_t 序列。

PFMH算法的概率空间由参数向量θ、$\tilde{S}_{1:T}$ 和 $A_{1:T}$ 构成。我们用 $U_{1:T}$ 表示用于生成 $\tilde{S}_{1:T}$ 和 $A_{1:T}$ 的随机向量序列。可以将 $U_{1:T}$ 看作独立同分布（iid）均匀随机数的排列。将 $U_{1:T}$ 转换成（$\tilde{S}_{1:T}$，$A_{1:T}$），通常依赖于 θ 和 $Y_{1:T}$。这是因为，算法12中的建议分布 $g_t\left(\tilde{s}_t\middle|s_{t-1}^j\right)$ 不仅取决于当前观测值 y_t，还取决于测量方程和状态转移方程中的参数向量 θ，见式（8.1）。

再比如，考虑第8.3.1节讨论的线性状态空间模型的条件最优粒子滤波。完成这个滤波需要从 $N\left(\bar{s}_{t|t}^j,P_{t|t}\right)$ 分布中提取每个粒子 j 的抽样。这个分布的均值与 y_t 有关。根据状态空间表示式（8.2）的系统矩阵，分布的均值和协方差矩阵都与 θ 有关。原则上，我们可以获得这个分布的抽样。首先抽取独立同分布（iid）的均匀随机数；之后利用概率积分转换公式将其转换成标准正态分布的独立同分布抽样；最后再将其转换成 $N\left(\bar{s}_{t|t}^j,P_{t|t}^j\right)$ 抽样。同样，在选择步骤，利用独立同分布均匀随机数也可以完成多项式再抽样。因此，似然函数的粒子滤波近似可以表示为：

$$\hat{p}\left(Y_{1:T}\middle|\theta\right)=g\left(Y_{1:T}\middle|\theta,U_{1:T}\right) \tag{9.3}$$

其中

$$U_{1:T}\sim p\left(U_{1:T}\right)=\prod_{t=1}^{T}p\left(U_t\right) \tag{9.4}$$

PFMH算法可以用扩大的概率空间上的三元组 $\{Y_{1:T},\theta,U_{1:T}\}$ 运算来解释。定义联合分布

$$p_g\left(Y_{1:T},\theta,U_{1:T}\right)=g\left(Y_{1:T}\middle|\theta,U_{1:T}\right)p\left(U_{1:T}\right)p\left(\theta\right) \tag{9.5}$$

PFMH算法从联合后验分布

$$p_g\left(\theta,U_{1:T}\middle|Y_{1:T}\right)\propto g\left(Y\middle|\theta,U_{1:T}\right)p\left(U_{1:T}\right)p\left(\theta\right) \tag{9.6}$$

抽样，之后去掉（$U_{1:T}$）的抽样。这个过程有效的条件是，根据联合后验分布 pg（θ，$U_{1:T}| Y_{1:T}$）计算的（$U_{1:T}$）边缘分布，恰好等于后验分布 $p\ (\theta \mid Y_{1:T})$。换句话

说，我们要求对 θ 的所有值，粒子滤波都能生成似然函数的无偏模拟近似：

$$E\left[\hat{p}\left(Y_{1:T}|\theta\right)\right]=\int g\left(Y_{1:T}|\theta,U_{1:T}\right)p\left(U_{1:T}\right)dU_{1:T}=p\left(Y_{1:T}|\theta\right) \tag{9.7}$$

在第8.1.2节，我们证明了利用粒子滤波实际上满足似然函数的无偏条件。

可以证明，在扩大概率空间上，MH算法的接受概率可以直接用粒子滤波近似 $\hat{p}\left(Y_{1:T}|\theta\right)$ 来表示。在扩大的概率空间上，我们需要生成 θ 和 $U_{1:T}$ 的建议抽样。我们用 ϑ 和 $U_{1:T}^{*}$ 来表示这些抽样。在MH算法中，$\left(\vartheta,U_{1:T}^{*}\right)$ 的建议分布为 $q\left(\vartheta\middle|\theta^{(i-1)}\right)p\left(U_{1:T}^{*}\right)$。这里不需要追踪抽样（$U_{1:T}^{*}$）的轨迹，因为算法18的接受概率可以表示为（剔除时间下标）

$$\begin{aligned}\alpha\left(\upsilon\mid\theta_{i-1}\right)&=\min\left\{1,\frac{\dfrac{g\left(Y|\vartheta,U^{*}\right)p\left(U^{*}\right)p(\vartheta)}{q\left(\vartheta|\theta^{i-1}\right)p\left(U^{*}\right)}}{\dfrac{g\left(Y\middle|\theta^{(i-1)},U^{(i-1)}\right)p\left(U^{(i-1)}\right)p\left(\theta^{(i-1)}\right)}{q\left(\theta^{(i-1)}|\theta^{*}\right)p\left(U^{(i-1)}\right)}}\right\}\\&=\min\left\{1,\frac{\hat{p}\left(Y|\vartheta\right)p(\vartheta)/q\left(\vartheta\middle|\theta^{(i-1)}\right)}{\hat{p}\left(Y\middle|\theta^{(i-1)}\right)p\left(\theta^{(i-1)}\right)/q\left(\theta^{(i-1)}|\vartheta\right)}\right\}\end{aligned} \tag{9.8}$$

消去式（9.8）第一行表达式中的 $p\left(U^{*}\right)$ 和 $p\left(U^{(i-1)}\right)$，就得到关于粒子滤波似然函数近似 $\hat{p}\left(Y|\vartheta\right)$ 和 $\hat{p}\left(Y\middle|\theta^{(i-1)}\right)$ 的表达式。

9.2 小型DSGE模型应用

现在以1983年第1季度到2002年第4季度的数据为样本，利用PFMH算法估计小型新凯恩斯模型。我们采用1块RWMH-V算法，并分别与卡尔曼滤波、自助粒子滤波和条件最优粒子滤波进行组合。根据前一节的理论介绍，PFMH算法应该能准确逼近DSGE模型参数的后验分布。我们用每个算法运行 $N_{run}=20$ 次的输出结果进行计算。每次运行生成 $N=100\,000$ 个后验分布抽样，去掉最前面的 $N_0=50\,000$ 个抽样。和第8.6节一样，自助粒子滤波使用M=40 000个粒子；条件最优粒子滤波使用M=400个粒子。RWMH-V算法和卡尔曼滤波组合起来，运行一次费时1分钟30秒；RWMH-V算法和条件最优粒子滤波组合起来，运行一次费时40分钟；RWMH-V算法和自助粒子滤波组合起来，运行一次费时1天。

表9-1对所得结论进行了概括总结。最值得注意的是，尽管在8.6节证明，自助粒子滤波的似然函数近似不是很精确，但PFMH的运行结果却非常好。表9-1的第2列到第4列报告了后验均值。该均值是根据算法运行20次生成的混同（pooled）抽样计算出来的。对于后验方差较高的两个参数 τ 和 $\pi^{(A)}$，后验均值存在微小差异。除此之外的其他参数，对于所有三个似然函数计算方法，后验均值近似都基本相同。表9-1的第5列到第7列给出了每个参数的无效因子 $\ln Eff_N\left(\bar{\theta}\right)$。表9-1的最后3列报告了算法运行20次时，后验均值估计的标准误差。不出所料，自助粒子滤波后验取样器的精确度最低。与

卡尔曼滤波或条件最优粒子滤波取样器相比，其标准误差增大2到4倍。对于卡尔曼滤波，无效因子变化范围为35到150左右；对于自助粒子滤波，无效因子的变化范围为575到1 890。如同第9.1节所强调的，PFMH算法最重要的条件是粒子滤波近似是无偏的——并不苛求其是确切的。

表9-1　　小型模型：PFMH的精确度

	均值($\bar{\theta}_N$)			无效因子			标准误差($\bar{\theta}_N$)		
	KF	CO-PF	BS-PF	KF	CO-PF	BS-PF	KF	CO-PF	BS-PF
τ	2.63	2.62	2.64	66.17	126.76	1 360.22	0.020	0.028	0.091
κ	0.82	0.81	0.82	128.00	97.11	1 887.37	0.007	0.006	0.026
ψ_1	1.88	1.88	1.87	113.46	159.53	749.22	0.011	0.013	0.029
ψ_2	0.64	0.64	0.63	61.28	56.10	681.85	0.011	0.010	0.036
ρ_r	0.75	0.75	0.75	108.46	134.01	1 535.34	0.002	0.002	0.007
ρ_g	0.98	0.98	0.98	94.10	88.48	1 613.77	0.001	0.001	0.002
ρ_z	0.88	0.88	0.88	124.24	118.74	1 518.66	0.001	0.001	0.005
$r^{(A)}$	0.44	0.44	0.44	148.46	151.81	1 115.74	0.016	0.016	0.044
$\pi^{(A)}$	3.32	3.33	3.32	152.08	141.62	1 057.90	0.017	0.016	0.045
$\gamma^{(Q)}$	0.59	0.59	0.59	106.68	142.37	899.34	0.006	0.007	0.018
σ_r	0.24	0.24	0.24	35.21	179.15	1 105.99	0.001	0.002	0.004
σ_g	0.68	0.68	0.67	98.22	64.18	1 490.81	0.003	0.002	0.011
σ_z	0.32	0.32	0.32	84.77	61.55	575.90	0.001	0.001	0.003
$\ln\hat{p}(Y)$	−357.14	−357.17	−358.32				0.040	0.038	0.949

注：所有结论都根据PF-RWMH-V算法运行N_{run}=20次的输出结果计算得到的。算法每次运行均生成N=100 000个抽样，除掉前面的N_0=50 000个抽样。分别使用卡尔曼滤波（KF），自助粒子滤波（BS-PF，M =40 000）或条件最优粒子滤波（CO-PF，M =400）计算似然函数。我们报告了算法运行N_{run}=20次时，后验均值近似$\bar{\theta}_N$的均值和标准误差。

图9-1为参数抽样的自相关函数图形。这些自相关函数是根据PFMH算法输出结果计算得到的。图中还给出了基准取样器的自相关函数。这里的基准取样器，采用卡尔曼滤波方法计算确切似然函数。使用条件最优粒子滤波时，DSGE模型参数马尔科夫链的持续性与卡尔曼滤波相差无几。但使用自助粒子滤波时，参数抽样的序列相关性大幅度增加。这是表9-1中自助粒子滤波的蒙特卡罗近似的精确度较差的原因。

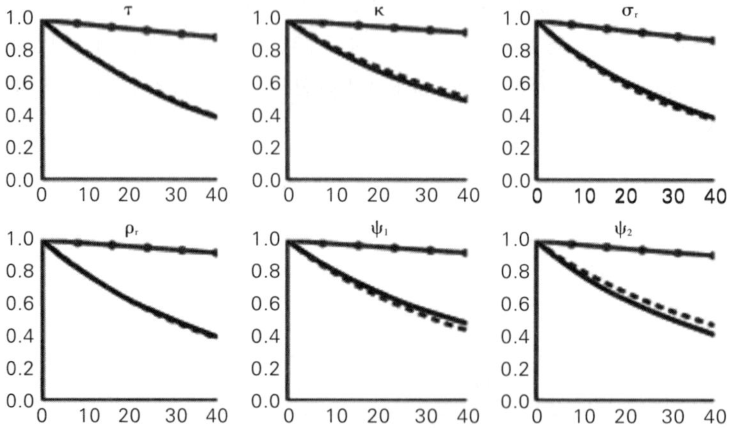

图 9-1　PFMH 抽样的自相关函数

注：图中的自相关函数分别为：基于卡尔曼滤波，根据 1 块 RWMH-V 算法（实线）输出结果计算得到的；基于条件最优粒子滤波，根据 1 块 RWMH-V 算法（划线）输出结果计算得到的；基于自助粒子滤波，根据 1 块 RWMH-V 算法（点线）输出结果计算得到的。

9.3　SW 模型应用

我们现在使用PF-RWMH-V算法估计SW模型。在第6.2节，我们使用更为发散的先验分布估计SW模型。与此不同，本节我们重新使用Smets和Wouters（2007）原来设定的先验分布。附录表A-2概括了这些先验分布。Herbst和Schorfheide（2014）证明，使用原来的先验分布设定，RWMH算法的运行效果要好于使用发散的先验分布。利用原来的先验分布，得到的后验分布不会具有多峰特征。使用1996年第1季度到2004年第4季度的数据为样本进行估计。我们将RWMH-V算法分别与卡尔曼滤波和条件最优粒子滤波结合起来，估计模型的后验参数。每个算法运行 $N_{run}=20$ 次。无论是粒子数M=40 000还是M=400 000，结果证明自助粒子滤波都不够精确，无法得到可靠的后验估计量。

表9-2给出了卡尔曼滤波和条件最优粒子滤波的相关结论。虽然平均来看，利用卡尔曼滤波（KF）和条件最优粒子滤波（CO-PF）生成的MCMC链，参数抽样的均值大致相同。条件最优粒子滤波的变异性要更高些。根据无效因子，卡尔曼滤波链的效率超过条件最优粒子滤波效率10倍。

表9-2对结论进行了概括总结。由于PF-RWMH-V算法的计算更为复杂，因此表中仅报告后验分布抽样数 $N=10\,000$ 时的结论，没有给出抽样数 $N=100\,000$ 的结论。使用条件最优粒子滤波时，粒子数为 $M=40\,000$。采用卡尔曼滤波时，使用 $c^2=0.25^2$ 对建议分布协方差矩阵进行重标刻度，作为1块RWMH-V算法的后验协方差矩阵。采用条件最优粒子滤波时，使用 $c^2=0.05^2$ 进行重标刻度，作为1块RWMH-V算法的后验协方差矩阵。这样处理后，卡尔曼滤波的接受率大约为33%，条件最优粒子滤波的接受率大约为24%。

表 9-2　SW 模型：PFMH 的精确度

	均值($\bar{\theta}_N$)		无效因子		标准误差($\bar{\theta}_N$)	
	KF	CO-PF	KF	CO-PF	KF	CO-PF
$(100\beta^{-1}-1)$	0.14	0.14	172.58	3 732.90	0.007	0.034
$\bar{\pi}$	0.73	0.74	185.99	4 343.83	0.016	0.079
$\bar{l}$	0.51	0.37	174.39	3 133.89	0.130	0.552
α	0.19	0.20	149.77	5 244.47	0.003	0.015
σ_c	1.49	1.45	86.27	3 557.81	0.013	0.086
Φ	1.47	1.45	134.34	4 930.55	0.009	0.056
φ	5.34	5.35	138.54	3 210.16	0.131	0.628
h	0.70	0.72	277.64	3 058.26	0.008	0.027
ξ_w	0.75	0.75	343.89	2 594.43	0.012	0.034
σ_l	2.28	2.31	162.09	4 426.89	0.091	0.477
ξ_p	0.72	0.72	182.47	6 777.88	0.008	0.051
ι_w	0.54	0.53	241.80	4 984.35	0.016	0.073
ι_p	0.48	0.50	205.27	5 487.34	0.015	0.078
ψ	0.45	0.44	248.15	3 598.14	0.020	0.078
r_π	2.09	2.09	98.32	3 302.07	0.020	0.116
ρ	0.80	0.80	241.63	4 896.54	0.006	0.025
r_y	0.13	0.13	243.85	4 755.65	0.005	0.023
$r_{\Delta y}$	0.21	0.21	101.94	5 324.19	0.003	0.022
ρ_a	0.96	0.96	153.46	1 358.87	0.002	0.005
ρ_b	0.22	0.21	325.98	4 468.10	0.018	0.068
ρ_g	0.97	0.97	57.08	2 687.56	0.002	0.011
ρ_i	0.71	0.70	219.11	4 735.33	0.009	0.044
ρ_r	0.54	0.54	194.73	4 184.04	0.020	0.094
ρ_p	0.80	0.81	338.69	2 527.79	0.022	0.061
ρ_w	0.94	0.94	135.83	4 851.01	0.003	0.019
ρ_{ga}	0.41	0.37	196.38	5 621.86	0.025	0.133
σ_p	0.66	0.66	300.29	3 552.33	0.025	0.087
σ_w	0.82	0.81	218.43	5 074.31	0.011	0.052
σ_a	0.34	0.34	128.00	5 096.75	0.005	0.034
σ_b	0.24	0.24	186.13	3 494.71	0.004	0.016
σ_g	0.51	0.49	208.14	2 945.02	0.006	0.021
σ_i	0.43	0.44	115.42	6 093.72	0.006	0.043
σ_r	0.14	0.14	193.37	3 408.01	0.004	0.016
σ_p	0.13	0.13	194.22	4 587.76	0.003	0.013
σ_w	0.22	0.22	211.80	2 256.19	0.004	0.012
$\ln\hat{p}(Y)$	−964.44	−1 017.94			0.298	9.139

注：结论是根据 PF-RWMH-V 算法运行 $N_{run}=20$ 次的输出结果计算得到的。算法每次运行均生成 N = 10 000 个抽样。分别使用卡尔曼滤波（KF）或条件最优粒子滤波（CO-PF）计算似然函数。使用条件最优粒子滤波时，利用 M = 40 000 个粒子计算似然函数。我们还报告了算法运行 $N_{run}=20$ 次时，后验均值近似 $\bar{\theta}_N$ 的均值和标准误差。

根据我们的经验，使用粒子滤波逼近似然函数的过程中，会产生噪声。这就要求我们降低建议分布方差，才能维持目标接受率。对于SW模型应用，要降低粒子滤波近似的建议分布方差，使其等于确切卡尔曼滤波（KF）似然函数方差的1/5左右。这样做，会增加马尔科夫链的持续性，进而导致精确度下降。对于参数空间上不同点，粒子滤波近似的精确度存在差别。对于不同链，RWMH-V接受率的变化极大。例如，对于条件最优粒子滤波的PMCMC，接受率的标准误差为0.09，是卡尔曼滤波的10倍多。

表9-2表明，使用卡尔曼滤波和条件最优粒子滤波（CO-PF），得到的混同后验均值极为相近。如果使用粒子滤波来计算似然函数近似，根据算法运行20次的输出结果，均值的标准误差将增大3到5倍。由于对数似然函数的粒子滤波近似下偏，利用粒子滤波得到的对数边缘数据密度近似，要大大低于利用卡尔曼滤波得到的结果。

采用条件最优粒子滤波时，将粒子数量减少到 $M=4\,000$ ，或者转而使用粒子数为40 000或400 000的自助粒子滤波，接受率都会快速下降到0。从这个意义上看，这两种做法都不可行。即使降低建议分布方差，也不能解决这个问题。如果这样做，要获得合适的接受率，就必须将步幅降低到极小。此时，在合理的时间内，取样器不可能到达较高后验密度区域。从表8.4报告的似然函数近似精确度看，这并不奇怪。如果粒子滤波的波动性较大，即使理论上粒子滤波近似是无偏的，但其有限样本均值是严重有偏的。

给定特定的 θ 值，如果似然函数变异大于使用确切似然函数生成的马尔科夫链（计算序列 θ^i 的似然函数，$i=1$，…，N ）的变异，取样器很可能卡住不动。这意味着建议抽样接受率下降到0。原因如下：一旦粒子滤波产生的估计量 $\hat{p}\left(Y|\theta^i\right)$ 超过 $p(Y\mid\theta^i)$一定距离，就很难将其移动到 $\tilde{\theta}$ 附近。θ 和 $\tilde{\theta}$ 的值比较接近，常常具有相同的确切似然函数值。一方面因为大多数粒子滤波低估了 $p(Y\mid\tilde{\theta})$，另一方面因为前面的 $\hat{p}\left(Y|\theta^i\right)$ 高估了 $p(Y\mid\theta^i)$，因此接受率基本下降到0。

9.4 计算方面的考虑

我们在一台计算机上完成PFMH算法，使用内核数量高达12个。由于MCMC算法很难并行化，滤波也不适合使用并行分布式存储器，利用并行方式实施PFMH算法就很难有效进行。对于小型DSGE模型，利用40 000个粒子的自助粒子滤波生成100 000个参数抽样，共花费30小时20分钟33秒。使用条件最优粒子滤波，由于只用400个粒子，运行时间减少到39分20秒。因此，利用条件最优粒子滤波，PFMH算法运行时间快了接近50倍，后验均值近似的精确度也较高。对于SW模型，花费的时间显著增加。利用40 000个粒子的条件最优粒子滤波，生成10 000个参数抽样，要费时5天14小时20分钟。

在实际的非线性DSGE模型应用中，数值说明使用的条件最优粒子滤波，通常并不可行。实践中，我们不得不使用其他滤波来代替它，最可行的方式是利用近似条件最优粒子滤波来代替它。那么正确理解粒子滤波近似的精确度就显得极为关键。我们建议按照第8.6节和第8.7节的做法，计算参数空间每个点处的似然函数近似的方差，之后对滤波进行剪裁，直到达到我们满意的精确度。从滤波近似精确度看，需要按照相同的后验抽样序列 θ^i ，采取相同的拟合数据，将非线性DSGE模型的似然函数方差与线性DSGE模型进行比较。如果粒子滤波近似的似然函数方差大于在参数空间上移动生成的方差，利用PFMH算法得到的结论就不可靠。

通常，计算非线性DSGE模型的似然函数极为耗时。一般我们不会花费时间去剪裁建议密度函数，以减少粒子数量。我们往往想方设法，降低MH算法中的似然函数的计算数量。Smith（2012）发展了基于代理转换（surrogate transitions）的PFMH算法。简言之，该算法采取如下的运算过程。首先不再计算每个建议抽样 ϑ 的后验密度（以及之后的DSGE模型似然函数）。取而代之，计算近似模型的似然函数，例如线性DSGE模型；或者利用快速近似滤波方法获得非线性模型的似然函数值，例如扩展卡尔曼滤波。利用代理似然函数，计算出接受概率 α 。如果在此步骤中拒绝建议抽样 ϑ ，则不需要再花费时间去进行粒子滤波。如果在第一阶段接受建议抽样 ϑ ，则需要进行第二次随机化，确定是 $\theta^i=\vartheta$ 还是 $\theta^i=\theta^{i-1}$ 。此时需要计算确切似然函数。如果代理转换剪裁得当，第二个步骤的接受概率就会较高。通过减少较差建议抽样 ϑ 的似然函数计算量，从总体上提高算法后验取样器工作速度。

第10章

粒子滤波与SMC取样器的结合

根据最近Chopin，Jacob和Papaspiliopoulos（2012）的研究，我们现在将第5章的SMC算法与第8章发展的似然函数粒子滤波近似结合起来，发展出 SMC^2 算法。

10.1 SMC^2 算法

和PFMH的一样，本章我们针对无法用卡尔曼滤波计算似然函数的那些DSGE模型，介绍如何获得DSGE模型参数的后验取样器。本章的算法基础是SMC算法8。不过，这里对前面的算法作了大量的调整。有些调整非常重要，另外一些调整仅仅为了方便阐述。首先，最重要的调整是不再对整个似然函数进行调和，而是将数据序贯地加入到似然函数中。考虑式（5.3）定义的后验序列 $\pi_n^D(\theta)=p\left(\theta|Y_{1:t_n}\right)$，其中 $t_n=\lfloor\phi_n T\rfloor$。鉴于凹转换 $p\left(Y_{1:T}|\theta\right)^{\phi_n-\phi_{n-1}}$ 的估计常常有偏，使用数据调和的优势是利用粒子滤波能够得到修正步骤中增量权重 $p\left(Y_{t_{n-1}+1:t_n}|\theta\right)$ 的无偏估计。此外，采用数据调和时，计算似然函数一般不需要使用所有 T 个观测值，仅需使用其中 t_n 个观测值。这无疑会大幅度加快计算速度。

其次，利用粒子滤波近似，代替算法8修正步骤和突变步骤中的增量和完全似然函数。利用与式（9.3）相同的符号，我们将粒子近似写作：

$$\hat{p}\left(y_{t_{n-1}+1:t_n}|Y_{1:t_{n-1}},\theta\right)=g\left(y_{t_{n-1}+1:t_n}|Y_{1:t_{n-1}},\theta,U_{1:t_n}\right) \tag{10.1}$$

$$\hat{p}\left(Y_{1:t_n}|\theta_n\right)=g\left(Y_{1:t_n}|\theta_n,U_{1:t_n}\right)$$

和以前一样，$U_{1:t_n}$ 表示密度函数为 $p\left(U_{1:t_n}\right)$ 的粒子滤波所生成的独立同分布（iid）随机变量排列，见式（9.4）。由于 $p\left(s_{t_{n-1}+1:t_n}|Y_{1:t_{n-1}},\theta\right)$ 的粒子近似依赖于 $p\left(s_{t_{n-1}}|Y_{1:t_{n-1}},\theta\right)$ 的粒子近似，因此似然增量近似也取决于整个序列 $p\left(U_{1:t_n}\right)$。$U_{1:t_n}$ 的分布既与 θ 无关也与 $Y_{1:t_n}$ 无关，能够因式分解为

$$p\left(U_{1:t_n}\right)=p\left(U_{1:t_1}\right)p\left(U_{t_1+1:t_2}\right)\ldots p\left(U_{t_{n-1}+1:t_n}\right) \tag{10.2}$$

为了刻画这个粒子系统，我们延续第5章的习惯做法，参数向量θ由n阶段的SMC算法表示，记为θ_n。SMC取样器生成的粒子用$i=1$，…，N表示，粒子滤波生成的粒子用$j=1$，…，M表示。在阶段n，我们用粒子系统$\{\theta_n^i, W_n^i\}_{i=1}^N$表示后验分布$p\left(\theta_n \middle| Y_{1:t_n}\right)$。此外，对于每个$\theta_n^i$，都用相应粒子系统表示后验分布$p\left(s_t \middle| Y_{1:t_n}, \theta_n^i\right)$。为了区分表征$\theta_t$条件分布的粒子权重与表征$s_t$条件分布的权重，前者用W来表示，后者用$W$来表示。此外，用$i$，$j$上标表示状态分布依赖于$\theta$值：$\left\{s_t^{i,j}, W_t^{i,j}\right\}_{j=1}^M$。粒子系统可以排列成表10-1所示的矩阵形式。

最后，为了简化算法描述使用的符号，假设每个阶段n，似然函数中仅确切加入一个观测值。因此，可以用θ_t代替θ_n，用$Y_{1:t}$代替$Y_{1:t_n}$，阶段数量$N_\phi=T$。此外，在算法的每次迭代，θ粒子都要再抽样（这意味着不需要追踪再抽样指标ρ_t的动向）。且在突变阶段，仅使用一个MH步骤。

表10-1　　n阶段后SMC^2的粒子系统

参数	状态			
(θ_n^1, W_n^1)	$(s_{t_n}^{1,1}, W_{t_n}^{1,1})$	$(s_{t_n}^{1,2}, W_{t_n}^{1,2})$	$\cdots$	$(s_{t_n}^{1,M}, W_{t_n}^{1,M})$
(θ_n^2, W_n^2)	$(s_{t_n}^{2,1}, W_{t_n}^{2,1})$	$(s_{t_n}^{2,2}, W_{t_n}^{2,2})$	$\cdots$	$(s_{t_n}^{2,M}, W_{t_n}^{2,M})$
$\vdots$	$\vdots$	$\vdots$	$\ddots$	$\vdots$
(θ_n^N, W_n^N)	$(s_{t_n}^{N,1}, W_{t_n}^{N,1})$	$(s_{t_n}^{N,2}, W_{t_n}^{N,2})$	$\cdots$	$(s_{t_n}^{N,M}, W_{t_n}^{N,M})$

算法19（SMC^2）

1.**初始化**。根据先验分布$\theta_0^i \overset{iid}{\sim} p(\theta)$提取初始粒子，且$W_0^i=1$，$i=1$，...，$N$。

2.**递归**。对于$t=1$，…，T，

（a）**修正**。定义增量权重

$$\tilde{w}_t^i = \hat{p}\left(y_t \middle| Y_{1:t-1}, \theta_{t-1}^i\right) = g\left(y_t \middle| Y_{1:t-1}, \theta_{t-1}^i, U_{1:t}^i\right) \tag{10.3}$$

和标准化权重

$$\tilde{W}_t^i = \frac{\tilde{w}_t^i W_{t-1}^i}{\frac{1}{N}\sum_{i=1}^N \tilde{w}_t^i W_{t-1}^i} \qquad i=1，...，N \tag{10.4}$$

对$t-1$阶段的粒子重新加权。$\mathrm{E}_{\pi_t}\left[h(\theta)\right]$的近似为

$$\tilde{h}_{t,N} = \frac{1}{N}\sum_{i=1}^N \tilde{W}_t^i h\left(\theta_{t-1}^i\right) \tag{10.5}$$

（b）**选择**。通过多项式再抽样重新提取粒子。令$\left\{\hat{\theta}_t^i\right\}_{i=1}^M$表示多项式分布的$M$个独立同分布（$iid$）抽样，其支撑点和权重为$\left\{\theta_{t-1}^i, \tilde{W}_t^i\right\}_{j=1}^M$，且设$W_t^i=1$。定义祖先向量$A_t$，其元素为$A_t^i$。当再抽样粒子$i$的祖先为粒子$k$时，设$A_t^i=k$，即$\hat{\theta}_t^i=\theta_{t-1}^k$。

$E_{\pi_t}\left[h(\theta)\right]$的近似为

$$\hat{h}_{t,N} = \frac{1}{N}\sum_{i=1}^N W_t^i h\left(\hat{\theta}_t^i\right) \tag{10.6}$$

（c）**突变**（Mutation）。利用1步MH算法繁殖粒子 $\left\{\hat{\theta}_t^i, W_t^i\right\}$。建议分布为

$$q\left(\vartheta_t^i \middle| \hat{\theta}_t^i\right) p\left(U_{1:t}^{*i}\right) \tag{10.7}$$

接受概率表示为

$$\alpha\left(\vartheta_t^i \middle| \hat{\theta}_t^i\right) = \min\left\{1, \frac{\hat{p}\left(Y_{1:t} \middle| \vartheta_t^i\right) p\left(\vartheta_t^i\right) / q\left(\vartheta_t^i \middle| \hat{\theta}_t^i\right)}{\hat{p}\left(Y_{1:t} \middle| \hat{\theta}_t^i\right) p\left(\hat{\theta}_t^i\right) / q\left(\hat{\theta}_t^i \middle| \vartheta_t^i\right)}\right\} \tag{10.8}$$

$E_{\pi_t}\left[h(\theta)\right]$ 的近似为

$$\bar{h}_{t,N} = \frac{1}{N}\sum_{i=1}^{N} W_t^i h\left(\theta_t^i\right) \tag{10.9}$$

3.对于 $t = T$， $E_{\pi}\left[h(\theta)\right]$ 的最终重要抽样近似为

$$\bar{h}_{T,N} = \sum_{i=1}^{N} W_T^i h\left(\theta_T^i\right) \tag{10.10}$$

Chopin，Jacob和Papaspiliopoulos（2012）对 SMC^2 算法进行了正式分析。我们将以启发方式，解释为什么这个算法能正确逼近目标后验分布，并点评算法实施过程的某些问题。在第 $t-1$ 次迭代的最后阶段，算法生成了粒子 $\left\{\theta_{t-1}^i, W_{t-1}^i\right\}_{i=1}^N$。对于每个参数值 θ_{t-1}^i，都有一个似然函数的粒子滤波近似 $\hat{p}\left(Y_{1:t-1} \middle| \theta_{t-1}^i\right)$，表示分布 $p\left(s_{t-1} \middle| Y_{1:t-1}, \theta_{t-1}^i\right)$ 的一个粒子群 $\left\{s_{t-1}^{i,j}, W_{t-1}^{i,j}\right\}_{j=1}^M$，以及作为粒子滤波模拟近似的基础的随机向量 $U_{1:t-1}^i$ 序列。要想更好理解此算法，就需要研究三元组 $\left\{\theta_{t-1}^i, U_{1:t-1}^i, W_{t-1}^i\right\}_{i=1}^N$。假设

$$\begin{aligned}&\iint h(\theta, U_{1:t-1}) p(U_{1:t-1}) p\left(\theta \middle| Y_{1:t-1}\right) dU_{1:t-1} d\theta \\ &\qquad \approx \frac{1}{N}\sum_{i=1}^{N} h\left(\theta_{t-1}^i, U_{1:t-1}^i\right) W_{t-1}^i\end{aligned} \tag{10.11}$$

这意味着得到了一个我们熟悉的函数 h（·)的近似

$$\int h(\theta) p\left(\theta \middle| Y_{1:t-1}\right) d\theta \approx \frac{1}{N}\sum_{i=1}^{N} h\left(\theta_{t-1}^i\right) W_{t-1}^i \tag{10.12}$$

它与 $U_{1:t-1}$ 无关。

修正步骤。从 $\left\{s_{t-1}^{i,j}, W_{t-1}^{i,j}\right\}_{j=1}^M$ 开始，粒子滤波向前迭代1期，计算得到增量似然函数 $\hat{p}\left(y_t \middle| Y_{1:t-1}, \theta_{t-1}^i\right)$。利用式（10.1）的表示，似然增量的粒子滤波近似可以写为：

$$\hat{p}\left(y_t \middle| Y_{1:t-1}, \theta_{t-1}^i\right) = g\left(y_t \middle| Y_{1:t-1}, \theta_{t-1}^i, U_{1:t}^i\right) \tag{10.13}$$

$Y_{1:t}$ 的似然函数值可以按照递归方式来计算：

$$\begin{aligned}\hat{p}\left(Y_{1:t} \middle| \theta_{t-1}^i\right) &= \hat{p}\left(y_t \middle| Y_{1:t-1}, \theta_{t-1}^i\right) \hat{p}\left(Y_{1:t-1} \middle| \theta_{t-1}^i\right) \\ &= g\left(y_t \middle| Y_{1:t}, U_{1:t}^i, \theta_{t-1}^i\right) g\left(Y_{1:t-1} \middle| U_{1:t-1}^i, \theta_{t-1}^i\right) \\ &= g\left(Y_{1:t} \middle| U_{1:t}^i, \theta_{t-1}^i\right)\end{aligned} \tag{10.14}$$

尽管 $g\left(Y_{1:t-1} \middle| U_{1:t-1}^i, \theta_{t-1}^i\right)$ 与 U_t 有关，但这不会改变 $Y_{1:t-1}$ 的似然函数粒子滤波近似。由此得到最后一个等式。

根据式（10.11），利用数学归纳法，可以推导出蒙特卡罗平均 $\frac{1}{N}\sum_{i=1}^{N} h\left(\theta_{t-1}^{i}\right)\tilde{w}_{t}^{i} W_{t-1}^{i}$ 近似为如下积分

$$\iint h(\theta) g\left(y_{t} \mid Y_{1:t-1}, U_{1:t}, \theta\right) p\left(U_{1:t}\right) p\left(\theta \mid Y_{1:t-1}\right) dU_{1:t} d\theta$$

$$=\int h(\theta)\left[\int g\left(y_{t} \mid Y_{1:t-1}, U_{1:t}, \theta\right) p\left(U_{1:t}\right) dU_{1:t}\right] p\left(\theta \mid Y_{1:t-1}\right) d\theta$$

对于每个 θ，只要似然增量的粒子滤波近似无偏，即

$$\int g\left(y_{t} \mid Y_{1:t-1}, U_{1:t}, \theta\right) p\left(U_{1:t}\right) dU_{1:t}=p\left(y_{t} \mid Y_{1:t-1}, \theta\right) \tag{10.15}$$

我们就可以得出 $\tilde{h}_{t,N}$ 为 $\boldsymbol{E}_{\pi_t}[h(\theta)]$ 一致估计量的结论。

选择步骤。算法19的选择步骤与算法8极为相似。为了简化 SMC^2 算法的描述，每次迭代都进行再抽样。此外，我们要追踪向量 A_t 的祖先信息。这极为重要，因为对于每个再抽样粒子i，不仅需要知道它的取值 $\hat{\theta}_t^i$，还需要追踪似然函数 $\hat{p}\left(Y_{1:t} \mid \hat{\theta}_t^i\right)$ 的对应值，状态的粒子近似 $\left\{s_t^{i,j}, W_t^{i,j}\right\}$ 以及随机数 $U_{1:t}^i$ 的集合。在算法的实施过程中，突变步骤需要似然函数值。要快速计算第 $t+1$ 次迭代修正步骤中的增量似然函数，状态粒子就非常有用（见上面的推导）。虽然算法的实际实施并不需要 $U_{1:t}^i$，但要采用启发方式解释算法有效性，就需要利用 $U_{1:t}^i$。

突变步骤。本质上，突变步骤包括迭代一次第9.1节介绍的PFMH算法。对于每个粒子i，都存在建议值 ϑ_t^i，相关似然函数的粒子滤波近似 $\hat{p}\left(Y_{1:t} \mid \vartheta_t^i\right)$，以及根据式（10.2）分布 p（$U_{1:t}$）抽取的随机向量序列 $U_{1:t}^*$。和式（9.8）一样，密度函数 $p\left(U_{1:t}^i\right)$ 和 $p\left(U_{1:t}^*\right)$ 将从接受概率公式 $\alpha\left(\vartheta_t^i \mid \hat{\theta}_t^i\right)$ 中消掉。记录每个粒子 θ_t^i 在每个状态 s_t 的似然函数值和粒子系统，对于算法的实施来说尤为重要。

10.2 小型DSGE模型应用

我们现在介绍 SMC^2 算法在小型DSGE模型的应用。本节结论可以与第9.2节的结论进行对比。因为 SMC^2 算法需要似然函数的无偏近似，和第5.3节一样，我们用数据调和代替似然函数调和。总体上，我们对比了四个算法的结果。分别是使用条件最优粒子滤波的 SMC^2 算法；使用自助粒子滤波的 SMC^2 算法；使用数据调和以及卡尔曼滤波似然函数的SMC算法；使用似然函数调和以及卡尔曼滤波似然函数的SMC算法。为了用粒子滤波逼近似然函数，自助粒子滤波使用 $M=40\,000$ 个粒子；条件最优粒子滤波使用 $M=400$ 个粒子。θ 的后验分布近似使用 $N=4\,000$ 个粒子；数据调和使用 $N_{\phi}=T+1=81$ 个阶段；突变阶段分块数 $N_{block}=3$。

表10-2概括了每个算法运行 $N_{run}=20$ 次的结果。我们给出了20次运行结果的混同后验均值，无效因子 $InEff_N(\bar{\theta})$ 以及整个20次运行的后验均值近似的标准误差。KF（L）列是使用卡尔曼滤波似然函数，采用第5.3节所用算法得到的结果；KF（D）列也是使用卡尔曼滤波似然函数，但SMC算法使用数据调和，而不是似然函数调和；CO-PF

和BS-BF列分别是使用条件最优粒子滤波和自助粒子滤波，使用 SMC^2 算法计算得到的结果。利用KF（L）、KF（D）和CO-PF算法的结果，计算出来的DSGE模型参数的混同均值基本相同。对数边缘数据密度近似的准确性要比后验均值近似差些，前三个算法的似然函数值从-358.75变化到-356.33。

表 10-2　　　　　　　　　　　小型模型：SMC^2 的精确性

	后验均值（混同）				无效因子				均值的标准误差			
	KF（L）	KF（D）	CO-PF	BS-PF	KF（L）	KF（D）	CO-PF	BS-PF	KF（L）	KF（D）	CO-PF	BS-PF
τ	2.65	2.67	2.68	2.53	1.51	10.41	47.60	6 570	0.01	0.03	0.07	0.76
κ	0.81	0.81	0.81	0.70	1.40	8.36	40.60	7 223	0.00	0.01	0.01	0.18
ψ_1	1.87	1.88	1.87	1.89	3.29	18.27	22.56	4 785	0.01	0.02	0.02	0.27
ψ_2	0.66	0.66	0.67	0.65	2.72	10.02	43.30	4 197	0.01	0.02	0.03	0.34
ρ_r	0.75	0.75	0.75	0.72	1.31	11.39	60.18	14 979	0.00	0.00	0.01	0.08
ρ_g	0.98	0.98	0.98	0.95	1.32	4.28	250.34	21 736	0.00	0.00	0.00	0.04
ρ_z	0.88	0.88	0.88	0.84	3.16	15.06	35.35	10 802	0.00	0.00	0.00	0.05
$r^{(A)}$	0.45	0.46	0.44	0.46	1.09	26.58	73.78	7 971	0.00	0.02	0.04	0.42
$\pi^{(A)}$	3.32	3.31	3.31	3.56	2.15	40.45	158.64	6 529	0.01	0.03	0.06	0.40
$\gamma^{(Q)}$	0.59	0.59	0.59	0.64	2.35	32.35	133.25	5 296	0.00	0.01	0.03	0.16
σ_r	0.24	0.24	0.24	0.26	0.75	7.29	43.96	16 084	0.00	0.00	0.00	0.06
σ_g	0.68	0.68	0.68	0.73	1.30	1.48	20.20	5 098	0.00	0.00	0.00	0.08
σ_z	0.32	0.32	0.32	0.42	2.32	3.63	26.98	41 284	0.00	0.00	0.00	0.11
$lnp(Y)$	-358.75	-357.34	-356.33	-340.47					0.120	1.191	4.374	14.49

注：结论是根据当粒子数 N = 4 000 时，运行 SMC^2 算法 N_{run} = 20 次的输出结果计算得到的。D表示数据调和，L表示似然函数调和。KF表示卡尔曼滤波，CO-PF表示粒子数 M = 400 的条件最优粒子滤波。BS-PS表示粒子数 M = 40 000 的自助粒子滤波。CO-PF和BS-PS均使用数据调和。

对比标准误差和无效因子，表明用数据调和代替似然函数调和，使得精确度恶化。例如，对数边缘数据密度函数的标准误差从0.12增加到1.19。和第5.3节讨论的DSGE模型应用一样，使用凸的调和程序，在初始阶段加入较少的似然信息，这一点至关重要。在序贯估计程序中，隐含假设采用线性调和程序，这样在n=1阶段加入了全部观测值（ $n=0$ 对应于抽取先验分布抽样）。当利用条件最优粒子滤波代替卡尔曼滤波计算似然函数时，标准误差进一步增大。与KF（D）列相比，后验均值近似的标准误差增加了1.5到5倍。利用KF（D）算法计算的无效因子，变化范围为1.5到40；而对于CO-PF算法，无效因子的变化范围为20到250。与表9-1的结果进行比较，表明利用粒子滤波近似代替卡尔曼滤波似然时，SMC算法对此更为敏感。利用条件最优粒子滤波，看起来似乎并没有使RWMH算法的精确度恶化。最后，当用自助粒子滤波代替条件最优粒子滤波时，精确度会进一步恶化。与KF（D）列的标准误差对比，会发现BS-PF标准误差大了整整一个数量级，最小无效因子为4 200。尽管如此，BS-PF的混同后验均值与其他三个算法的后验均值还是极为接近。

10.3 计算方面的考虑

为了得到表10-2报告的 SMC^2 算法的结果，我们共利用了40个处理器。我们采用并行算法计算 θ_t^i 粒子的似然函数 $\hat{p}\left(Y_{1:t}\middle|\theta_t^i\right)$。但没有采用并行算法计算群 $\left\{s_t^{i,j}, W_t^{i,j}\right\}_{j=1}^{M}$ 的粒子滤波。计算似然函数尽管极为耗费时间，但还不需要处理器之间进行通信。当采用条件最优粒子滤波时（$N=4\ 000$，$M=400$），SMC^2 算法的运行时间为23分24秒。当采用自助粒子滤波时（$N=4\ 000$，$M=40\ 000$），SMC^2 算法的运行时间为08小时05分35秒。显然无论从精确度还是运行时间看，自助粒子滤波的运行效果都要差些。

原则上，对样本 $Y_{1:t-1}$ 运行粒子滤波后，应该保存每个 θ_t^i 最终状态 s_{t-1} 的粒子群。在时期 t 的预测步骤，可以利用这个信息快速计算似然函数增量。根据我们的经验，对于小型DSGE模型，在分布式并行环境下，如果目标的纯粹内存大小为10G~20G比特之间，将很难存储 $t-1$ 状态粒子群。此时转移存储极为耗费时间。实际上，每次迭代，都需要重新计算 $Y_{1:t}$ 的全体似然函数。

在序贯实施 SMC^2 算法的（数据调和）过程中，在初始阶段，即当样本较小时，往往会出现粒子退化问题。可以按照Creal（2007）的建议，不从先验分布提取初始抽样。可以采用学生氏 $-t$ 分布作为建议分布，利用重要抽样器提取算法的初始抽样，逼近观测值数量较少（例如 $Y_{1:2}$ 到 $Y_{1:5}$）时的后验分布。

附录A

模型描述

A.1 Smets-Wouters模型

Smets和Wouters（2007）模型的对数线性均衡条件为：

$$\hat{y}_t = c_y\hat{c}_t + i_y\hat{i}_t + z_y\hat{z}_t + \varepsilon_t^g \tag{A.1}$$

$$\begin{aligned}\hat{c}_t = &\frac{h/\gamma}{1+h/\gamma}\hat{c}_{t-1} + \frac{1}{1+h/\gamma}E_t\hat{c}_{t+1} + \frac{wl_c(\sigma_c-1)}{\sigma_c(1+h/\gamma)}\left(\hat{l}_t - E_t\hat{l}_{t+1}\right)\\ &-\frac{1-h/\gamma}{(1+h/\gamma)\sigma_c}\left(\hat{r}_t - E_t\hat{\pi}_{t+1}\right) - \frac{1-h/\gamma}{(1+h/\gamma)\sigma_c}\varepsilon_t^b\end{aligned} \tag{A.2}$$

$$\hat{i}_t = \frac{1}{1+\beta\gamma^{(1-\sigma_c)}}\hat{i}_{t-1} + \frac{\beta\gamma^{(1-\sigma_c)}}{1+\beta\gamma^{(1-\sigma_c)}}E_t\hat{i}_{t+1} + \frac{1}{\varphi\gamma^2\left(1+\beta\gamma^{(1-\sigma_c)}\right)}\hat{q}_t + \varepsilon_t^i \tag{A.3}$$

$$\hat{q}_t = \beta(1-\delta)\gamma^{-\sigma_c}E_t\hat{q}_{t+1} - \hat{r}_t + E_t\hat{\pi}_{t+1} + \left(1-\beta(1-\delta)\gamma^{-\sigma_c}\right)E_t\hat{r}_{t+1}^k - \varepsilon_t^b \tag{A.4}$$

$$\hat{y}_t = \Phi\left(\alpha\hat{k}_t^s + (1-\alpha)\hat{l}_t + \varepsilon_t^a\right) \tag{A.5}$$

$$\hat{k}_t^s = \hat{k}_{t-1} + \hat{z}_t \tag{A.6}$$

$$\hat{z}_t = \frac{1-\psi}{\psi}\hat{r}_t^k \tag{A.7}$$

$$\hat{k}_t = \frac{(1-\delta)}{\gamma}\hat{k}_{t-1} + \left(1-\frac{(1-\delta)}{\gamma}\right)\hat{i}_t + \left(1-\frac{(1-\delta)}{\gamma}\right)\varphi\gamma^2\left(1+\beta\gamma^{(1-\sigma_c)}\right)\varepsilon_t^i \tag{A.8}$$

$$\hat{\mu}_t^p = \alpha\left(\hat{k}_t^s - \hat{l}_t\right) - \hat{w}_t + \varepsilon_t^a \tag{A.9}$$

$$\begin{aligned}\hat{\pi}_t = &\frac{\beta\gamma^{(1-\sigma_c)}}{1+\iota_p\beta\gamma^{(1-\sigma_c)}}E_t\hat{\pi}_{t+1} + \frac{\iota_p}{1+\beta\gamma^{(1-\sigma_c)}}\hat{\pi}_{t-1}\\ &-\frac{\left(1-\beta\gamma^{(1-\sigma_c)}\xi_p\right)\left(1-\xi_p\right)}{\left(1+\iota_p\beta\gamma^{(1-\sigma_c)}\right)\left(1+(\Phi-1)\varepsilon_p\right)\xi_p}\hat{\mu}_t^p + \varepsilon_t^p\end{aligned} \tag{A.10}$$

$$\hat{r}_t^k = \hat{l}_t + \hat{w}_t - \hat{k}_t^s \tag{A.11}$$

$$\hat{\mu}_t^w = \hat{w}_t - \sigma_l \hat{l}_t - \frac{1}{1-h/\gamma}\left(\hat{c}_t - \frac{h}{\gamma}\hat{c}_{t-1}\right) \tag{A.12}$$

$$\begin{aligned}\hat{w}_t = &\frac{\beta\gamma^{(1-\sigma_c)}}{1+\beta\gamma^{(1-\sigma_c)}}\left(E_t\hat{w}_{t+1} + E_t\hat{\pi}_{t+1}\right) + \frac{1}{1+\beta\gamma^{(1-\sigma_c)}}\left(\hat{w}_{t-1} - \iota_w\hat{\pi}_{t-1}\right)\\ &-\frac{1+\beta\gamma^{(1-\sigma_c)}\iota_w}{1+\beta\gamma^{(1-\sigma_c)}}\hat{\pi}_t - \frac{\left(1-\beta\gamma^{(1-\sigma_c)}\xi_w\right)\left(1-\xi_w\right)}{\left(1+\beta\gamma^{(1-\sigma_c)}\right)\left(1+(\lambda_w-1)\varepsilon_w\right)\xi_w}\hat{\mu}_t^w + \varepsilon_t^w\end{aligned} \tag{A.13}$$

$$\hat{r}_t = \rho\hat{r}_{t-1} + (1-\rho)\left(r_\pi\hat{\pi} + r_y\left(\hat{y}_t - \hat{y}_t^*\right)\right) + r_{\Delta y}\left(\left(\hat{y}_t - \hat{y}_t^*\right) - \left(\hat{y}_{t-1} - \hat{y}_{t-1}^*\right)\right) + \varepsilon_t^r \tag{A.14}$$

外生冲击演化模式为：

$$\varepsilon_t^a = \rho_a\varepsilon_{t-1}^a + \eta_t^a \tag{A.15}$$

$$\varepsilon_t^b = \rho_b\varepsilon_{t-1}^b + \eta_t^b \tag{A.16}$$

$$\varepsilon_t^g = \rho_g\varepsilon_{t-1}^g + \rho_{ga}\eta_t^a + \eta_t^g \tag{A.17}$$

$$\varepsilon_t^i = \rho_i\varepsilon_{t-1}^i + \eta_t^i \tag{A.18}$$

$$\varepsilon_t^r = \rho_r\varepsilon_{t-1}^r + \eta_t^r \tag{A.19}$$

$$\varepsilon_t^p = \rho_p\varepsilon_{t-1}^p + \eta_t^p - \mu_p\eta_{t-1}^p \tag{A.20}$$

$$\varepsilon_t^w = \rho_w\varepsilon_{t-1}^w + \eta_t^w - \mu_w\eta_{t-1}^w \tag{A.21}$$

反事实非刚性价格和数量的演化模式为：

$$\hat{y}_t^* = c_y\hat{c}_t^* + i_y\hat{i}_t^* + z_y\hat{z}_t^* + \varepsilon_t^g \tag{A.22}$$

$$\begin{aligned}\hat{c}_t^* = &\frac{h/\gamma}{1+h/\gamma}\hat{c}_{t-1}^* + \frac{1}{1+h/\gamma}E_t\hat{c}_{t+1}^* + \frac{wl_c(\sigma_c-1)}{\sigma_c(1+h/\gamma)}\left(\hat{l}_t^* - E_t\hat{l}_{t+1}^*\right)\\ &-\frac{1-h/\gamma}{(1+h/\gamma)\sigma_c}\hat{r}_t^* - \frac{1-h/\gamma}{(1+h/\gamma)\sigma_c}\varepsilon_t^b\end{aligned} \tag{A.23}$$

$$\hat{i}_t^* = \frac{1}{1+\beta\gamma^{(1-\sigma_c)}}\hat{i}_{t-1}^* + \frac{\beta\gamma^{(1-\sigma_c)}}{1+\beta\gamma^{(1-\sigma_c)}}E_t\hat{i}_{t+1}^* + \frac{1}{\varphi\gamma^2\left(1+\beta\gamma^{(1-\sigma_c)}\right)}\hat{q}_t^* + \varepsilon_t^i \tag{A.24}$$

$$\hat{q}_t^* = \beta(1-\delta)\gamma^{-\sigma_c}E_t\hat{q}_{t+1}^* - \hat{r}_t^* + \left(1-\beta(1-\delta)\gamma^{-\sigma_c}\right)E_t\hat{r}_{t+1}^{k*} - \varepsilon_t^b \tag{A.25}$$

$$\hat{y}_t^* = \Phi\left(\alpha\hat{k}_t^{s*} + (1-\alpha)\hat{l}_t^* + \varepsilon_t^a\right) \tag{A.26}$$

$$\hat{k}_t^{s*} = \hat{k}_{t-1}^* + \hat{z}_t^* \tag{A.27}$$

$$\hat{z}_t^* = \frac{1-\psi}{\psi}\hat{r}_t^{k*} \tag{A.28}$$

$$\hat{k}_t^* = \frac{(1-\delta)}{\gamma}\hat{k}_{t-1}^* + \left(1-\frac{(1-\delta)}{\gamma}\right)\hat{i}_t^* + \left(1-\frac{(1-\delta)}{\gamma}\right)\varphi\gamma^2\left(1+\beta\gamma^{(1-\sigma_c)}\right)\varepsilon_t^i \tag{A.29}$$

$$\hat{w}_t^* = \alpha\left(\hat{k}_t^{s*} - \hat{l}_t^*\right) + \varepsilon_t^a \tag{A.30}$$

$$\hat{r}_t^{k*} = \hat{l}_t^* + \hat{w}_t^* - \hat{k}_t^* \tag{A.31}$$

$$\hat{w}_t^* = \sigma_l\hat{l}_t^* + \frac{1}{1-h/\gamma}\left(\hat{c}_t^* - \frac{h}{\gamma}\hat{c}_{t-1}^*\right) \tag{A.32}$$

测量方程或对数线性均衡条件中出现的稳态（比率）为：

$$\gamma = \bar{\gamma}/100 + 1 \tag{A.33}$$

$$\pi^* = \bar{\pi}/100 + 1 \tag{A.34}$$

$$\bar{r}=100\left(\beta^{-1}\gamma^{\sigma_c}\pi^*-1\right) \quad (A.35)$$

$$r_{ss}^k=\gamma^{\sigma_c}/\beta-(1-\delta) \quad (A.36)$$

$$w_{ss}=\left(\frac{\alpha^{\alpha}(1-\alpha)^{(1-\alpha)}}{\Phi r_{ss}^{k^{\alpha}}}\right)^{\frac{1}{1-\alpha}} \quad (A.37)$$

$$i_k=\left(1-\frac{(1-\delta)}{\gamma}\right)\gamma \quad (A.38)$$

$$l_k=\frac{1-\alpha}{\alpha}\frac{r_{ss}^k}{w_{ss}} \quad (A.39)$$

$$k_y=\Phi l_k^{(\alpha-1)} \quad (A.40)$$

$$i_y=(\gamma-1+\delta)k_y \quad (A.41)$$

$$c_y=1-g_y-i_y \quad (A.42)$$

$$z_y=r_{ss}^k k_y \quad (A.43)$$

$$wl_c=\frac{1}{\lambda_w}\frac{1-\alpha}{\alpha}\frac{r_{ss}^k k_y}{c_y} \quad (A.44)$$

测量方程形式为：

$$YGR_t=\bar{\gamma}+\hat{y}_t-\hat{y}_{t-1} \quad (A.45)$$

$$INF_t=\bar{\pi}+\hat{\pi}_t$$

$$FFR_t=\bar{r}+\hat{R}_t$$

$$CGR_t=\bar{\gamma}+\hat{c}_t-\hat{c}_{t-1}$$

$$IGR_t=\bar{\gamma}+\hat{i}_t-\hat{i}_{t-1}$$

$$WGR_t=\bar{\gamma}+\hat{w}_t-\hat{w}_{t-1}$$

$$HOURS_t=\bar{l}+\hat{l}_t$$

表 A-1　　SW 模型：扩散先验分布

	类型	参数（1）	参数（2）		类型	参数（1）	参数（2）
φ	正态分布	4.00	4.50	α	正态分布	0.30	0.15
σ_c	正态分布	1.50	1.11	ρ_a	均匀分布	0.00	1.00
h	均匀分布	0.00	1.00	ρ_b	均匀分布	0.00	1.00
ξ_w	均匀分布	0.00	1.00	ρ_g	均匀分布	0.00	1.00
σ_l	正态分布	2.00	2.25	ρ_i	均匀分布	0.00	1.00
ξ_p	均匀分布	0.00	1.00	ρ_r	均匀分布	0.00	1.00
ι_w	均匀分布	0.00	1.00	ρ_p	均匀分布	0.00	1.00
ι_p	均匀分布	0.00	1.00	ρ_w	均匀分布	0.00	1.00
ψ	均匀分布	0.00	1.00	μ_p	均匀分布	0.00	1.00
Φ	正态分布	1.25	0.36	μ_w	均匀分布	0.00	1.00
r_π	正态分布	1.50	0.75	ρ_{ga}	均匀分布	0.00	1.00
ρ	均匀分布	0.00	1.00	σ_a	逆伽马分布	0.10	2.00

续表

	类型	参数（1）	参数（2）		类型	参数（1）	参数（2）
r_y	正态分布	0.12	0.15	σ_b	逆伽马分布	0.10	2.00
$r_{\Delta y}$	正态分布	0.12	0.15	σ_g	逆伽马分布	0.10	2.00
π	伽马分布	0.62	0.30	σ_i	逆伽马分布	0.10	2.00
100（$\beta-1-1$）	伽马分布	0.25	0.30	σ_r	逆伽马分布	0.10	2.00
l	正态分布	0.00	6.00	σ_p	逆伽马分布	0.10	2.00
γ	正态分布	0.40	0.30	σ_w	逆伽马分布	0.10	2.00

注：对于贝塔分布、伽马分布和正态分布，参数（1）和参数（2）表示均值和标准误差；对于均匀分布，参数（1）和参数（2）表示支撑区间的上界和下界；对于逆伽马分布，参数（1）和参数（2）表示 s 和 v。其中 $p(\sigma|v,s)\propto\sigma^{-v-1}e^{-vs^2/2\sigma^2}$。在估计过程中，下列参数保持不变：$\delta=0.025$，$g_y=0.18$，$\lambda_w=1.50$，$\varepsilon_w=10.0$ 和 $\varepsilon_p=10$。

表 A-2　　SW 模型：原始先验分布

	类型	参数(1)	参数(2)		类型	参数(1)	参数(2)
φ	正态分布	4.00	1.50	α	正态分布	0.30	0.05
σ_c	正态分布	1.50	0.37	ρ_a	贝塔分布	0.50	0.20
h	贝塔分布	0.70	0.10	ρ_b	贝塔分布	0.50	0.20
ξ_w	贝塔分布	0.50	0.10	ρ_g	贝塔分布	0.50	0.20
σ_l	正态分布	2.00	0.75	ρ_i	贝塔分布	0.50	0.20
ξ_p	贝塔分布	0.50	0.10	ρ_r	贝塔分布	0.50	0.20
ι_w	贝塔分布	0.50	0.15	ρ_p	贝塔分布	0.50	0.20
ι_p	贝塔分布	0.50	0.15	ρ_w	贝塔分布	0.50	0.20
ψ	贝塔分布	0.50	0.15	μ_p	贝塔分布	0.50	0.20
Φ	正态分布	1.25	0.12	μ_w	贝塔分布	0.50	0.20
r_π	正态分布	1.50	0.25	ρ_{ga}	贝塔分布	0.50	0.20
ρ	贝塔分布	0.75	0.10	σ_a	逆伽马分布	0.10	2.00
r_y	正态分布	0.12	0.05	σ_b	逆伽马分布	0.10	2.00
$r_{\Delta y}$	正态分布	0.12	0.05	σ_g	逆伽马分布	0.10	2.00
π	伽马分布	0.62	0.10	σ_i	逆伽马分布	0.10	2.00
100（$\beta^{-1}-1$）	伽马分布	0.25	0.10	σ_r	逆伽马分布	0.10	2.00
l	正态分布	0.00	2.00	σ_p	逆伽马分布	0.10	2.00
γ	正态分布	0.40	0.10	σ_w	逆伽马分布	0.10	2.00

注：对于贝塔分布、伽马分布和正态分布，参数（1）和参数（2）表示均值和标准误差；对于均匀分布，参数（1）和参数（2）表示支撑区间的上界和下界；对于逆伽马分布，参数（1）和参数（2）表示 s 和 v。其中 $p(\sigma|v,s)\propto\sigma^{-v-1}e^{-vs^2/2\sigma^2}$。

| A.2 | Leeper-Plante-Traum 财政政策模型

Leeper，Plante 和 Traum（2010）模型的对数线性均衡条件为：

$$\hat{u}_t^b - \frac{\gamma(1+h)}{1-h}\hat{C}_t + \frac{\gamma h}{1-h}\hat{C}_{t-1} - \frac{\tau^c}{1+\tau^c}\hat{\tau}_t^c = \hat{R}_t - \frac{\tau^c}{1+\tau^c}E_t\hat{\tau}_{t+1}^c + E_t u_{t+1}^b - \frac{\gamma}{1-h}E_t\hat{C}_{t+1} \tag{A.46}$$

$$\hat{u}_t^l + (1+k)\hat{l}_t + \frac{\tau^c}{1+\tau^c}\hat{\tau}_t^c = \hat{Y}_t - \frac{\tau^l}{1+\tau^l}\hat{\tau}_t^l - \frac{\gamma}{1-h}\hat{C}_t + \frac{\gamma h}{1-h}\hat{C}_{t-1} \tag{A.47}$$

$$\begin{aligned}\hat{q}_t = {} & E_t\hat{u}_{t+1}^b - \frac{\gamma}{1-h}E_t\hat{C}_{t+1} + \frac{\gamma(1+h)}{1-h}\hat{C}_t - \frac{\tau^c}{1+\tau^c}E_t\hat{\tau}_{t+1}^c - \hat{u}_t^b - \frac{\gamma h}{1-h}\hat{C}_{t-1} \\ & + \frac{\tau^c}{1+\tau^c}\hat{\tau}_t^c + \beta(1-\tau^k)\alpha\frac{Y}{K}E_t\hat{Y}_{t+1} - \beta(1-\tau^k)\alpha\frac{Y}{K}\hat{K}_t - \beta\tau^k\alpha\frac{Y}{K}E_t\hat{\tau}_{t+1}^k \\ & - \beta\delta_1 E_t\hat{v}_{t+1} + \beta(1-\delta_0)E_t\hat{q}_{t+1}\end{aligned} \tag{A.48}$$

$$Y_t = \frac{\tau^k}{1-\tau^k}\hat{\tau}_t^k + \hat{K}_{t+1} + \hat{q}_t + \left(1+\frac{\delta_2}{\delta_0}\right)\hat{v}_t \tag{A.49}$$

$$0 = \frac{1}{s''(1)}\hat{q}_t + (1-\beta)\hat{I}_t + \hat{I}_{t-1} + \beta E_t\hat{u}_t^i + \beta E_t\hat{u}_{t+1}^i \tag{A.50}$$

$$Y\hat{Y}_t = C\hat{C}_t + G\hat{G}_t + I\hat{I}_t \tag{A.51}$$

$$\hat{K}_t = (1-\delta_0)K_{t-1} + \delta_1\hat{v}_t + \delta_0 I_t \tag{A.52}$$

$$\begin{aligned}& \frac{B}{\beta}\hat{R}_{t-1} + \frac{B}{\beta}\hat{B}_{t-1} + G\hat{G}_t + Z\hat{Z}_t \\ & = B\hat{B}_t + \tau^k\alpha Y\left(\hat{\tau}_t^k + \hat{Y}_t\right) + \tau^l(1-\alpha)Y\left(\hat{\tau}_t^l + \hat{Y}_t\right) + \tau^c C\left(\hat{\tau}_t^c + \hat{C}_t\right)\end{aligned} \tag{A.53}$$

$$\hat{Y} = \hat{u}_t^a + \alpha v_t + \alpha\hat{K}_{t-1} + (1-\alpha)\hat{L}_t \tag{A.54}$$

财政政策规则和外生冲击过程的运动规则在正文中（第6.3节）给出。

表 A-3　　LPT 模型：后验矩（第 2 部分）

	基于LPT先验分布		基于发散的先验分布	
	均值	[5%，95%] 置信区间	均值	[5%，95%] 置信区间
内生传导参数				
γ	2.5	[1.82，3.35]	2.5	[1.81，3.31]
κ	2.4	[1.70，3.31]	2.5	[1.74，3.37]
h	0.57	[0.46，0.68]	0.57	[0.46，0.67]
s''	7.0	[6.08，7.98]	6.9	[6.06，7.89]
δ_2	0.25	[0.16，0.39]	0.24	[0.16，0.37]
内生传导参数				
ρ_a	0.96	[0.93，0.98]	0.96	[0.93，0.98]
ρ_b	0.65	[0.60，0.69]	0.65	[0.60，0.69]
ρ_l	0.98	[0.96，1.00]	0.98	[0.96，1.00]

续表

	基于LPT先验分布		基于发散的先验分布	
	均值	[5%，95%] 置信区间	均值	[5%，95%] 置信区间
ρ_i	0.48	[0.38，0.57]	0.47	[0.37，0.57]
ρ_g	0.96	[0.94，0.98]	0.96	[0.94，0.98]
ρ_{ik}	0.93	[0.89，0.97]	0.94	[0.88，0.98]
ρ_{il}	0.98	[0.95，1.00]	0.93	[0.86，0.98]
ρ_{tc}	0.93	[0.89，0.97]	0.97	[0.94，0.99]
ρ_z	0.95	[0.91，0.98]	0.95	[0.91，0.98]
σ_b	7.2	[6.48，8.02]	7.2	[6.47，8.00]
σ_l	3.2	[2.55，4.10]	3.2	[2.55，4.08]
σ_i	5.7	[4.98，6.47]	5.6	[4.98，6.40]
σ_a	0.64	[0.59，0.70]	0.64	[0.59，0.70]

附录B

数据来源

B.1 小型新凯恩斯DSGE模型

估计用数据来源于Lubik和Schorfheide（2006）。这里我们详细解释第8.6节扩展样本期（2003年第1季度到2013年第4季度）数据的处理方法。

1. **单位资本实际产出增长率**。取实际总国内产出水平（FRED快速查询码“GDPC1”），记为GDP_t。取民间非公共机构人口总数（the Civilian Non-institutional Population）（FRED快速查询码“CNP16OV”/BLS序列“LNS10000000”）的季度平均，记为POP_t。则有

$$\text{单位资本实际产出增长率}=100\left[\ln\left(\frac{GDP_t}{POP_t}\right)-\ln\left(\frac{GDP_{t-1}}{POP_{t-1}}\right)\right]$$

2. **年度通货膨胀率**。取CPI价格水平（FRED快速查询码“CPIAUCSL”），记为CPI_t。则有

$$\text{年度通货膨胀率}=400\ln\left(\frac{CPI_t}{CPI_{t-1}}\right)$$

3. **联邦基金利率**。取有效联邦基金利率（FRED快速查询码“FEDFUNDS”），记为FFR_t。则有

$$\text{联邦基金利率}=FFR_t$$

B.2 Smets-Wouters模型

样本期为1996年第1季度到2004年第4季度。根据Smets和Wouters（2007）的方法构建数据。产出数据源自NIPA。其他数据来源在正文给出。

1. **单位资本实际产出增长率**。取实际总国内产出水平（FRED快速查询码“GDPC1”），记为GDP_t。取民间非制度性人口总数（the Civilian Non-institutional Population）（FRED快速查询码“CNP16OV”/BLS序列“LNS10000000”）的季度平均，并取1992年第3季度为1进行标准化，记为POP_t。则有

单位资本实际产出增长率=100 $\left[\ln\left(\frac{GDP_t}{POP_t}\right)-\ln\left(\frac{GDP_{t-1}}{POP_{t-1}}\right)\right]$

2. **单位资本实际消费增长率**。取个人消费支出水平（FRED快速查询码“PCEC”），记为 $CONS_t$。取GDP平减指数（FRED快速查询码“GDPDEF”），记为 $GDPP_t$。则有

单位资本实际消费增长率=100 $\left[\ln\left(\frac{CONS_t}{GDPP_t POP_t}\right)-\ln\left(\frac{CONS_{t-1}}{GDPP_{t-1}POP_{t-1}}\right)\right]$

3. **单位资本实际投资增长率**。取固定私人投资水平（FRED快速查询码 “FPI”），记为 INV_t。则有

单位资本实际投资增长率=100 $\left[\ln\left(\frac{INV_t}{GDPP_t POP_t}\right)-\ln\left(\frac{INV_{t-1}}{GDPP_{t-1}POP_{t-1}}\right)\right]$

4. **单位资本实际工资增长率**。取非农商业部门的小时工资的BLS测度（FRED快速查询码 “COMPNFB” / BLS序列“PRS85006103”），记为 W_t。则有

单位资本实际工资增长率=100 $\left[\ln\left(\frac{W_t}{GDPP_t}\right)-\ln\left(\frac{W_{t-1}}{GDPP_{t-1}}\right)\right]$

5. **单位资本工作小时指数**。取非农商业部门平均每周工作小时指数（FRED快速查询码 / BLS序列“PRS85006023”），记为 $HOURS_t$。取民间就业人口数（FRED快速查询码“CE16OV”），取1992年第3季度为1，进行标准化，记为 EMP_t。则有

单位资本工作小时指数=100 $\ln\left(\frac{HOURS_t EMP_T}{POP_t}\right)$

之后这个序列减去均值。

6. **通货膨胀率**。取GDP价格平减指数。则有

通货膨胀率=100 $\ln\left(\frac{GDPP_t}{GDPP_{t-1}}\right)$

7. **联邦基金利率**。取有效联邦基金利率（FRED快速查询码“FEDFUNDS”），记为 FFR_t。则有

联邦基金利率 = $FFR_t/4$

B.3 Leeper-Plante-Traum 财政政策模型

样本期为1960年第1季度到2008年第1季度。根据Leeper，Plante和Traum（2010）的方法构建数据。产出数据源自NIPA。其他数据来源在正文给出。估计之前，每个序列都去除了（分离的）线性趋势。

1. **实际投资**。取耐用消费品的名义个人消费（FRED快速查询码“PCDG”），记为 $PCED_t$。取GDP平减指数作为个人消费价格水平（FRED快速查询码“DPCERD3Q086SBEA”），记为 P_t。取民间就业人口数（FRED快速查询码“CE16OV”），取1992年第3季度为1进行标准化，记为 POP_t。则有

实际投资=100 $\ln\left(\frac{PCED_t/P_t}{POP_t}\right)$

2. **实际消费**。取耐用消费品的名义个人消费（FRED快速查询码“PCNG”），记为

PCE_t。取GDP平减指数作为个人消费价格水平（FRED快速查询码"DPCERD3Q086SBEA"），记为P_t。取民间就业人口数（FRED快速查询码"CE16OV"），取1992年第3季度为1进行标准化，记为POP_t。则有

$$实际消费=100\ln\left(\frac{PCE_t/P_t}{POP_t}\right)$$

3. **实际工作小时数**。取非农商业部门平均每周工作小时指数（FRED快速查询码/BLS序列"PRS85006023"），记为$HOURS_t$。取民间就业人口数（FRED快速查询码"CE16OV"），令1992年第3季度取值为1，进行标准化，记为EMP_t。则有

$$实际工作小时数=100\ln\left(\frac{HOURS_t EMP_t}{POP_t}\right)$$

4. **实际消费税收收益**。取联邦政府当前生产和进口税收收益（FRED快速查询码"W007RC1Q027SBEA"），记为$CTAX_t$。则有

$$实际消费税收收益=100\ln\left(\frac{CTAX_t/P_t}{POP_t}\right)$$

5. **实际劳动税收收益**。取当前个人税收收益（FRED快速查询码"A074RC1Q027S-BEA"），记为IT_t。取工资和薪水收入（FRED快速查询码"WASCUR"），记为W_t。取经营者所得（FRED快速查询码"A04RC1Q027SBEA"），记为PRI_t。取租赁收入（FRED快速查询码"RENTIN"），记为$RENT_t$。取公司利润（FRED快速查询码"CPROFIT"），记为$PROF_t$。取利息收入（FRED快速查询码"W255RC1Q027SB-EA"），记为INT_t。定义资本收入CI_t为

$$CI_t=RENT_t+PROF_t+INT_t+PRI_t/2$$

定义平均个人收入税率为

$$\tau_t^p=\frac{IT_t}{W_t+PRI_t/2+CI_t}$$

取政府社会保险贡献（FRED快速查询码"W780RC1Q027SBEA"），记为CSI_t。取雇员报酬（FRED快速查询码"A57RC1Q027SBEA"），记为EC_t。定义平均劳动收入税率为

$$\tau_t^l=\frac{\tau_t^p(W_t+PRI_t)+CSI_t}{EC_t+PRI_t/2}$$

计税基数$BASE_t=PCE_t+PCED_t$。则有

$$实际劳动税收收益=100\ln\left(\frac{\tau_t^l BASE_t/P_t}{POP_t}\right)$$

6. **实际资本税收收益**。取公司收入税（FRED快速查询码"B075RC1Q027SBEA"），记为CT_t。取财产税（FRED快速查询码"B249RC1Q027SBEA"），记为PT_t。定义平均资本收入税率为

$$\tau^k=\frac{\tau^p CI_t+CT_t}{CI_t+PT_t}$$

则有

$$实际资本税收收益=100\ln\left(\frac{\tau_t^k BASE_t/P_t}{POP_t}\right)$$

7. **实际政府支出**。取政府消费支出（FRED快速查询码“FGEXPND”），记为GC_t。取政府总投资（FRED快速查询码“A787RC1Q027SBEA”），记为GI_t。取政府非生产性资产的净购买（FRED快速查询码“AD08RC1A027NBEA”），记为GP_t。最后取政府固定资本消费（FRED快速查询码“A918RC1Q-027SBEA”），记为GCK_t。定义$G_t = GC_t + GI_t + GP_t - GCK_t$。则

$$\text{实际政府支出} = 100 \ln\left(\frac{G_t/P_t}{POP_t}\right)$$

8. **实际政府转移支付**。取当前转移支付（FRED快速查询码“A084RC1Q027SBEA”），记为$TRANSPAY_t$。取当前转移收入（FRED快速查询码“A577RC1Q027SBEA”），记为$TRANSREC_t$。定义净当前转移支付为

$$CURRTRANS_t = TRANSPAY_t - TRANSREC_t$$

取资本转移支付（FRED快速查询码“W069RC1Q027SBEA”），记为$CAPTRANSPAY_t$。取资本转移收入（FRED快速查询码“B232RC1Q027SBEA”），记为$CAPTRANSREC_t$。定义净资本转移支付为

$$CAPTRANS_t = CAPTRANSPAY_t - CAPTRANSREC_t$$

取当前税收凭证（FRED快速查询码“W006RC1Q027SBEA”），记为$TAXREC_t$。取资产收入凭证（FRED快速查询码“W210RC1Q027SBEA”），记为$INCREC_t$。取当前国有企业盈余（FRED快速查询码“A108RC1Q027SBEA”），记为$GOVSRP_t$。定义总税收收益T_t为消费税收收益、劳动税收收益以及资本税收收益之和，则净税收剩余为

$$TAXRESID_t = TAXREC_t + INCREC_t + CSI_t + GOVSRP_t - T_t$$

定义

$$TR_t = CURRTRANS_t + CAPTRANS_t - TAXRESID_t$$

则有

$$\text{实际政府转移支付} = 100 \ln\left(\frac{TR_t/P_t}{POP_t}\right)$$

9. **实际政府债务**。取利息支付（FRED快速查询码“A091RC1Q027SBEA”），记为$INTPAY_t$。定义净借款为

$$NB_t = G_t + INTPAY_t + TR_t - T_t$$

取调整后的基础货币（FRED快速查询码“AMBSL”），取季度平均，记为M_t。定义政府债务（起点为1947年）

$$Bt = NB_t - \Delta M_t + B_{t-1}$$

B_{1947Q1}的取值源于Cox和Hirschhorn（1983）。则

$$\text{实际政府债务} = 100 \ln\left(\frac{B_t/P_t}{POP_t}\right)$$

参考文献

Altug, S.(1989):"Time-to-Build and Aggregate Fluctuations: Some New Evidence," International Economic Review, 30(4), 889–920.

An, S., and F.Schorfheide(2007):"Bayesian Analysis of DSGE Models," Econometric Reviews, 26 (2–4), 113–172.

Anderson, G.(2000):"A Reliable and Computationally Efficient Algorithm for Imposing the Saddle Point Property in Dynamic Models," Manuscript, Federal Reserve Board of Governors.

Andreasen, M.M.(2013):"Non-Linear DSGE Models and the Central Difference Kalman Filter," Journal of Applied Econometrics, 28(6), 929–955.

Andrieu, C., A. Doucet, and R.Holenstein(2010):"Particle Markov Chain Monte Carlo Methods," Journal of the Royal Statistical Society Series B, 72(3), 269–342.

Ardia, D., N. Bastürk, L. Hoogerheide, and H. K.van Dijk(2012):"A Comparative Study of Monte Carlo Methods for Efficient Evaluation of Marginal Likelihood," Computational Statistics and Data Analysis, 56(11), 3398–3414.

Arulampalam, S., S.Maskell, N.Gordon, and T. Clapp(2002):"A Tutorial on Particle Filters for Online Nonlinear/Non-Gaussian Bayesian Tracking," IEEE Transactions on Signal Processing, 50(2), 174–188.

Aruoba, B., P.Cuba–Borda, and F.Schorfheide(2014):"Macroeconomic Dynamics Near the ZLB: A Tale of Two Countries," NBER Working Paper, 19248.

Aruoba, S.Boragan, L. B., and F.Schorfheide (2013): "Assessing DSGE Model Nonlinearities," NBER Working Paper, 19693.

Aruoba, S.B., J.Fernández-Villaverde, and J.F.Rubio-Ramírez(2006):"Comparing Solution Methods for Dynamic Equilibrium Economies," Journal of Economic Dynamics and Control, 30(12), 2477–2508.

Berzuini, C., and W. Gilks(2001):"RESAMPLE-MOVE Filtering with Cross-Model Jumps," in Sequential Monte Carlo Methods in Practice, ed.by A.Doucet, N.de Freitas, and N.Gordon, pp.117–138.Springer Verlag.

Bianchi, F.(2013):"Regime Switches, Agents' Beliefs, and Post-World War II U.S.Macroeconomic Dynamics," Review of Economic Studies, 80(2), 463–490.

Binder, M., and H.Pesaran(1997):"Multivariate Linear Rational Expectations Models: Characterization of the Nature of the Solutions and Their Fully Recursive Computation," Econometric Theory, 13(6), 877–888.

Blanchard, O.J., and C.M. Kahn(1980):"The Solution of Linear Difference Models under Rational

Expectations," Econometrica, 48(5), 1305–1312.
Canova, F., and L.Sala(2009): "Back to Square One: Identification Issues in DSGE Models," Journal of Monetary Economics, 56, 431–449.
Cappé, O., S.J.Godsill, and E.Moulines(2007): "An Overview of Existing Methods and Recent Advances in Sequential Monte Carlo," Proceedings of the IEEE, 95(5), 899–924.
Cappé, O., E.Moulines, and T. Ryden(2005): Inference in Hidden Markov Models. Springer Verlag.
Chang, Y., T.Doh, and F.Schorfheide(2007): "Non-stationary Hours in a DSGE Model," Journal of Money, Credit, and Banking, 39(6), 1357–1373.
Chen, R., and J.Liu(2000): "Mixture Kalman Filters," Journal of the Royal Statistical Society Series B, 62, 493–508.
Chib, S., and E.Greenberg(1995): "Understanding the Metropolis-Hastings Algorithm," The American Statistician, 49, 327–335.
Chib, S., and I.Jeliazkov(2001): "Marginal Likelihoods from the Metropolis Hastings Output," Journal of the American Statistical Association, 96(453), 270–281.
Chib, S., and S.Ramamurthy(2010): "Tailored Randomized Block MCMC Methods with Application to DSGE Models," Journal of Econometrics, 155(1), 19–38.
Chopin, N.(2002): "A Sequential Particle Filter for Static Models," Biometrika, 89(3), 539–551.
——(2004): "Central Limit Theorem for Sequential Monte Carlo Methods and its Application to Bayesian Inference," Annals of Statistics, 32(6), 2385–2411.
Chopin, N., P. E.Jacob, and O. Papaspiliopoulos(2012): "SMC^2: An Efficient Algorithm for Sequential Analysis of State-Space Models," arXiv:1101.1528.
Christiano, L.J.(2002): "Solving Dynamic Equilibrium Models by a Method of Undetermined Coefficients," Computational Economics, 20(1–2), 21–55.
Christiano, L. J., M. Eichenbaum, and C. L. Evans(2005): "Nominal Rigidities and the Dynamic Effects of a Shock to Monetary Policy," Journal of Political Economy, 113(1), 1–45.
Cox, W., and E.Hirschhorn(1983): "The Market Value of US Government Debt," Journal of Monetary Economics, 11, 261–272.
Creal, D.(2007): "Sequential Monte Carlo Samplers for Bayesian DSGE Models," Manuscript, University Chicago Booth.
——(2012): "A Survey of Sequential Monte Carlo Methods for Economics and Finance," Econometric Reviews, 31(3), 245–296.
Curdia, V., and R. Reis(2009): "Correlated Disturbances and U.S.Business Cycles," Working Paper.
——(2010): "Correlated Disturbances and U.S.Business Cycles," Manuscript, Columbia University and FRB New York.
Davig, T., and E. M. Leeper(2007): "Generalizing the Taylor Principle," American Economic Review, 97(3), 607–635.
DeJong, D.N., B.F.Ingram, and C.H.Whiteman(2000): "A Bayesian Approach to Dynamic Macroeconomics," Journal of Econometrics, 98(2), 203–223.

DeJong, D.N., R.Liesenfeld, G.V.Moura, J.-F. Richard, and H.Dharmarajan(2013): "Efficient Likelihood Evaluation of State-Space Representations," Review of Economic Studies, 80(2), 538-567.

Del Moral, P.(2004): Feynman-Kac Formulae.Springer Verlag.

——(2013): Mean Field Simulation for Monte Carlo Integration.Chapman & Hall/CRC.

Del Negro, M., R. B. Hasegawa, and F. Schorfheide(2014): "Dynamic Prediction Pools: An Investigation of Financial Frictions and Forecasting Performance," NBER Working Paper, 20575.

Del Negro, M., and F.Schorfheide(2008): "Forming Priors for DSGE Models(and How it Affects the Assessment of Nominal Rigidities)," Journal of Monetary Economics, 55(7), 1191-1208.

——(2013): "DSGE Model-Based Forecasting," in Handbook of Economic Forecasting, ed.by G.Elliott, and A.Timmermann, vol.2, forthcoming.North Holland.

Doucet, A., N.de Freitas, and N.Gordon(eds.)(2001): Sequential Monte Carlo Methods in Practice. Springer Verlag.

Doucet, A., and A.M.Johansen(2011): "A Tutorial on Particle Filtering and Smoothing: Fifteen Years Later," in Handook of Nonlinear Filtering, ed.by D.Crisan, and B.Rozovsky.Oxford University Press.

Durbin, J., and S.J.Koopman(2001): Time Series Analysis by State Space Methods.Oxford University Press.

Durham, G., and J. Geweke(2014): "Adaptive Sequential Posterior Simulators for Massively Parallel Computing Environments," in Advances in Econometrics, ed.by I.Jeliazkov, and D.Poirier, vol.34, chap.6, pp.1-44.Emerald Group Publishing Limited.

Farmer, R., D. Waggoner, and T. Zha(2009): "Understanding Markov Switching Rational Expectations Models," Journal of Economic Theory, 144(5), 1849-1867.

Fernάndez-Villaverde, J., G.Gordon, P.Guerrón-Quintana, and J.F.Rubio-Ramírez(2015): "Nonlinear Adventures at the Zero Lower Bound," Journal of Economic Dynamics and Control, 57(August), 182-204.

Fernάndez-Villaverde, J., and J.F.Rubio-Ramírez(2004): "Comparing dynamic equilibrium models to data: a Bayesian approach," Journal of Econometrics, 123(1), 153-187.

Fernάndez-Villaverde, J., and J.F.Rubio-Ramírez(2007): "Estimating Macroeconomic Models: A Likelihood Approach," Review of Economic Studies, 74(4), 1059-1087.

——(2013): "Macroeconomics and Volatility: Data, Models, and Estimation," in Advances in Economics and Econometrics: Tenth World Congress, ed.by D.Acemoglu, M.Arellano, and E.Dekel, vol.3, pp.137-183.Cambridge University Press.

Flury, T., and N. Shephard(2011): "Bayesian Inference Based Only On Simulated Likelihood: Particle Filter Analysis of Dynamic Economic Models," Econometric Theory, 27, 933-956.

Foerster, A., J.F. Rubio-Ramírez, D. F. Waggoner, and T. Zha(2014): "Perturbation Methods for Markov-Switching DSGE Models," Manuscript, FRB Kansas City and Atlanta.

Gali, J.(2008): Monetary Policy, Inflation, and the Business Cycle: An Introduction to the New Keynesian Framework.Princeton University Press.

Geweke, J.(1989):“Bayesian Inference in Econometric Models Using Monte Carlo Integration,” Econometrica,57(6),1317–1399.

——(1999):“Using Simulation Methods for Bayesian Econometric Models: Inference, Development,and Communication,” Econometric Reviews,18(1),1–126.

——(2005):Contemporary Bayesian Econometrics and Statistics.John Wiley & Sons,Inc.

Girolami, M., and B.Calderhead(2011):“Riemann Manifold Langevin and Hamilton Monte Carlo Methods(with discussion),” Journal of the Royal Statistical Society Series B,73,123–214.

Gordon,N.,D.Salmond,and A.F.Smith(1993):“Novel Approach to Nonlinear/Non-Gaussian Bayesian State Estimation,” Radar and Signal Processing,IEE Proceedings F,140(2),107–113.

Guo,D.,X.Wang,and R.Chen(2005):“New Sequential Monte Carlo Methods for Nonlinear Dynamic Systems,” Statistics and Computing,15,135–147.

Gust,C.,D.Lopez–Salido,and M. E.Smith(2012):“The Empirical Implications of the Interest–Rate Lower Bound,” Manuscript,Federal Reserve Board.

Halpern,E.F.(1974):“Posterior Consistency for Coefficient Estimation and Model Selection in the General Linear Hypothesis,” Annals of Statistics,2(4),703–712.

Hamilton,J.D.(1989):“A New Approach to the Economic Analysis of Nonstationary Time Series and the Business Cycle,” Econemetrica,57(2),357–384.

——(1994):Time Series Analysis.Princeton University Press.

Hammersley,J.,and D.Handscomb(1964):Monte Carlo Methods.Methuen and Company.

Hastings,W.(1970):“Monte Carlo Sampling Methods Using Markov Chains and Their Applications,” Biometrika,57,97–109.

Herbst,E.(2011):“Gradient and Hessian-based MCMC for DSGE Models,” Unpublished Manuscript,University of Pennsylvania.

Herbst,E.,and F.Schorfheide(2014):“Sequential Monte Carlo Sampling for DSGE Models,” Journal of Applied Econometrics,19(7),1073–1098.

Hoeting,J.A.,D.Madigan,A.E.Raftery,and C.T.Volinsky(1999):“Bayesian Model Averaging:A Tutorial,” Statistical Science,14(4),382–417.

Holmes,M.(1995):Introduction to Perturbation Methods.Cambridge University Press.

Ireland,P.N.(2004):“A Method for Taking Models to the Data,” Journal of Economic Dynamics and Control,28(6),1205–1226.

Iskrev,N.(2010):“Local Identification of DSGE Models,” Journal of Monetary Economics,2,189–202.

Johnson,R.(1970):“Asymptotic Expansions Associated with Posterior Distributions,” Annals of Mathematical Statistics,41,851–864.

Judd,K.(1998):Numerical Methods in Economics.MIT Press.

Justiniano,A.,and G.E.Primiceri(2008):“The Time-Varying Volatility of Macroeconomic Fluctuations,” American Economic Review,98(3),604–641.

Kantas,N.,A. Doucet,S.Singh,J. Maciejowski,and N.Chopin(2014):“On Particle Methods for Parameter Estimation in State–Space Models,” arXiv Working Paper,1412.8659v1.

Kass, R. E., and A. E.Raftery(1995):"Bayes Factors," Journal of the American Statistical Association, 90(430), 773–795.

Kim, J., S.Kim, E. Schaumburg, and C. A. Sims(2008):"Calculating and Using Second-Order Accurate Solutions of Discrete Time Dynamic Equilibrium Models," Journal of Economic Dynamics and Control, 32, 3397–3414.

Kim, J., and F.Ruge-Murcia(2009):"How Much Inflation is Necessary to Grease the Wheels," Journal of Monetary Economics, 56, 365–377.

King, R.G., C.I.Plosser, and S.Rebelo(1988):"Production, Growth, and Business Cycles: I The Basic Neoclassical Model," Journal of Monetary Economics, 21(2–3), 195–232.

King, R.G., and M. W. Watson(1998):"The Solution of Singluar Linear Difference Systems under Rational Expectations," International Economic Review, 39(4), 1015–1026.

Klein, P.(2000):"Using the Generalized Schur Form to Solve a Multivariate Linear Rational Expectations Model," Journal of Economic Dynamics and Control, 24(10), 1405–1423.

Kloek, T., and H. K.van Dijk(1978):"Bayesian Estimates of Equation System Parameters: An Application of Integration by Monte Carlo," Econometrica, 46, 1–20.

Koenker, R.(2005): Quantile Regression.Cambridge University Press.

Koenker, R., and G.Bassett(1978):"Regression Quantiles," Econometrica, 46(1), 33–50.

Kohn, R., P. Giordani, and I.Strid(2010):"Adaptive Hybrid Metropolis-Hastings Samplers for DSGE Models," Working Paper.

Kollmann, R.(2015):"Tractable Latent State Filtering for Non-Linear DSGE Models Using a Second–Order Approximation and Pruning," Computational Economics, 45(2), 239–260.

Komunjer, I., and S.Ng(2011):"Dynamic Identification of DSGE Models," Econometrica, 79(6), 1995–2032.

Koop, G.(2003): Bayesian Econometrics.John Wiley & Sons.

Künsch, H.R.(2005):"Recursive Monte Carlo Filters: Algorithms and Theoretical Analysis," Annals of Statistics, 33(5), 1983–2021.

Kydland, F.E., and E.C.Prescott(1982):"Time to Build and Aggregate Fluctuations," Econometrica, 50(6), 1345–1370.

Lancaster, T.(2004): An Introduction to Modern Bayesian Econometrics.Blackwell Publishing.

Leamer, E.E.(1978): Specification Searches.John Wiley & Sons.

Leeper, E.M., M. Plante, and N.Traum (2010):"Dynamics of Fiscaling Financing in the United States," Journal of Econometrics, 156, 304–321.

Liu, J.S.(2001): Monte Carlo Strategies in Scientific Computing.Springer Verlag.

Liu, J.S., and R.Chen(1998):"Sequential Monte Carlo Methods for Dynamic Systems,"Journal of the American Statistical Association, 93(443), 1032–1044.

Liu, J. S., R. Chen, and T. Logvinenko(2001):"A Theoretical Franework for Sequential Importance Sampling with Resampling," in Sequential Monte Carlo Methods in Practice, ed.by A.Doucet, N. de Freitas, and N.Gordon, pp.225–246.Springer Verlag.

Z., D.F.Waggoner, and T.Zha(2011):"Sources of Macroeconomic Fluctuations: A Regimeswitching DSGE Approach," Quantitative Economics, 2, 251–301.

Lubik, T., and F.Schorfheide(2003): "Computing Sunspot Equilibria in Linear Rational Expectations Models," Journal of Economic Dynamics and Control, 28(2), 273–285.

——(2006): "A Bayesian Look at the New Open Macroeconomics," NBER Macroeconomics Annual 2005.

Maliar, L., and S.Maliar(2014): "Merging Simulation and Projection Approaches to Solve High-Dimensional Problems with an Application to a New Keynesian Model," Quantitative Economics, 6(1), 1–47.

Metropolis, N., A. Rosenbluth, M. Rosenbluth, A. Teller, and E.Teller(1953): "Equations of State Calculations by Fast Computing Machines," Journal of Chemical Physics, 21, 1087–1091.

Min, C.-K., and A.Zellner(1993): "Bayesian and Non-Bayesian Methods for Combining Models and Forecasts with Applications to Forecasting International Growth Rates," Journal of Econometrics, 56(1–2), 89–118.

Müller, U.(2011): "Measuring Prior Sensitivity and Prior Informativeness in Large Bayesian Models," Manuscript, Princeton University.

Murray, L.M., A.Lee, and P.E.Jacob(2014): "Parallel Resampling in the Particle Filter," arXiv Working Paper, 1301.4019v2.

Neal, R.(2010): "MCMC using Hamiltonian Dynamics," in Handbook of Markov Chain Monte Carlo, ed.by S.Brooks, A.Gelman, G.Jones, and X.-L. Meng, pp.113–162.Chapman & Hall, CRC Press.

Otrok, C.(2001): "On Measuring the Welfare Costs of Business Cycles," Journal of Monetary Economics, 47(1), 61–92.

Phillips, D., and A. Smith(1994): "Bayesian Model Comparison via Jump Diffusions," Technical report: Imperial College of Science, Technology, and Medicine, London, 94–02.

Pitt, M. K., and N. Shephard(1999): "Filtering via Simulation: Auxiliary Particle Filters," Journal of the American Statistical Association, 94(446), 590–599.

Pitt, M. K., R.D.S.Silva, P.Giordani, and R.Kohn(2012): "On Some Properties of Markov Chain Monte Carlo Simulation Methods Based on the Particle Filter," Journal of Econometrics, 171, 134–151.

Qi, Y., and T.P.Minka(2002): "Hessian-based Markov Chain Monte-Carlo Algorithms," Unpublished Manuscript.

Ríos-Rull, J.-V., F. Schorfheide, C. Fuentes-Albero, M. Kryshko, and R. Santaeulalia-Llopis(2012): "Methods versus Substance: Measuring the Effects of Technology Shocks," Journal of Monetary Economics, 59(8), 826–846.

Robert, C.P.(1994): The Bayesian Choice.Springer Verlag.

Robert, C.P., and G.Casella(2004): Monte Carlo Statistical Methods.Springer.

Roberts, G., and J.S.Rosenthal(1998): "Markov-Chain Monte Carlo: Some Practical Implications of Theoretical Results," The Canadian Journal of Statistics, 25(1), 5–20.

Roberts, G., and O. Stramer(2002): "Langevin Diffusions and Metropolis-Hastings Algorithms," Methodology and Computing in Applied Probability, 4, 337–357.

Roberts, G.O., A.Gelman, and W.R.Gilks(1997): "Weak Convergence and Optimal Scaling of Random Walk Metropolis Algorithms," The Annals of Applied Probability, 7(1), 110–120.

Roberts, G.O., and S.Sahu(1997): "Updating Schemes, Correlation Structure, Blocking and Parameterization for the Gibbs Sampler," Journal of the Royal Statistical Society.Series B(Methodological), 59(2), 291–317.

Roberts, G.O., and R.Tweedie(1992): "Exponential Convergence of Langevin Diffusions and Their Discrete Approximations," Bernoulli, 2, 341–363.

Rotemberg, J.J., and M. Woodford(1997): "An Optimization-Based Econometric Framework for the Evaluation of Monetary Policy," in NBER Macroeconomics Annual 1997, ed.by B.S.Bernanke, and J.J.Rotemberg.MIT Press.

Sargent, T. J.(1989): "Two Models of Measurements and the Investment Accelerator," Journal of Political Economy, 97(2), 251–287.

Schmitt–Grohé, S., and M.Uribe(2004): "Solving Dynamic General Equilibrium Models Using a Second–Order Approximation to the Policy Function," Journal of Economic Dynamics and Control, 28, 755–775.

——(2012): "What's News in Business Cycles?," Econometrica, 80(6), 2733–2764.

Schorfheide, F.(2000): "Loss Function-based Evaluation of DSGE Models," Journal of Applied Econometrics, 15, 645–670.

——(2005): "Learning and Monetary Policy Shifts," Review of Economic Dynamics, 8(2), 392–419.

——(2010): "Estimation and Evaluation of DSGE Models: Progress and Challenges," NBER Working Paper.

Schorfheide, F., D. Song, and A. Yaron(2014): "Identifiying Long-Run Risks: A Bayesian Mixed-Frequency Approach," NBER Working Paper, 20303.

Schwarz, G.(1978): "Estimating the Dimension of a Model," Annals of Statistics, 6(2), 461–464.

Sims, C.A.(2002): "Solving Linear Rational Expectations Models," Computational Economics, 20, 1–20.

Sims, C. A., D. Waggoner, and T. Zha(2008): "Methods for Inference in Large Multiple-Equation Markov-Switching Models," Journal of Econometrics, 146(2), 255–274.

Smets, F., and R.Wouters(2003): "An Estimated Dynamic Stochastic General Equilibrium Model of the Euro Area," Journal of the European Economic Association, 1(5), 1123–1175.

Smets, F., and R. Wouters(2007): "Shocks and Frictions in US Business Cycles: A Bayesian DSGE Approach," American Economic Review, 97, 586–608.

Smith, M.(2012): "Estimating Nonlinear Economic Models Using Surrogate Transitions," Manuscript, RePEc.

Strid, I.(2010): "Efficient Parallelisation of Metropolis-Hastings Algorithms Using a Prefetching Approach," Computational Statistics and Data Analysis, 54(11), 2814–2835.

Tierney, L.(1994): "Markov Chains for Exploring Posterior Distributions," The Annals of Statistics, 22(4), 1701–1728.

DSGE模型的贝叶斯估计